読みつぐビートルズ

小林 順　●KOBAYASHI JUN　編著

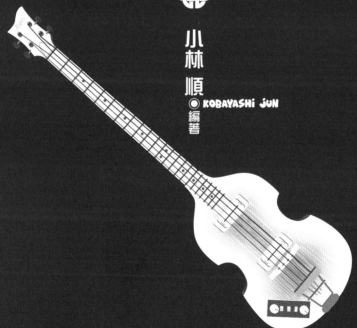

萌書房

●はじめに

　本書が対象にするビートルズについて，まず簡単に紹介しておこう。ビート
ルズは1962年にデビューした，イギリスのリヴァプール出身のロック・バン
ドである。メンバーはリズム・ギターのジョン・レノン (John Lennon, 1940-
1980)，ベースのポール・マッカートニー (Paul McCartney, 1942-)，リード・
ギターのジョージ・ハリスン (George Harrison, 1943-2001)，そしてドラムスの
リンゴ・スター (Ringo Starr, 1940-) の4人。特定のヴォーカリストを置かず，
4人それぞれが主に自作曲の歌を担当した。1970年までの活動期間中に本国で
発表したアルバムは13枚 (*Magical Mystery Tour* (『マジカル・ミステリー・ツア
ー』) を含む)，シングルは22枚となる (60年代前半にはミュージシャン主導のアルバ
ム制作が当たり前ではなく，アメリカや日本ではレコード会社による独自の編集盤が出
されたため，ビートルズのディスコグラフィは多少込みいったものとなっている)。

　ジョンは1980年に凶弾に倒れ，ジョージは2001年に闘病ののち世を去った。
しかし，残されたポールとリンゴは本書出版時点の2018年5月においても現役
ミュージシャンとして活動を続け，21世紀に入ってからもそれぞれソロとし
て複数回，来日公演を行っている。エンターテインメントにあふれる2人の公
演の模様は，ニュースなどでご覧になった方も多いのではないだろうか。

　ところで，本書は，2部から成る。第Ⅰ部は「ビートルズへの多様なアプロ
ーチ」，第Ⅱ部は「ビートルズ体験の多様性」としている。

　第Ⅰ部に収めるのは，ビートルズ研究第一人者の福屋利信氏の，大西洋の時
間・空間軸に存在する連綿たるアイルランド文化およびその源流であるケルト
文化，そしてそこから派生したアイルランド系アメリカ文学・文化の華，さら
に連なるビートルズ文化を論究した「ビートルズ──その誕生から解散まで，
すべては必然であった」。続いて，佐野仁美氏の正統的音楽理論から検証する
「ビートルズの『古さ』と『新しさ』」，上村昂史氏の，ドイツ語学の専門的観
点からハンブルグでのビートルズの活動の経緯を振り返り，そしてビートルズ
がドイツ語で録音した"I Want To Hold Your Hand" の読解を試みた
「Komm, Gib Mir Deine Hand ──『抱きしめたい』のドイツ語翻訳につい

て」，浜矩子氏のロンドンにおけるビートルズ体験を振り返り1960年代の狂騒を回想し探る「ビートルズの不思議な旅」。

さらに，第I部のコラム（『*Tea Time*』）として，常見俊直氏の，コンピュータ少年の目から見たビートルズ体験記「ストロベリー・フィールズ・フォーエバー」，津田藤宏氏のベース奏者としての体験から見たビートルズの楽器奏法の分析「*Rubber Soul*から進化したビートルズのベーススタイル」，堀勝博氏の，学校教材としてのビートルズの紹介と，国語教育とビートルズ利用の探求を表した「ビートルズと国語教育」，大坂秀樹氏の高等学校教育現場におけるビートルズの登場の大まかな推移を報告した「高等学校教育におけるビートルズ」を収める。

第II部「ビートルズ体験の多様性」に収めるのは，小林順（編著者）のビートルズ・ファン第1世代のビートルズ体験を時代背景を織り交ぜて綴った「ビートルズ体験録」，丘眞奈美氏の歴史への造詣を活かして，ビートルズをケルト文化に遡り，一方では京都におけるロック文化にまで言及した「『ビートルズのロック文化』の継承——ケルト，日本，そして京都」，ピーター・バラカン氏のロンドンでの少年期の鮮烈な体験であったビートルズの思い出を通じて英日を比較しつつ語る「僕はこんな風にビートルズを聴いてきた」，星加ルミ子氏の1960年代に日本人としては初めてビートルズをロンドンで取材した経験に基づくビートルズとの示唆に富む交遊録「等身大の若者ビートルズ」。

それに第II部のコラム（『*Tea Time*』）として，1962年デビュー直前のビートルズの生演奏をキャヴァーン・クラブで体験したアン・バーンズ博士とフィリップ・マーキー博士による「クォリー・バンク校で教えて」，古賀一男氏の1960年代の青春期の友情の回想に陰影を映すビートルズについて述べた「時間旅行のチケット」，新井康友氏のニューヨークでのビートルズ実体験を述べた「ニューヨークのビートルズ」である。

ビートルズのレコードは商品として膨大な数が市場にあふれている。さらに，映像，音響，物品，ビートルズに関係のあるもの，今日流通しているデジタル商品，それらすべてが商品として市場に投入された。本書もビートルズがらみの一商品ということである。

ビートルズをめぐる需要・供給・消費のサイクルが動き始めたのは1962年である。このサイクルは次第に規模を拡大してついに手に負えない運動となった。われわれは，サイクルの回転の速さに翻弄されるばかりであった。同時に，この運動に振り回されるスリルは愉悦でもあった。例えば，ビートルズのレコード購入が楽しみであった。それは消費の悦びであり，社会も消費に浮かれ賑やかになった。洗濯機，冷蔵庫，テレビ，車，家，次々と商品が登場し，モノの出入りが，要するに流通が激しくなった。1960年代は池田勇人元首相の狙い通りに高度経済成長を遂げ，10代の団塊世代も年10％強のベースアップの余禄に与ったからだ。おかげでビートルズ製品を購入できた。

　さて，われわれは自立した暮らしを営めるモノとカネを手に入れた。世紀末の頃からか，モノとカネがわれわれを手中にして緊縛してしまった。さて，ビートルズがデビューの頃の消費の悦びは薄れた。ビートルズはかつて市場の凶暴な運動の中心でもあった。レコードや諸々の商品を産み出し自らもが商品化したビートルズの真実は奈辺にあるのだろうか。これを読み解こうとする試みは永く続くはずである。

　なお，本書では，アルバム名については原題をイタリックで示し，各章の初出で邦題を補った（例：*Rubber Soul*（『ラバー・ソウル』））。曲名については" "でくくり，各章の初出で邦題を示してある（例："Help!"（「ヘルプ！」）。また，邦題は，2018年4月現在流通している日本盤の表記に従った。

　2018年4月

　　　　　　　　　　　　　　　　　　　　　　小　林　　順

目　　次

はじめに

第Ⅰ部　ビートルズへの多様なアプローチ

Chapter 1　ビートルズ ……………………………………福屋利信…… 5
　　　　　──その誕生から解散まで，すべては必然であった

　プロローグ ………………………………………………………… 5

　1. なぜビートルズはリヴァプールで誕生したのか？ ……………… 10

　2. なぜビートルズはロンドンで解散に至ったのか？ ……………… 21

　エピローグ ………………………………………………………… 42

Tea Time　ストロベリー・フィールズ・フォーエバー ……………常見俊直…… 50

Chapter 2　ビートルズの「古さ」と「新しさ」…………佐野仁美…… 53
　　　　　──クラシック音楽から眺めたビートルズ

　「クラシックに近い」音楽？ ……………………………………… 53

　クラシック音楽から眺めたロックのイメージ ………………………… 54

　デビュー当時の特徴 ……………………………………………… 55

　コーラス・ワークの素晴らしさ ………………………………… 58

音色の探求 ……………………………………………………………… 59

民族音楽への接近 ………………………………………………………… 62

現代音楽の影 ……………………………………………………………… 64

その後の展開 ……………………………………………………………… 66

Tea Time *Rubber Soul* から進化したビートルズのベーススタイル…… 津田藤宏…… 71

Chapter 3　Komm, Gib Mir Deine Hand ………………… 上村昂史…… 78
　　　　　　──「抱きしめたい」のドイツ語翻訳について

0. はじめに ………………………………………………………………… 78

1. ハンブルク時代とビートルズ ………………………………………… 80

2. "I Want To Hold Your Hand" ………………………………………… 83
　　──ドイツ語翻訳ができた背景

3. 原詞の分析 ……………………………………………………………… 87

4. ドイツ語翻訳の分析 …………………………………………………… 90

5. 比　　較 ………………………………………………………………… 93

6. まとめと今後の展望 …………………………………………………… 95

Tea Time ビートルズと国語教育 ………………………………… 堀　勝博…… 99

Chapter 4　ビートルズの不思議な旅 ……………………………… 107
　　　　　　──浜矩子氏，ビートルズを語る

1. ビートルズ，デビュー ………………………………………………… 107

2. ビートルズと 1960 年代イギリス社会 ……………………………… 111

3. ちょっと脱線，イギリスの第 2 次世界大戦後 ……………………… 115

4. さらに脱線，金融のプロ，魂は海賊 ………………………………… 118

5. "Back In The U. S. S. R." を深読みすれば ……………………………119

6. 破局へ向かうビートルズ ………………………………………………120

Tea Time 高等学校教育におけるビートルズ …………………………大坂秀樹……125

第Ⅱ部 ビートルズ体験の多様性

Chapter 1 ビートルズ体験録 …………………………………小林 順……129

1. ビートルズとは何だったのか………………………………………… 129

2. ビートルマニアという狂乱は何だったのか …………………………142

3. 語りつぐビートルズ文化 ………………………………………………146

Tea Time クォリー・バンク校で教えて ……………………………………152
　　　　　　——アン・バーンズ博士，フィリップ・マーキー博士インタビュー

Chapter 2 「ビートルズのロック文化」の継承…………丘眞奈美……157
　　　　　　——ケルト，日本，そして京都

はじめに ……………………………………………………………………… 157
　　　　——リバイバル・ブームとポスト・ビートルズ世代

1.「ロックの起源」としてのビートルズ …………………………………157
　　　——ブリティッシュ・ロックの系譜

2. ビートルズの故郷・リヴァプールとアイルランド ……………………159

3. ロックはケルトの叫び ……………………………………………………161
　　　——ビートルズと「ケルトの精神世界」

4. ケルトと日本の死生観の共通性 ………………………………………162
　　　——ハロウィーンと盂蘭盆会

5.「ビートルズのロック文化」と「日本のロック発信地」文化首都・京都……164

さいごに ………………………………………………………………………169

Tea Time 時間旅行のチケット …………………………………………古賀一男……170

Chapter 3　僕はこんな風にビートルズを聴いてきた …………172
　　　　──ピーター・バラカン氏インタビュー

　1. ビートルズデビューの衝撃 ……………………………………………172

　2. 変容してゆくビートルズ ………………………………………………179

　3. イメージのイギリスと実際のイギリス …………………………184

　4. ジョンとヨーコ………………………………………………………………187

　5. これからのビートルズ …………………………………………………190

Tea Time　ニューヨークのビートルズ …………………………新井康友……193

Chapter 4　等身大の若者ビートルズ ……………………………195
　　　　──星加ルミ子氏インタビュー

*

ビートルズ関連年表 ……………………………………………………………205

読みつぐビートルズ

第Ⅰ部

ビートルズへの多様なアプローチ

CHAPTER ビートルズ

―― その誕生から解散まで,すべては必然であった

福屋　利信

プロローグ

　2010年に『ビートルズ都市論』という1冊の新書を世に問うた。そこでは,ビートルズ4人が揃って暮らした街リヴァプール,ハンブルグ,ロンドンの特質とビートルズの成長の轍とを重ね合わせて,オルタナティヴなビートルズ論を展開した。この試みの背後には,音楽家が暮らし呼吸した街の空気や匂いはその音楽家の体内に染み込み,必ず何らかの影響を音楽家が作る楽曲に与えるはずだという,自分なりの信念があった。同時に,それを「音楽社会学」(Music Sociology)なる学問分野の中に体系化できたらと願う,研究者としての野心も存在した。さらに,そこに東京を加えたのは,1966年のビートルズ東京公演が当時の日本の若者に何を齎したのか,音楽事象の枠を越えて社会事象として考えてみたかったからだ。何とかして日本人にしかできないアプローチを添えてみたいという気持ちが働いていた。

　ビートルズは,両親や教師がいつも正しいとは限らず,自分の感性が欲し,かつ自己責任が取れるなら,彼らの反対を押し切ってでも,やりたいことを実行に移していいのだと,当時の日本の若者たちに教えてくれた。言い換えれば,ビートルズは,13〜19歳を意味するティーンエイジャーなる言葉に,*OED*に

は掲載されることのない，自己主張する若者という意味を付け加えたのだった。

　そのビートルズ来日の約10年前，アメリカ全土で自己主張するティーンエイジャーを異常発生させたのはエルヴィス・プレスリーであった。彼は，ジェームス・ディーンが銀幕の上で表現した「理由なき反抗」をレコード盤の上に刻み込んだ。しかし，日本でプレスリーに反応したのは，ごく一部の尖った若者たち（すなわちマイノリティ）に過ぎなかった。権力者や指導者にとっては，無視し得る数であった。

　それに対して，ビートルズに反応したのは，1960年代の日本でマジョリティを形成しつつあった中産階層の若者たちだった。昭和チックな表現を使えば，ビートルズは，ダンスホールの「ジュークボックス」の前に屯するロックンロールフリークの心にだけでなく，お茶の間でナショナルの「白黒ブラウン管テレビ」を観ながら家族と仲良く談笑する少年少女たちの心にも侵入したのだ。ビートルズは，年齢別人口構成図上に大きな膨らみを描いたベビーブーム世代の，それもごく普通の少年少女たちの支持を得ていただけに，権力者や指導者たちは，ことさらビートルズの影響力を怖がった。

　ビートルズは，レコードや報道紙面及びテレビの画面上で反逆的な言葉をほとんど発しなかったが，筆者も含めたビートルズ世代は，彼らの奏でるメロディーや刻むリズムの中に宿るタフな反体制的精神性を，若い心で感じ取っていた。そんなスピリットの震源地であるビートルズが東京にやってきたことで，筆者らの直感は実感に変わった。その意味で，ビートルズと日本の若者たちとの意思疎通は非言語的だったと言えよう。言語を越えたところで人の心を鷲掴みにし，従来の価値観を根底から覆してみせる――そんな力を持ったグループが，約半世紀前，確かに存在したのだ。

　ビートルズは一方で，成功を手にした者には一定の社会的責任が伴うことを，そのサクセス・ストーリーの形成過程で体得していた。その経験値こそが，イギリスで公営住宅から王室までを虜にした要因であったし，後に世界のビートルズとして普遍的人気を勝ち得た要因でもあった。ビートルズは，来日時も，日本の主催者側が作成した窮屈過ぎるスケジュールと規則に不満を漏らしなが

らも，基本的には従った。アジア戦略の一環として，日本のファンに自分たちの音楽を届けるという社会的責任を遂行するために，耐えるべきところは耐えた。多くの若者たちは，意に沿わない行事も坦々とこなしていく彼らの職業人然とした姿勢の中に，「自由は不自由さの中に在り」と言い切った福沢諭吉の言葉の具現を見ていたかも知れない。

　ビートルズが東京の空気を呼吸したのはたった5日間に過ぎなかったが，彼らは多くのメッセージを東京に残して，次の公演先のマニラに飛び立っていった。そのビートルズ東京公演の社会的意味を世界に知らしめたくて，『ビートルズ都市論』の東京に関する部分を英訳し，2011年，Amazon Kindleから電子書籍 *The Beatles' Untold Tokyo Story: Music as a Socio-Political Force* を配信した。それは，オリンピックを終えて2年が経った東京のある蒸し暑い夏の夜に，「月明りの使者」(Mr. Moonlight) のごとく舞い降りて，新しい時代の訪れを告げる鐘の音を高らかに鳴らしてくれたビートルズに対する，遅ればせながらの，そしてごくごくささやかな筆者からの恩返しであった。

　ビートルズが生まれ育ったリヴァプールで絶大なる人気と信頼を得ている世界的ビートルズ研究家のデヴィッド・ベッドフォードが，上記の電子書籍を非常に高く評価してくれて，筆者にメールをくれた。幾度かメールをやり取りした後，いつかリヴァプールで会おうということになり，筆者がリヴァプール行きの機会を得た（無理やり作った）際，泊まっていた「ハード・デイズ・ナイト・ホテル」のロビーでついに会うことができた。話は止めどなく続き，気がついたら4時間が経っていて，当然の成り行きですぐ近くの「キャヴァーン・クラブ」で飲むことになり，そこに彼の友人たちも駆けつけて，大宴会になった。それは筆者にとって，かけがえのない時間となった。このとき程，世界に向けて発信したことの意義を実感できた瞬間はなかった。ビートルズの生まれ育ったリヴァプールに，自分の仕事を評価してくれた人たちがいたという事実に，ただただ幸せを感じていた。ちなみに，ベッドフォードの著書 *Liddypool* は，リヴァパデリアンにしか持てない視点からの記述が満載で，筆者のビートルズ研究に対する視野を大きく広げてくれた大著である。

2015年には，『ギャツビー＆レノン——アイリッシュ・ソウルの系譜』(近代文藝社) で文学研究と音楽研究の融合を試みた。1920年代アメリカの小説家F・スコット・フィッツジェラルドの代表作『グレート・ギャツビー』の主人公ジェイ・ギャツビーの出自を作家の出自に重ねてアイリッシュ・アメリカンに特定し，その謎に包まれた「アイリッシュ・ソウル」を，同じくアイルランド系の血を引くジョン・レノンの中に燻り続ける「アイリッシュ・ソウル」に繋げた。ここで言う「アイリッシュ・ソウル」の定義は，祖国の貧しい大地ゆえに「移民が人生を決定する[1]」アイルランド人の宿命を受け入れ，移民先に無限大の夢を描く「民族としての想像力[2]」，あるいは，「飽くなき上昇への切なる願いを込めたアイルランド人の魂の飛翔[3]」とした。現在，アイルランド共和国の人口は450万人程度に過ぎないが，世界に移民していったアイルランド系の末裔は，7000万人とも8000万人とも言われている。ちなみに，そのうちの4000万人がアメリカに暮らす。

ジョン・レノンは，法廷で闘ってまでアメリカの永住権を欲した。その心底の源泉をレノンの先祖のアメリカへの宿命的移民に求めるのは飛躍が過ぎようか。レノンの祖父ジャック・レノンは，ダブリンに生まれ，移民船でアメリカに渡り，アメリカ最古の大衆芸能とも言えるミンストレル・ショウの歌い手を務めた。そしてその後，幾つかの変遷を経てリヴァプールに落ち着いている。父親のアルフレッド・レノンは，根っからの船乗りで，生まれたばかりの1人息子をほったらかしにして，何度も大西洋を渡った。彼は，歌や軽妙なトークで船客をもてなす人気給仕士であったが，放蕩暮らしが染みついた生活ぶりでもあった。ジョン・レノンは，そんな移民と自由奔放な生活ぶりといった「アイルランド性」(Irishness) を孕んだ血筋の末裔だった。

ジェイ・ギャツビーの父親ヘンリー・ギャッツは，中西部に暮らす貧しい移民の小作農であり，ギャツビーは，その実家での自分の将来に見切りをつけて，本名ジェイムズ・ギャッツを捨て去り，「民族（アイリッシュ）としての想像力」によって，アメリカの社会階層を一気に駆け上ろうとするジェイ・ギャツビーなる自己を創造した。その意味で，ギャツビーもまた「アイルランド性」を色濃く湛えていたと言える。

ギャツビーは，ニューヨークの暗黒社会に成功の夢を追いかける場を求め，レノンは，ニューヨークの新左翼たちとの交わりの中にラヴ＆ピース運動を展開する場を求めた．この現実世界と非現実世界に於ける「2人の夢織人」(dream weavers) は，自分たちの野望を世界一野心的な都市のキーにチューニングしようとした．ギャツビーもレノンも，「緑（アイルランド，富，永遠の若さなどを象徴する色）の灯り」[4]をその手に捉えようと，夢の限界に挑戦したのであった．ギャツビーは「富の神」(Mammon) に，レノンは「詩歌の女神」(Muse) に仕えつつ……．さらには，お互いに自分を「神の子」(Gatsbyは God's boy のもじりであるし，レノンは幾度か自分を神の子キリストに喩えたりした）と錯覚しつつ……．

　ギャツビーもレノンも，崇高なる理想を維持する意志の強さと同時に，幼児性を残した滑稽な程の弱さとを併せ持っていた（ヒーローでもありアンチ・ヒーローでもあった）．その2面性が2人に薄氷を踏むような (walking on a thin ice) 人生を強いたし，ある種の共感を持てる人間味を付与していた．彼らはまた，誰もが手に届くわけではない巨万の富を得たが，誰にも手が届きそうなささやかな幸福の獲得に苦労した．しかし，最も悲劇的だったのは，ギャツビーもレノンも，2人のような人生に憧れつつもそのどちらにもなれなかった男の銃弾によって，ニューヨークという魔都への殉職を余儀なくされたことだったろう．これら一連の類似性に上記の移民性を加えると，ギャツビーとレノンの人生は，約40年の時空を超えて，加えて，小説世界と現実世界という次元の壁を超えて，ほぼパラレルを成してしていた，というのが筆者の持論だ．

　ビートルズが "I Want To Hold Your Hand"（「抱きしめたい」）でアメリカンチャートのナンバーワンになり，ビートルズ旋風がアメリカ中で吹き荒れたとき，すぐさま大西洋を渡ってビートルズにインタヴューにしたのが，フィッツジェラルドの最後の恋人シーラ・グレアムであったこと，ジョン・レノンの家にフィッツジェラルドの本が数冊おいてあり，彼も『グレート・ギャツビー』を読んだらしいこと，ニューヨークにおけるジョン・レノンとオノ・ヨーコの気ままな生活ぶりが，フィッツジェラルドとゼルダが5番街周辺で繰り広げたお祭り騒ぎに喩えられたこと等からは，ギャツビーを生んだ作家フィッツジェ

ラルドとレノンの間にも，何か因縁めいたものを感じてしまう。

　このようにして，ギャッビーが飽くなき高みを目指したニューヨークのスカイライン上でジョン・レノンの夢を捉え得たとき，筆者のライフワークであるビートルズ都市論を2部作のかたちで完成させた（リヴァプール，ハンブルグ，ロンドン，東京にニューヨークが加わった）達成感があったし，それが齎す至福にしばし浸っていたくもあった。

　それでも，ビートルズが誕生したリヴァプールと解散に至ったロンドンに関して，2つの都市の特徴と歴史を体系的に解説し，複雑な因果関係をもう少し掘り下げてみたいという内なる欲求は燻り続けていた。しかし，それには，読み手の知的興味をそそるようなインパクトのある視点が必要不可欠で，それを求めて試行錯誤を繰り返した。そんな状況にあったある夏の夜，「ビートルズの誕生から解散に至るまで，偶然の出来事なんて何1つなく，すべては必然だった」という切り口が，神のお告げのごとく降臨した。本論は，すべてそこから始まったのだった。

1. なぜビートルズはリヴァプールで誕生したのか？

1-1　リヴァプール

　リヴァプールは，マージー河口に位置するイングランド北部の港町であり，16世紀半ばまで，人口は1,000人に満たなかった。それが17世紀に入り，アフリカから連れてきた奴隷を競り落とし，アメリカ南部に運ぶ大西洋奴隷貿易で世界に知られるようになる。つまりリヴァプールは，西洋文明のエゴイズムに加担することで繁栄を謳歌してきた罪深い過去を持つ街なのだ。黒人の頭部を象ったリヴァプール税関の紋章こそは，この街が何を踏み台にして発展してきたかを，雄弁に物語っている。

　同時に，アイリッシュ海を隔ててアイルランドの首都ダブリンと対峙していたので，アイルランドから多くの出稼ぎ労働者がやってきていた。現在も人口の3分の1がアイルランド系と言われる。だからリヴァプールは，「アイルランドの本当の首都」と称されるときさえある。ちなみに，ビートルズのオリジナ

ル・メンバーであるジョン・レノン，ポール・マッカートニー，ジョージ・ハリスンは，アイルランド系イギリス人の末裔である。後からグループに入ったリンゴ・スターはどうやらスコットランド系らしい。すなわち，ビートルズ全員には，ケルトの血が流れていたことになる。彼らが，イギリス社会での主流であるアングロサクソン系ではないという事実は，ビートルズを語るときのマストアイテムだ。

　また，リヴァプールは，宿命としての移民を余儀なくされたアイリッシュたちが，「約束の地アメリカ」(the Promised Land：額に汗して大地を耕せばその土地が手に入ることを約束されていた場所) に向かうときの中継点でもあった。ハーマン・メルヴィルの小説『レッドバーン』を読み，併せて『風と共に去りぬ』，『タイタニック』，『遥かなる大地へ』，『ギャング・オブ・ニューヨーク』といった映画を観れば，アイリッシュ移民の歴史やリヴァプールとの関係性，さらには彼らの夢と不安が入り混じった状況がよくわかる。マージーサイドのアルバート・ドックには海事博物館があり，その展示スペースの一角には，「タイタニック＆リヴァプール秘話」なるコーナーが常設されている。タイタニック号の母港はリヴァプールなのである。

　ここでの奴隷貿易とアイルランド移民の中継機能こそが，ビートルズがリヴァプールで誕生することに強い因果関係を与えることになる。強制的にアメリカへ連れていかれた者の末裔と，自らの意志でアメリカン・ドリームの原型（土地所有の夢）を求めてアメリカに向かった者の末裔とが，ロックンロールの形成に不可欠の役割を果たしていくことになるのだ。では，その形成過程に話を進めよう。

1-2　奴隷貿易とブルース

　リヴァプールに集められた西アフリカの黒人奴隷たちは，ほとんどがニューオーリンズ経由でアメリカ南部の各地に運ばれ，綿花プランテーションで綿花の摘み手として働かされた。その労働条件は過酷を極めた。しかし，「南北戦争」(the Civil War, 1861-1865) で奴隷解放を唱えたリンカーン率いる北軍が勝利したことにより，黒人たちは形式的ながら自由の身となる。彼らは重労働か

ら逃れることができたわけではなかったが，「解放によって齎された唯一の恵みは，1日の終わりに僅かに生まれた自由時間であった」[5]。黒人たちは，人間としての最低限の尊厳を保障されたその時間に，自分たちの過酷な運命，解放後もなくならない差別，本能的な性衝動，本当の自由への微かな希望などを歌った。それが「黒人憂歌」(blues) である。

　また，黒人教会では，信仰の自由を得た黒人たちが「黒人霊歌」(gospel) を発達させていた。今ではゴスペルの代表曲になった "Amazing Grace"（「アメイジング・グレイス」）は，実はここで言及されている大西洋奴隷貿易から産み落とされた歌だ。18世紀，リヴァプールに住んでいたジョン・ニュートンは，奴隷船の船長だったが，奴隷制度に疑問を持ち，バプティスト教会の牧師となった。その彼が熱き人道的思いを込めて作ったのが "Amazing Grace" である。綿花畑周辺で歌われたブルースが悪魔と取引する歌であったなら，黒人教会で歌われたゴスペルは神と魂を通わせる歌であった。

1-3　アイルランド移民とカントリー・ミュージック

　先着のイングランド系（アングロサクソン系）移民で溢れていたアメリカ北部のニュー・イングランド，ペンシルベニアからはじき出されるかたちで，アパラチア山麓に入植したアイルランド系やスコットランド系移民たち（ケルト系移民たち：山間に住んだのでヒルビリーと総称された）は，フィドルやバンジョーを中心に祖国のケルト音楽を継承していた。それは，ヒルビリー・ミュージックと呼ばれ，その後，徐々にアメリカン・テイストを取り入れ，カントリー・ミュージックへと発展していった。多くの民間伝承バラッドの収集研究家たちの手によって，この音楽変容の軌跡は詳しく検証されている。日本人では東理夫が，カントリーナンバー "Knoxville Girl"（「ノックスヴィル・ガール」）は，アイルランドのウェックスフォードの民間伝承曲 "The Wexford Girl"（「ウェックスフォード・ガール」）の流れを汲むと指摘していたりする[6]。

　歌詞の中にバンジョーが登場してくる "Oh! Susanna"（「おおスザンナ」）の作者で「アメリカ音楽の父」と呼ばれるスティーヴン・フォスターは，アイルランド系移民の子孫である。ちなみに，フォスターの代表曲であるその曲は，カ

12　　第I部　ビートルズへの多様なアプローチ

リフォルニアのゴールド・ラッシュの賛歌となった。また，アメリカを代表する女性カントリーシンガーのドリー・パートンも，典型的アパラチアンの末裔である。

　現在でも，アパラチアの住人と聞くと，「無法者」(outlaws) と同義と捉えてしまうアメリカ人が少なくないと思う。このアウトローという言葉には，単なる無法者という意味の裏に，法の枠の外にいて常に自由でありたいと願う強靭な意思が潜在していることを忘れてはなるまい。言語的には，ここでの自由は，「外的支配からの解放」(freedom) であって，「思想・言論の自由」(liberty) ではない。その自由の精神を鼓舞するために，彼らは酒を造り（ムーンシャインと呼ばれた密造酒からケンタッキー・バーボンを誕生させたのは，スコッチ・アイリッシュたちであった），音楽を作った。

1-4　メンフィスとロックンロール

　テネシー州メンフィスは，ブルース，リズム＆ブルース，ロックンロールが生まれた街とされる。さらには，ゴスペルの世界的中心地でもあった。ロバート・ジョンソン，Ｂ・Ｂ・キング，アレサ・フランクリン，マディ・ウォーターズ，アル・グリーン，ハウリン・ウルフ等，多くのアメリカを代表するミュージシャンを輩出している。

　黒人たちが，音楽と酒と性を求めて集った「ジューク・ジョイント」は，発火点の低い場所で，暴力騒動も多発した。ゆえに，黒人教会は，この「ジューク・ジョイント」を罪人の巣窟のように非難したが，土曜の夜から朝方まで，「ジューク・ジョイント」で酒とダンスとリズム＆ブルースを楽しんで，そのまま日曜の朝には黒人教会の礼拝にでてゴスペルを歌う。それは，メンフィスでは日常的風景であった。その街では，悪魔と神は同居していたのである。

　ミシシッピ・デルタ北限に位置するテネシー州メンフィスは，デルタの綿花畑で働く黒人たちやアパラチア山麓で働くヒルビリーたちが，週末，束の間の休息あるいは快楽を求めてやってくる場所となっていた。1950年代のメンフィスは，ビールストリートに屯する黒人，一旗上げたい白人の綿花仲買人，日焼けで首を赤くした気性の荒い木こり（red neck と蔑称されることもある），進出

Chapter **❶**　ビートルズ──その誕生から解散まで，すべては必然であった　　13

目覚ましい工場群に農村部から仕事を求めてやってきた若年労働者などで、活気と熱気に沸き立っていた。酒場や売春宿では、羽目を外した連中が馬鹿騒ぎを繰り返してもいた。ローリング・ストーンズの "Honky Tonk Women"（「ホンキー・トンク・ウィメン」）の無頼性と背後で鳴る荒削りなギターサウンドは、メンフィスの鉄火な雰囲気を的確に伝えている。そんなメンフィスで、黒い音楽（ブルース）と白い音楽（カントリー）が交わって、カラー・ブラインド（人種色盲主義）なロックンロールが生まれた。以下は、拙著『ロックンロールからロックへ』（近代文藝社）からの引用である。

　　綿花畑から齎された音楽と材木伐採所から齎された音楽とがメンフィスの酒場周辺で交わり、メンフィスの工場で働くダウンタウン・ボーイの音楽になった。その新しい音楽であるロックンロールは、機械油が染込んだ指から弾きだされるのが似合う、労働者階級の音楽であった。そこでは、黒人の若者も白人の若者も、ダイナミックなサウンドのうねりの中で、我を忘れて興奮し、思わずカラー・ラインを越えた。[7]

　キング・オブ・ロックンロールと呼ばれたエルヴィス・プレスリーの一家は、エルヴィスが13歳のとき、ミシシッピー州テュペロの貧しい小作農生活に見切りをつけ、メンフィスの工場群に仕事口を求めて引っ越してきた。フロンティアの消滅（1890年の国勢調査によりその消滅が宣言された）以降、耕す土地がなくなった小作農にとって、新たなフロンティアすなわち「新たな約束の地」は、1930年代のニューディール政策によって誘致された工場用地へと地理空間的変容をきたしていた。父親のヴァーノン・プレスリーがエルヴィスに与えた最高にして唯一のプレゼントが、図らずもこのメンフィスへの移動であった。
　エルヴィスの体内には、メンフィスで発展したリズム＆ブルース、ゴスペル、カントリーなどのエッセンスが、砂に水が染込むように吸収されていった。そして、それらの音楽が絡み合った新しくもハイブリッドな音楽であるロックンロールに魂を奪われた。エルヴィス・プレスリーがメンフィスから登場してきた裏には、1950年代のメンフィスが晒されていた社会環境と音楽環境という2

層の必然性が存在した。そして，そのロックンロールは，大西洋奴隷貿易の復路とも言える大西洋綿花貿易とともにリヴァプールの4人の若者たちの手元に届く運命にあった。従って，ここで少し，リヴァプールが綿花を必要とした産業史的背景を概説しておこう。

1-5　綿花貿易とマージービート

　マージー河口のリヴァプールから少し上流に上った内陸部のマンチェスターでは，繊維工業が発達していた。ゆえに，マンチェスターの綿布工場においては原材料である綿花が必要だった。そこでまずニューオーリンズ・リヴァプール間の定期航路で綿花がリヴァプールに運ばれた。そしてそれが，1830年にリヴァプール・マンチェスター間に開通した実用化されたものとしては世界初の鉄道によってマンチェスターに届けられ，綿製品が大量に生産されるようになった。近くには石炭もあったし，向かいのアイルランドから安い労働力も得られた。さらにワットの蒸気機関が取り付けられると，生産は一層拡大した。マンチェスターで大量生産された綿製品はリヴァプールに戻され，その港から世界に向けて出荷された。イギリス発の産業革命は，こうして始まったのだった。

　1960年代の飛行機時代到来以前は，物流輸送の主流は船舶であり，その物の流れが文化の流れを派生させていた。アメリカ社会で虐げられ続けたリヴァプール経由の黒人奴隷とアイルランド系移民とが大きく貢献し，アメリカを代表する大衆音楽となったロックンロールは，やがてアメリカのレコード市場を席捲した。そしてそこで大量にプレスされたレコードの一部が，1950年代後半から1960年代初頭にかけて，リヴァプール出身の船乗りたちによってリヴァプール港のドックに綿花とともに持ち帰られるようになった。

　音楽に限らず書籍やファッション等のアメリカ文化をリヴァプールに持ち帰った当時の船乗りたちは，リヴァプールの船会社名を冠して「キュナード・ヤンキー」と呼ばれた。ジョン・レノンの思春期を描いた映画『ノーウェアボーイ　ひとりぼっちのあいつ』には，ロックンロールのシングル・レコードを，ジョンが「キュナード・ヤンキー」から手に入れるシーンが挿入されている。

Chapter ❶　ビートルズ——その誕生から解散まで，すべては必然であった　　15

ジョン自身も，「僕らは船から降りたばかりのブルースやロックのレコードを手に入れた。リヴァプールでは，水辺に立てばすぐ隣にアメリカがあったんだ[8]」と語ったことがある。また，ジョージ・ハリスンは，「父は船乗りだった。アメリカでレコードも何枚か買ってきていた。それらが僕をギターに向かわせたんだ[9]」と言っている。船乗りたちの中には，ロックンロールを習得して，ギター片手に帰還した者もいたはずだ。彼らによる口頭伝承も無視できない。こうしてロックンロールは，ロンドンのヒースロー空港よりリヴァプール港にいち早く届き，そこにローカルなロックンロールシーンが生まれ，やがてイギリス中に拡散されていった。

そのマージー川流域で形成された音楽シーンは，「マージービート」と総称され，ビートルズ，ジェリー＆ザ・ペースメイカーズ，サーチャーズ，スウィンギング・ブルージーンズ（以上リヴァプール），ホリーズ，ハーマンズ・ハーミッツ，ウェイン・フォンタナ＆ザ・マインドベンダーズ（以上マンチェスター）など多士済々のグループを輩出した。サー・ポール・マッカートニーが序文を書いた『不思議で素晴らしい場所，リヴァプール』（邦題筆者）の中で，著者のポール・デュ・ノイヤーは，「マージービートこそが，ロックンロールをイギリス・ショウビジネス界のメインストリームに誘った[10]」と評している。

大西洋をまたいだ奴隷貿易と綿花貿易が貢献した音楽形成，そして船乗りたちが貢献した音楽伝承の円環は，3世紀余の時の流れの中で完結したのであった。ゆえに，その円環の円周上に堆積した「大いなる必然性」のもとに，ビートルズは誕生したと言えるのだ。その後，ビートルズをはじめとするイギリスのグループがアメリカに逆輸入され，皮肉にも沈滞気味であったアメリカのロックンロールシーンを刺激するに至る。その現象は，アメリカでは「ブリティッシュ・インヴェイジョン」と呼ばれた。

1-6　ジョンがポールと出会った日

「第2次世界大戦」（World War Ⅱ, 1939-1945）後のリヴァプールは，戦時中にドイツ軍から受けた空爆の傷がいまだ癒えず，斜陽化が進み，人々の暮らし向きは楽ではなかった。しかし，ほとんどの人たちは，心まで貧しくなっていた

わけではなかった。毎日この街の風に吹かれながら工場に赴き，そこで犬のように愚直に働く（working like a dog）。そして仕事を終えた後，ブリティッシュ・トラッドやクリフ・リチャードが流れるパブで，いつもの仲間と酒を飲み，この街の変り映えしない日常を語る。そんな風に一息ついてから，温かい家族が待つ家に帰って丸太のように深い眠りにつく（sleeping like a log）。それ以上を望まなければ，不景気風などどこ吹く風なのだった。まるで「ア・ハード・デイズ・ナイト」を地でいく生活ぶりだ。そんな大人たちの中で，ビートルズの4人は，アメリカから入ってきたばかりのロックンロールに魅かれつつ，思春期を過ごしていた。

　ビートルズの作詞作曲コンビであったレノン＝マッカートニーは，リヴァプールのウールトン地区にあるセント・ピーターズ教会で出会った。それは，一見偶然の出来事のように見える。しかし，筆者には，「天から与えられた才能」（gift）を持つジョンと「自分の努力で磨いた才能」（talent）を持つポールは，神の意志によって，お互いが引き寄せられるように，その日その教会で出会ったとしか思えない。

　才気と行動力に溢れるジョンは，クォリーメンというスキッフルバンドを作り，1957年7月6日土曜日の「セント・ピーターズ教会」のガーデン・バザーで演奏する機会をものにしていた。一方，コツコツ自分の部屋でギターの腕を磨いていたポールは，その日，意を決しクォリーメンの演奏を観にいくことにした。背中に愛用のギターを背負い込んで……。

　スキッフルは，バンジョーあるいはアコースティック・ギターを中心に，茶箱を共鳴箱にしたベース，パーカッション代わりの洗濯板などが加わった音楽形態であり，ジャズ，ブルース，カントリー・ミュージックなどを簡単で安価な楽器で演奏するのが特徴であった。その手軽さが受けて，当時のイギリスの若者たちの間で大流行した。特に高価な楽器には手が届かない労働者階級の多いリヴァプールでは，他の都市を圧倒する程多くのスキッフルバンドが生まれた。その頃のリヴァプールのライヴハウスは，ジャズバンドが主流であったが，ギャラが安くてすむスキッフルバンドが徐々に入り込むようになり，その多くがロックンロールグループに進化したとき（ビートルズもその変容の軌跡を辿っ

Chapter ❶　ビートルズ——その誕生から解散まで，すべては必然であった　　17

た），ジャズをライヴハウスから完全に追い出すかたちでマージービート・シーンが生まれたのだった。

　「メンディプス」と名づけられたジョンの家（メンローヴ・アベニュー251番地）は，「セント・ピーターズ教会」（そこにはエリナ・リグビーの名前が刻まれた墓があり，近くにはマッケンジーという神父が司ったセント・メリーズ教会もある）にも，あるいは幼い頃ジョンがよく遊んだストロベリー・フィールズにも近いロケーションにあり，3か所は，現在も当時のままに寄り添うようにひっそりと佇んでいる。筆者は数年前，いまだ小雪がチラつく3月の日曜の朝，寒さに身を震わせながらこの辺りを歩いてみた。3か所とも標識さえ出ていない素っ気なさだったが，それがかえって，今にもジョンが向こうから歩いてくるような一種のデジャブ感覚を呼び起こしてくれて心地よかった。そこは，中流階層が住む地区であった。

　ちなみに，リヴァプールで天気のいい日なんてものは，1年を通して数日程度しかないらしい。だから，日本のようにその日の天気について言及することが挨拶代わりになるなんてことは決してない。リヴァプールでは，いつも天気は悪いものなのだ。人々は，疫病神のような天気のことなど，口にしたくもないと固く心に決めているみたいだ。小雪がみぞれに変わる中で，帰りのバスを待ちながら，筆者は，リンゴがマイアミを訪れた際，「初めて太陽というものを知った」とどこかで述べていたことを思い出していた。バスは定刻より20分遅れてやってきた。

　ポールの住んでいたアパート（フォースリン・ロード20番地）は，小さいながらも前庭があり，全体的に小奇麗で快適な居住空間だという印象を受けた。そこには，労働者階層ではあるが，あらゆる身の回りを中流らしく整えようとする「中流意識」（middlebrow）が感じ取れた。そのポールの家があったアラートン地区はウールトン地区程緑が多いというわけではないが，ジョージの住んだスピーク地区やリンゴの住んだディングル地区の労働者階層然とした家並みとは明らかに違う雰囲気が漂っていた。武藤浩史は「ジョンとポール〔の生まれ育ち〕は，20世紀英国に特徴的な下層中流階級に近い」[11]と評している。

　ポールは，ときにはクォリーメンで茶箱ベースを弾くこともあった友人のア

18　第I部　ビートルズへの多様なアプローチ

イヴァン・ヴォーンの誘い（この誘いがビートルズ誕生に果たした役割は大きい）に乗って，自分より少しだけ上の階層の住む地区のお祭りに出かけていくことにした。そしてそこで，クォリーメンのステージに接し，肩にかけたギターをバンジョーコード（母親のジュリアから教えてもらったコード）で掻き鳴らしていたヴォーカリストにポールの目は釘付けになった。そのときのポールの衝撃を，ジム・オドンネルは，『ジョンがポールと出会った日』の中で，以下のように表現している。

　第1に，ジョンの独創的な即興性は，ポールの心に奥深く刻み込まれた。ポールは，思いつきでジョンが作り出す歌詞が気に入ったのだった。ジョンは，リヴァプールの音楽好きの若者らしい清々しさに溢れていた。歌詞は全部知らなくても，彼はそれぞれの歌のどの部分が人々の心を捉えたのかを完全にわかっているように見えた。

　第2に，そこにバンドがあるという現実に，ポールの心は打たれた。自分が生きている空間にそれが存在しているという事実に，15歳の若者は感動していた。自分と同い年くらいの，しかも地元の若者たちが，今こうしてステージの上で「50点以下とは言えない」ロックンロールをやっているのだった。

　第3に，ポールは，このクレイジーな新しい音楽に，自分と同じくらい熱中している人間に出会えたということに身震いしていた。自分とジョンには共通の友達がいたことを知るに至った。それがロックンロールだった。〔中略〕

　ジョンは，ポールが耳で聞いている音を，目の奥にかたちにして浮かび上がらせてくれている。ステージを見つめる青年が自宅のラジオで聴いていた音楽を，ステージ上の青年はリヴァプールの空気の中に流し込んでいる。ポールの長いダークブラウンの睫毛の奥で，深い謎に包まれていたロックンロールがリアルな姿を現し始めた。[12]

この衝撃の後，ポールは，自分が必死で練習してきたギタープレイを，クォ

リーメンに，いやそのグループのリーダーであるジョンに聴かせようとする目論見を秘めて，彼らの楽屋を訪ねている。そしてポールは，"Twenty Flight Rock"（「トゥエンティ・フライト・ロック」），"Be-Bob-A-Lula"（「ビー・バップ・ア・ルーラ」）などを，抜群のギターテクニックとともに歌って見せた。ジョンは，自分よりはるかに優れた音楽性を持つ青年の出現に戸惑いを見せつつも，ポールをグループに入れることを決断する。リーダーとしての地位を脅かされてでも（このときジョンが抱いた脅威がやがてはビートルズ解散の一因に繋がる），ジョンはグループの音楽性を強化したかったのだ。ポールが楽屋に入ってきて出ていくまでは「21分間に過ぎなかった」[13]が，この21分間は，クォリーメンというスキッフルグループをロックンロールグループに「孵化」させた運命的な時間単位だった。

1-7 ビートルズがブライアン・エプスタインと出会った日

加えて，ビートルズと彼らのマネージャーになるブライアン・エプスタインの出会いも運命的であった。ブライアンは，裕福なユダヤ系の家に生まれた。リヴァプール一の品揃えを誇ったレコード店「ノース・エンド・ミュージックストア」，通称「ネムズ」の経営者であり，彼の口癖は，「客が望むレコードなら，どんなレコードでも揃えるのがネムズの誇りだ」[14]であった。実際，ビートルズがハンブルグで修業時代を過ごしていたとき録音した"My Bonnie"（「マイ・ボニー」）（トニー・シェリダンのバックアップグループとしての録音）を，客の問い合わせの多さに応じて，わざわざドイツから取り寄せ店頭に並べたりもしている。「ネムズ」とビートルズのライヴ活動の拠点「キャヴァーン・クラブ」とは目と鼻の先にあったので，ブライアンは，若者たちの間で評判になっているビートルズの実力を見極めようと，地下のワイン倉庫を改造したマシューストリートのライヴハウスの階段を降りていった。

クラシックにしか興味のなかったブライアンがなぜビートルズに興味を持ったのか？　ビートルズの音楽は，ジャンル・言語の壁を越えて人の心を揺るがし，理性にではなく感性に訴えてくる。常に理性が恋人であったブライアンは，彼の人生においてたった1度だけ感性と浮気をし，「キャヴァーン・クラブ」

の暗くて湿っぽい空間で，ビートルズなる得体の知れぬ存在に完全に魅了されてしまう。彼は，ビートルズの第一印象を，「ステージ上での彼らは，それぞれが巨大なカリスマ性を持ち，それぞれが一種の人間的磁力を発散しているように見えた[15]」と後述している。

　ビートルズとブライアンは，お互いがお互いを必要としているかのごとく，出会うべくして出会った。レコードを売るだけでは飽き足らず自らがレコードを作る側に回る野望を抱いた男と，自分たちの作った曲をとにかくレコードにしたい若者たちとが，ロックンロールを触媒に出会い化学反応を起こし，「世界制覇を目指すビートルズという途轍もない熱量を持った化学物質」が生成された。それは，ビートルズというセミプロバンドが本格的なプロのバンドに「羽化」した瞬間だったとも言えよう。

　そして，具体的目標は，「エルヴィス・プレスリーよりビッグになること」に設定された。成功への想像力に長けたアイリッシュとそれを実現していく企画力に長けたユダヤ人とが黄金タッグを組んだのであった。アイリッシュ系移民の末裔であり，その民族的想像力によって自己を創造したジェイ・ギャツビーが，ユダヤ系のマイヤー・ウルフシェイムに師事し，暗黒社会における資金調達のための行動様式を学び取ろうとした民族構成と同じように……。

2. なぜビートルズはロンドンで解散に至ったのか？

2-1　ロンドン

　ロンドンの歴史の起源は，古代ローマ人がイングランドを征服し，ロンドンをブリタニアの首都に制定した紀元43年にまで遡る。そして，5世紀に入ると，ローマ人に代わってアングロサクソン人が支配するようになり，9世紀末にはアルフレッド大王がロンドンをウェセックスの首都に設定した。

　その後ロンドンは，経済の中心地シティと政治・宗教の中心地ウエストミンスターを核に発展を遂げていく。しかし，1666年，ロンドン市街のほとんどを焼き尽くした「ロンドン大火」が発生してしまう。その原因は，木造建築が雑然と並ぶ街並みにあった。そこで翌1667年，ロンドン行政府は再建法を定

め，新築建造物には石と煉瓦のみを使用することを義務づけた。その構造なら，大火になる可能性は限りなく低く，何より数世紀にまたがっても存続する耐久性に優れていた。歴史の中を歩いているかのように感じさせてくれるロンドンの街並みは，このときに起源を有す。

　1863年には世界初の地下鉄が完成し，ロンドンの交通網は飛躍的な発展を遂げるに至る。それに伴って，シティとウエストミンスターは徐々に繋がっていきインナーロンドンが形成された。ちなみに，現在「チューブ」（文字通り管のようなかたちで車内はとても狭い）という愛称で市民に親しまれているロンドンの地下鉄は，車内に自転車やペットを持ち込んでよいこと，地下鉄駅構内でミュージシャンの私的営業が認められていること（一定のレベルは求められるらしい）などの施策が人気を呼び，ロンドン観光のアクセントの1つとなっている。

　20世紀初頭には，人口が450万人に達し，東部や南部には大きな工業地帯が形成された。それにより，ロンドンは生産性の高い街になったが，その結果，大気汚染がひどくなり，石炭の煤煙によるスモッグの発生は，「霧の都」と揶揄された。だからその呼称は，決してロマンティックな含意を有してはいなかった。東京の夜霧のように，忍び合う逢瀬を包み隠し，「夜霧よ今夜もありがとう」なんて粋な歌が生まれる状況にはなかったのだ。

　その後2度の世界大戦によってロンドンは大打撃を被ったが，1950年代末までには街は復興し，重要な歴史的建造物のほとんどが修復された。そして，1960年代，古い街並みを誇ったロンドンは，カーナビーストリートを基点に，一転して煌びやかな若者文化の中心地になり，サイケデリックな原色がくすんだ煉瓦の作り出すセピア色の街並みに溶け込み，伝統と前衛が手を繋いで歩く街となっていく。時をさして待たずして，ビートルズもそのカオスの中に入っていくことになるのだ。

　1970年代に入ると，ロンドンは深刻な経済不況に悩まされ始める。その閉鎖状況は，若年層の高い失業率を派生させ，その不満はパンクロックというかたちで表出した（彼らはイギリス王室だけでなく，ビートルズやローリング・ストーンズさえロック貴族として攻撃の対象とした）。同時に街は荒廃し，犯罪率も増加した。

22　　第Ⅰ部　ビートルズへの多様なアプローチ

1980年代，サッチャー政権は，悲惨な現状を打破しようとして大幅な規制緩和，国有企業の民営化，産業構造の改革などを断行し，イギリス経済を何とか立ち直らせることに成功する。その後，ロンドンは，東京，ニューヨークと並んで，世界3大金融市場（現在は，上位6位までは，ニューヨーク，ロンドン，香港，東京，シンガポール，上海が毎年入れ替わる）の一角を占めるまでに至り，2012年にはロンドン・オリンピックを開催することができた。開会式典でサー・ポール・マッカートニーが"Hey Jude"（「ヘイ・ジュード」）を歌い上げ，会場を大合唱に導いたのは記憶に新しい。

このようにロンドンは，常に変化してきた街だ。伝統に対する頑固なまでのこだわりと，新しいものへの好奇心とが微妙なバランスを保ちつつ，時を刻んできたと言える。その時々の前衛がいつの時代も国内外から集い，1つの前衛が終わりかければ次の前衛が発生し，その繰り返しが1本の線になり，ロンドンの歴史が築かれてきたとも言えよう。伝統を保ち続けるには，常に変化していなければならないという普遍的真実を，本能的に理解し理性的に実践してきたのがロンドナーたちなのである。「ロンドンでは，人は歴史の中に暮らしている」というクリシェイ（常套句）は，変化を受け入れる革新性とともに認識されるべきである（同じことは日本の京都にもあてはまる）。ロンドンは，単に古いものが残っているだけの街ではなく，そこに住む人たちが常に「今」と対峙してきた街なのだ。過去と現在を包有しつつ未来を見据えている点こそが，ロンドンのロンドンたる所以である。

ビートルズは，レコードデビューした後も1963年6月まではリヴァプールを本拠地としていた。しかし，それ以後，生活の場を徐々にロンドンに移していった。ビートルズ・ビジネスを危うくしたアップル・オフィスを再建したデレク・テイラーは，「ロンドンこそビートルズが目指した目的地であり，ロンドンは5人目のビートルズであった[16]」と語っている。リヴァプールで巻き起こしたローカル・センセーションをナショナル・センセーション，さらにはグローバル・センセーションに押し上げようと，ビートルズは満を持してロンドンにやってきたのだ。

2-2　スウィンギング・ロンドン

　ビートルズは，「スウィンギング・ロンドン」と呼ばれた1960年代ロンドンの自由で闊達でスウィングする（心揺れる）斬新さに憧れを抱いていた。リヴァプールでは期待しようもない刺激と華やかさを兼ね備えた当時のロンドンでの生活に，ビートルズは胸躍らせ，手にした富と名声で，ロンドンの生活様式を楽しもうとした。以下は，拙著『ビートルズ都市論』からの「スウィンギング・ロンドン」に関する引用である。

　　「スウィンギング・ロンドン」は，1960年代，アメリカの若者の間に芽生えた「対抗文化」(the counterculture) 的反体制意識と連動しつつ，イギリスの社会意識に生じた既存権力への屈服を拒否する不遜なスピリットと言えよう。そのスピリットは，映画，演劇，小説，絵画，詩にも影響を与えたが，その中心には，マリー・クヮントのミニ・スカートとモッズ・ファッションに代表されるファッション文化が据えられていた。ミニ・スカートの流行は，ツイッギーというトップモデルを生み出し，彼女のユニ・セックスな魅力は，グラマラスで女らしくあるべきだという従来のモデルの概念を覆した。そしてそれは，「性的特質」(sexuality) の変革の象徴であっただけでなく，「伝統的概念」(Victorianism) に盲目的に服従することから解き放たれようとするイギリス社会の意識変革を象徴していた。[17]

　ヴィクトリア朝様式の建造物，赤い2階建てバス，バッキンガム宮殿の衛兵，山高帽に傘を手にした紳士，こうした一連のロンドンの伝統を拒否するのではなく，その傍をミニとモッズで派手にめかし込んだ前衛的な若者たちが颯爽と闊歩する，こうした時間と空間を無視した生意気さこそが「スウィンギング・ロンドン」の神髄であった。

　ちなみに，モッズは，イースト・ロンドンからサブカルチャーとして発生し，政治的側面を有していたサンフランシスコ発のカウンターカルチャーと違って，非政治的であった。さらに，ロングヘアーに花を翳しピース・サインをしながらヘイトアシュベリーに集ったヒッピーたちが，大学をドロップアウトしてき

24　　第Ⅰ部　ビートルズへの多様なアプローチ

た中産階級の「地位下降」(Class Degradation) 指向の若者たちであったのに対し，モッズたちは，上昇指向の強い労働者階級の若者たちであった。彼らは中産階層を目指し，身の丈以上の洗練された消費生活を望んだ。ヴェスパやランブレッタ（ともにイタリア製）のスクーターは，その象徴であった。

　ポールは，「リヴァプールの郊外で暮らしていた僕は，本当の都会なんか知らなかった人間だよ。それが自由にロンドンの街を闊歩してるんだから最高だった[18]」と語った。この言葉からもわかるように，ポールは，ビートルズのメンバーの中で最も「スウィンギング・ロンドン」の息吹を楽しんだビートルだったろう。彼は，ロンドンのスタイリッシュなライフスタイルが肌にあった。もちろん，他のメンバーも，程度の差こそあれ，ロンドンを楽しんだことには違いなかった。ジョージなどは，「リヴァプールの上下２部屋の小さな家で育った僕らが，今やメイフェアの豪華なアパートに住んで，専用の浴室を持っている。これってすごいことだよね[19]」と無邪気に語っていたものだ。リンゴは，「この業界にいる人間は，どうしてもロンドンに集まるものなんだ。レコーディングもロンドン，見るべきものがあるのもロンドン，何かが起こるのもロンドンだ[20]」と述べ，その都市の潜在能力に驚嘆している。加えて，ジョンも，「僕らの全盛期だね。ロンドン中を車で飛ばして，エリック・バードン（アニマルズ）とか，いろんな奴らと会って，ほんとにいい時代だった。名声という点ではあの頃が最高だったね[21]」と，限定的ではあるがロンドンを肯定している。

　フリーライターのジョージ・メリーが「ビートルズは『スウィンギング・ロンドン』の一部になった[22]」と表現した程に，彼らはロンドンに同化しようとした。外見上一番わかりやすい例は，私生活において，身体にぴったりとしたモッズ・ファッションに身を包んだことだろう。ジョージは，「人と違った格好をすることが反抗の１つのかたちだった[23]」と語ったことがある。ビートルズは，「スウィンギング・ロンドン」のファッション・リーダーでもあった。

2-3　ビートルズとロンドンとの距離感

　ビートルズのパブリックイメージは，ステージ上でのスーツ，１曲終わるごとのお辞儀，公式の場での政治的発言の抑制など，ロックンロールグループと

しては比較的公序良俗を守ることで知られていた。そのビートルズが、次第に、プライベート時のモッズ・ファッションの下に秘められた「スウィンギング・ロンドン」の精神的反逆性にも呼応し始める。"Taxman"（「タックスマン」）、"Revolution"（「レヴォリューション」）といった社会的かつ政治的メッセージを持つ曲は、ビートルズの心的変化を反映している。

　しかし、断っておかなければならないのは、ビートルズは、決して「スウィンギング・ロンドン」の中心にはいなかったという事実だ。中心にいたのは、キンクス、ザ・フー、ヤードバーズ、ローリング・ストーンズといった、黒人音楽により深く傾倒したR&Bベースのロックグループだった。ビートルズは、カーナビーストリートの若い息吹とバッキンガム宮殿の伝統的息遣いとの橋渡し役を担ったと言ってよかろう。思い起こせば、ビートルズは、カーナビーストリートをガールフレンドたちと手に手をとって闊歩しデートを楽しんだかと思えば、女王陛下から勲章を授与して貰うために、わざわざバッキンガム宮殿に出かけていったこともあったのだ……。

　それでもビートルズは、ロンドンの革新性の中で成長を遂げ、3分間ラヴ・ソング（断じて軽蔑の意味は込めていない。かつて、ブルース・スプリングスティーンは、「学校で学ぶより多くのことをそこから学んだ」と公言したことがある）を歌うロックンロールグループからメッセージ性を携えたロックグループに進化していったのである。

　その一方で、ビートルズは、リヴァプールを見下すロンドンのスノッブな排他的保守性には、嫌悪感を隠さなかった。ジョージは、「デビュー間もない頃、ロンドンのグループからは散々言われたよ。ウォトフォードから10キロ北はすべてクズだって。だから僕らがのし上がったとき、まずそういうグループに対して、ざまーみろと思ったね[24]」と逆襲している。ジョンに至っては、「僕たち北部人は、南部人、すなわちロンドンの人たちからは、畜生扱いされていたんだ[25]」との辛辣な言葉さえ突きつけている。ジョージやジョン程の強い反感ではないが、リンゴは、「ロンドンのクラブにいき始めると、ロンドンの人たちが頬にキスすることを知るようになった。北部出身の僕にとっては、それはすごく妙なことでね。北部では握手だけだ[26]」と生理的違和感を吐露した。

26　　第I部　ビートルズへの多様なアプローチ

イギリス社会は，アングロサクソン系プロテスタントの英国国教会が宗教界だけでなく，政界や経済界にも強い影響力を有している社会であり，カトリックの多いケルト系には，何かと暮らしにくい社会なのだ。アングリカン・ロンドンを中心にしたイングランド南部は，ケルティック・リヴァプールを中心とした北部を見下していた。全員がケルトの血を引くビートルズにとっても，ロンドナーたちの上から目線は，気に障ることが少なくなかった。

2-4　ビートルズの妻・恋人たちの二項対立

　このビートルズのロンドンに対する愛憎半ばする態度を反映しているように思えるのが，当時の4人のパートナーがリヴァプール出身の2人とロンドン出身の2人に綺麗に分かれることである。ほとんどの人は偶然の一致だとして気にもしないはずだが，筆者は，どうしても偶然ではすまされない因縁めいたものを感じてしまう。

　ジョンの妻シンシア・パウエルは，リヴァプールのアートスクールでジョンと出会い，結婚し，両親の愛情を受けず育ったジョンに家庭の幸せを齎そうとした女性だ。「ジョンが逃げ込んだり，自分を取戻したりできるような場所を準備するのが，私の役割でしょう[27]」と言ったりするけなげな人であった。シンシアは，女性にとっての幸せの基礎は家庭にこそあるとした，1960年代に至るまでイギリス社会の基本的道徳律であった「ヴィクトリアニズム」を継承していた。

　リンゴの妻モーリーン・コックスは，リヴァプール時代からリンゴのファンだった女性で，「あの人がどんなに遅くなっても私は起きていて，彼が家に帰ったら何か作ってあげるようにしています[28]」と語っているように，彼女もヴィクトリア朝的結婚観を引きずっていた。ロンドンのような時代感覚に敏感で価値観の揺れ動く（スウィングする）街と違って，時がたおやかに流れ価値観の揺るがないリヴァプールで生まれ育った2人にとって，親の世代の価値観を否定することなど思いもよらなかったはずだ。

　ジョージの妻パティ・ボイドは，『ヴォーグ』誌の表紙を飾る程のトップモデルであった。彼女は，当時の「スウィンギング・ロンドン」の中心にいた自

分を自伝*Wonderful Tonight*の中で以下のように表現している。

　　ルール・ブックは葬り去られ，新しい時代とともに新しい価値観が到来していた。若くて美しくてクリエイティヴである限り，この世は思いのまま。生きているだけでワクワクするような黄金時代をロンドンのトップ・フォトグラファーたちと一緒に仕事した私は，「スウィンギング・ロンドン」の真っただ中にいた。[29)]

　彼女は，ジョージの浮気をエリック・クラプトンに相談している間に三角関係に陥り，後にジョージと別れクラプトンと再婚している。親友の妻に恋してしまった苦悩を描いたのが，クラプトンの代表曲，いやロックの名曲 "Layla"（「いとしのレイラ」）である。イントロの強烈なギターリフは，メロディー以上に有名だ。

　ポールの婚約者だったジェーン・アッシャーは，ロンドン北西部ウィルデンで，精神科医の父親と音楽学校教授の母親（ビートルズのプロデューサーになるジョージ・マーティンは彼女の生徒であった）との間に生まれた，典型的な上流階級の出自を持つ女性だった。そんな彼女は，明日のスターを目指す野心を秘めた新進女優でもあった。ポールがアッシャー家で暮らす程2人はステディな仲であった（ポールは，アッシャー家の地下室で，ジェーンの兄ピーターが組んだデュオのピーター＆ゴードンに提供した "A World Without Love"（「愛なき世界」）を書いたりもしている）が，ポールの浮気が引き金となって破局してしまった。ポールは "You Won't See Me"（「ユー・ウォント・シー・ミー」）において，ジェーンを失った傷心を歌っている。対照的にジェーンは，婚約破棄を振り切るかのように，映画『早春』において，初々しい全裸をさらけ出し，強く生きる女性の意気込みを見せてくれた。ジェーンもまぎれもなく「スウィンギング・ロンドン」の洗礼を浴びた女性だった。

　このように，当時のビートルズの女性たちは，質素・質実に徹し，イギリス人の精神的支柱である「ヴィクトリアニズム」を生活信条の根幹に置くリヴァプール組と，その「ヴィクトリアニズム」から脱して，新しい消費文化を享受

し，社会よりも個人が輝くライフスタイルを追求した「スウィンギング・ロンドン」に身を委ねたロンドン組とに分かれる。もっと平たく言えば，専業主婦に徹しようとした組と社会進出しようとした組とに分かれるとも言えよう。ビートルズの女性たちの二項対立は，ギャツビーの頃（1920年代のジャズ・エイジ）の「アメリカン・ヴィクトリアニズム」と高度な消費文化を享受し社会進出を指向した「フラッパー・ガールズ」との関係にオーヴァーラップする。シンシアとモーリーンは，ジョンとリンゴの妻であることが自分たちのアイデンティティであったが，パティとジェーンは，ジョージの妻，ポールの恋人という立場を離れても，「パティ・ボイド」，「ジェーン・アッシャー」というそれぞれのアイデンティティをしっかりと持っていた。

　この二項対立は，当の本人たちも意識していたようだ。パティの「ビートルズの女性たちの間では南北分断の兆しがあった。北部（リヴァプール）出身の2人は，絶対に，私たちこそが以前からビートルズの傍にいたのよ的空気を南部（ロンドン）の私たちに発していた[30]」とする言葉がそれを証明している。ただ，彼女たちは反発し合っていたのではない。育った都市の特質や家庭環境から，何となく気心が知れるのは同郷同士という雰囲気を醸し出していただけなのだ。実際パティは，「一番気心が知れていたのがジェーンだった[31]」と語っている。ここでの南北分断は，「ビートルズの女性たちの都市論」になってもいよう。

2-5　ビートルズの女性観と望郷の念

　ビートルズの4人はと言えば，北部出身の女性と結婚した2人がイギリス社会の伝統的な価値観を色濃く残していたというのでもなく，あるいは南部出身の女性と結婚・婚約した2人がイギリス社会に芽生えた革新的な価値観に順応し切れていたというわけでもない。例えばジョンは，シンシアのもとを離れてロンドンで前衛芸術家として活躍していたオノ・ヨーコと価値観を共有するに至っている。逆にポールは，「スウィンギング・ロンドン」の申し子のようなジェーンと付き合っていたが，ジェーンには家庭に入って子供をもうけて欲しいと願っていた。女優業を続けたがっていたジェーンは，当然ながら早急に子供を作りたがらなかった。女優兼シンガーであり，ジェーンの友人でもあった

マリアンヌ・フェイスフルは，この行き違いが2人の溝を深めた一要因であったことを仄めかしている。ちなみに，マリアンヌは，ミック・ジャガーの恋人であった時期もあり，名曲 "Angie"（『悲しみのアンジー』）は，彼女をモチーフしたものだと言われている。また，シンガーとしての彼女は，ジョンの "Working Class Hero"（『労働者階級の英雄』），ミックの "As Tears Go By"（『アズ・ティアーズ・ゴー・バイ』）をカバーし，ライヴでも歌ったりしている。彼女も「スウィンギング・ロンドン」の中心にいた女性だった。

　ビートルズは，「スウィンギング・ロンドン」との新たな出会いに自分たちの輝ける未来を託そうとしたが，1人ひとりのビートルは，個人生活レベルでは古い「ヴィクトリアニズム」の残像を体内に宿していた。その潜在意識は，生まれ育った場所で培われたものだけに，彼らの思考回路と行動様式を縛った。

　ジョンの "In My Life"（『イン・マイ・ライフ』），"Strawberry Fields Forever"（『ストロベリー・フィールズ・フォーエバー』），ポールの "Yesterday"（『イエスタデイ』），"Penny Lane"（『ペニー・レイン』）は，ロンドンで様々な活動に疲れたとき，心の拠り所であるリヴァプールへのノスタルジックな思いを綴った楽曲群である。ビートルズは，ロンドンに活動の場を移してから解散に至るまで，ほとんどリヴァプールには帰らなかったが，いつも心の奥には，バック・トゥ・バックの労働者住宅，くすんだ佇まいのライムストリート駅，マージー川沿いのドックのざわめき，ペニーレインの牧歌的風景などへの郷愁があった。彼らは，ロンドンで世界の「偶像」(idol)を演じているときでも，一旦リヴァプールに想いを馳せれば，いつでも「実像」(real image)に立ち返ることができた。

　富と名声を手に入れた後のビートルズは，巨大化するビートルズ・ビジネスの中で押しつぶされそうなときもあった。そんなときジョンは，「助けてくれ，僕に必要なのは大切な人 (somebody) であって，どこにでもいる人 (anybody) じゃない」[32]と歌った。ここでの anybody とは，ビートルズが有名になるに伴って近づいてきたロンドナーたちであり，somebody とは，永遠に変わらない無償の愛を与え続けてくれるリヴァパデリアンたちであるという解釈も成り立つだろう。この曲 "Help!"（『ヘルプ！』）が世に出たとき，誰もそんな解釈など

30　第I部　ビートルズへの多様なアプローチ

想像すらしなかったし，ジョンも曲の真意を語ったりしなかった。しかし，後にジョンは，上記のような意味を込めたことを告白している。

　そう考えると，シンシアが言った，「ジョンが彼の生涯に出会った人間の中で，私は誰よりも変わらずにいた人間だったと思います。無条件でジョンを愛した唯一の存在でした[33]」なる言葉がよけい心に染み入る。シンシアは，ジョンが作った歌の中で一番自分の心に届いてくるのは "In My Life" だと漏らした。その歌詞の一部を紹介してみよう。

　　よくも悪くも永遠に変わらない場所〔リヴァプール〕がある。〔中略〕かつてそこで，恋人や友達と一緒に時を過ごした。もう亡くなってしまった人もいれば元気に暮らしている人もいる。「僕の人生において，」その人たちすべてをずっと愛してきた[34]。

　ビートルズの4人は，それぞれのパートナーと別れてしまった。シンシアとモーリーンは，ジョンとリンゴと別れ，静かにビートルズのステージを降りている。彼女ら2人は，最後まで夫たちが夢を抱いたロンドンに馴染めなかった。対照的に，パティとジェーンは，最後まで夫・婚約者たちの中のリヴァプールに馴染めなかった。2人は，ジョージとポールと別れ，きっぱりとビートルズのステージを降りている。ビートルズの4人とそれぞれの最初の妻・婚約者との別れもまた，宿命的であったと言えるのかも知れない。

2-6　ビートルズ・ビジネスの特徴

　ビートルズ・ビジネスが世界的規模になってからも，ビートルズは，運営スタッフをリヴァプール時代からの友人や知り合いで固めていた。近所のギター好きの悪ガキが集まって世界を制覇した構図を，そのままマネージメントにも持ち込んでいたのだった。気の合った仲間と好きなことを好きなようにやるという究極のアマチュア精神が，ビートルズの音楽とビジネス両面におけるスタイルであった。それはまた，プロフェッショナルたちが陥りがちな権威主義と閉鎖性への強烈なアンチテーゼだったとも言える。そして，そのスタイルを基

Chapter ❶　ビートルズ──その誕生から解散まで，すべては必然であった　　31

本にしながら，世界に出るための戦略的妥協をも内包しつつ，ビートルズと運営スタッフは，お互いを必要としながら成長してきた。

　そのアマチュアリズムの代表がマネージャーのブライアン・エプスタインだった。彼は，レコード会社の人間でも音楽事務所の人間でもなかったゆえ，業界のことに精通した辣腕マネージャーというわけではなかった。また，緻密な計算をして動くタイプのマネージャーでもなく，ビートルズへの愛ゆえ，献身的に動くタイプのマネージャーだった。レコード契約を交わすために何度もロンドンに出向き，デッカ・レコードとはオーディションにまでこぎつけながらも断られた。それでも粘り強く交渉を続け，最終的にEMI傘下のパーロフォン・レーベルとの契約にこぎつけている。これは，ビートルズと同じ街に生まれたという同族意識を精神的支柱に据えて，彼らと運命を共にすると腹をくくった男にしか成せなかった仕事だと言えよう。

　しかし，ビートルズのキャラクター・グッズのアメリカでの版権使用料をただ同然の10％（本来なら90％の版権使用料を取ってもいいくらいだった）に設定し，ビートルズに何百万ドルという収入源を失わせもした。そもそもブライアンに，キャラクター・グッズが金のなる木だという発想はなかった。レコード契約に関しても，ビートルズより格下のグループが彼らよりはるかにいい条件で契約を結んでいたこともしばしばあった。海千山千の輩が牛耳る音楽業界において，ブライアンは馬鹿正直と言われても仕方ないくらい純朴すぎた。

　音楽ビジネスは，主にレコード会社と音楽出版社とで成り立っている。しかし，ブライアンは，レコード会社への知識はある程度あっても（北イングランド一の大型レコード店を経営していたのだから当然であった），音楽出版社への知識には欠けていたと言わざるを得ない。音楽出版社は，歌手・演奏者（パフォーマー）への関心は薄く，作曲家・作詞家（ソングライター）に対して関心の中心があり，彼らこそが投資の対象である。すなわち，音楽出版社は，アーティストを抱えているのではなく，楽曲の所有権（つまり著作権）を握っているのだ。通常ソングライターは，音楽出版社と契約を交わし，著作権の一部を譲渡する。その代わりに出版社は楽曲を売り込み，そこから得られた収入をソングライターと取り決めた割合で分配する（半々が一般的だが，ソングライターの知名度が上

32　　第Ⅰ部　ビートルズへの多様なアプローチ

がるにつれて楽曲提供者側の分配率は高くなるのが慣例)。レコードの売り上げだけでなく，ライヴ演奏，放送，映画，テレビ，ビデオなどに於ける楽曲の使用料を回収するには，音楽出版社のサポートは不可欠である。

　ビートルズの音楽出版業は，当時の音楽ビジネス界では有名人であったディック・ジェイムズ，レノン，マッカートニー，ブライアンが出資した合弁会社「ノーザン・ソングス」が担った。しかし，ジェイムスを除いた3人は，音楽出版のことがよくわかっていなかった。せめてブライアンだけでも，この分野での知識を蓄えておくべきだっただろう。そうしていれば，レノン＝マッカートニーの作った250を越える楽曲の著作権をマイケル・ジャクソンが獲得するという事態にはならなかったはずだ。

　それでもビートルズは，不満を述べつつも，ブライアンと「ネムズ・エンタープライズ」から離れるなど考えすらしなかった。ビートルズは，人生のすべてをかけて自分たちに成功を齎してくれたブライアンの滅私的仕事ぶりに深く感謝していたので，細かいビジネス・ファクターには目をつむっていた。ジョンは，「ブライアンがテープを脇に抱えて，ロンドン中あっちからこっちへ歩き回って，ついにジョージ・マーティンと出会った。ブライアンの努力がなかったら，僕らは芽が出ないままに終わっていただろう[35]」と語っている。

　ブライアンのレコードショップの「販売員を求む」という広告を見て応募し，ブライアンがビートルズのマネージャーになったのを機に，自分もビートルズと行動を共にすると決意したアリステア・テイラーは，ビートルズの何でも屋として，父親認知の問題を片づけ，メンバーに代わって車や邸宅を購入するなど，ありとあらゆる雑事を一手に引き受けた。マル・エヴァンスは，ポールの古くからの友人で，ビートルズのロードマネージャーとして，あるときは運転手，あるときはボディーガード，あるときはメンバーの良き遊び相手を務めた。大きな体と優しい性格でビートルズに愛された。ニール・アスピノールは，リヴァプール・インスティテュート在学時に，同じく在学中のポールとジョージと知り合い友人となった。ビートルズ結成後は，ロードマネージャーとして彼らに関わった。経営能力にも長けており，アップルの代表に就任し，以後40年にわたってアップルの運営に携わった。ブライアンの友人であったピータ

Chapter❶　ビートルズ──その誕生から解散まで，すべては必然であった　33

ー・ブラウンは，ブライアンの個人秘書になるよう依頼を受け，主にビートルズの契約関係を取り仕切った。リヴァプールの地方誌*Liverpool Daily Post and Echo*のライターであったデレク・テイラーは，ブライアンのアシスタントとなり，以来ビートルズの広報マンとしてその能力を遺憾なく発揮した。ジョンとヨーコの「ベッドイン」イベントを仕切り，"Give Peace A Chance"（「平和を我等に」）のコーラスに参加している姿が印象的だった。

　ここに挙げた6人は，ブライアンを含め，誰一人として業界のプロフェッショナルではない。しかし，それぞれがビートルズを愛し，ビートルズも彼らを愛し，リヴァプール時代からのアマチュア的絆で，ロンドンのプロフェッショナル集団を向こうにまわしてビジネスを展開していった。プロフェッショナルでないゆえの効率の悪さは存在したが，それを上回るお互いの信頼感があった。

2-7　ブライアン・エプスタインの死

　この絆にヒビが入るきっかけは，ブライアンの急死であったろう。ビートルズが世界的人気を博したのは，ブライアンの世界戦略のおかげだ。彼は，世界を制覇するにはファン層を限定し過ぎてはいけないとする信念のもとに，ビートルズに公序良俗からつかず離れずの立ち位置を要求した。そして，ビートルズ・サウンドのルーツを産み落とした国であり世界最大の音楽市場でもあるアメリカを制覇せずして，世界制覇はあり得ないと考えた。ブライアンは，何としてもビートルズの曲をアメリカのヒットチャートのナンバーワンに送り込みたかった。その戦略の1つとしてのアメリカを中心に据えたワールド・ツアーは，ブライアン主導でなされていった。

　同時に，ビートルズ自身も，何が何でも成功したかった。彼らは，成功しなければ元の危うい中流下層もしくは労働者階層に逆戻りしなければならず，それは耐え難いことだった。『アンソロジー・ビデオ』の"Free As A Bird"（「フリー・アズ・ア・バード」）が流れる部分の映像で，ビートルズの4人が，アルバート・ドックの工場に歩いて出勤している姿が挿入されている。そのシーンはほんの一瞬で終わるが，会話など一切なくひたすら工場へ足を進める労働者群の中にビートルズの4人を置くことで，彼らの属した不安定な階層（レイ

オフという不安を常時抱えている）の日常をリアルに伝えている。ビートルズは，成功しなければ行き場のないノーウエアマンだったのだ。

　安定した中流に属し，確固たる帰る場所があったローリング・ストーンズとの違いはそこにある。ミック・ジャガーには，たとえロック・ビジネスで成功しなくても大学院に戻る選択肢があった。ローリング・ストーンズは，自他ともに認める中流階層であったゆえ，逆説的に，一切の妥協を拒否して，ロック的「悪」のイメージを押し通せる社会階層的余裕があった。現実を受け入れる「イエス」のビートルズと現実を拒否する「ノー」のストーンズというイメージは，背後に，彼らの社会階層的必然性を伴っていた。

　それでもビートルズは，ロンドンで多様な価値観を持つ人々と接するうちに，知的レベルを上げていった。特にその傾向が強かったのがジョンとポールで，そのことに対してジョージは，「1963年から1966年あたりは，ジョンとポールがインテリじみてきた時期だね。ロンドンへ移ってから，2人は知識を競い合うような感じになった[36]」と言っている。その知的興味の高まりにつれて，ビートルズはブライアンの要求するアイドルを演ずることがストレスとなっていった。そして，世界中どこへいってもファンの嬌声で自分たちの演奏がかき消されてしまうワールド・ツアーを辞めたいとする気持ちがビートルズの4人の中で芽生え始めた。

　当然ながら，ブライアンは，ワールド・ツアーの続行を主張した。それは，ビートルズ・ビジネスにおける自分の位置を確保しておこうとする最後の抵抗であった。ブライアンは，自分が育てたビートルズが，自分の知らない場所にいってしまうような不安にさいなまれていたに違いない。ビートルズが技術革新目覚ましいレコーディング・スタジオでじっくり腰を据えて曲作りに専念することを選択し，ワールド・ツアーからの撤退を宣言したとき，ブライアンの不安は現実のものとなった。「ビートルズの才能がブライアンの能力を追い越したとき，ブライアンには果たすべき役割がなくなってしまった[37]」。

　こうして，ビートルズの主導権は，リヴァプール時代から苦楽を共にしたマネージャーのブライアン・エプスタインから，ロンドンのアビーロード・スタジオを司るレコード・プロデューサーのジョージ・マーティンに移ったのであ

った。ビートルズの成功の夢をかたちにしたのがロンドンであったなら，ビートルズの音楽的イメージをかたちにしてくれたのがジョージ・マーティンであった。

　ブライアンは，まるで時の流れに揶揄われるかのように，時代から取り残されてしまった。そんな状況下，ブライアンは，ビートルズに自分はもう必要ないのではという強迫観念に取りつかれ，孤独を紛らわすための薬物への依存度を加速度的に高めていった。そして，それがもとで命を絶つに至ってしまった。ウエストミンスター検死法廷は，ブライアンがかなり前から不眠症に悩まされており，不注意による過剰な睡眠薬の摂取が致命的な漸加蓄積を起こしたと断定した。一方警察は，ブライアンの邸内に17壜もの睡眠薬や精神安定剤，さらには違法薬物が発見されたと発表した。アンドリュー・ルーグ・オールダムの「もしブライアンがビートルズを愛するように，自分のことをも愛していたら，彼は今もこの場にいたかも知れない」[38]なる言葉は，まったくもってその通りだと思う。

　ビートルズは，ブライアンから自由になることを望み，すでにそれを勝ち取っていたにも拘らず，自分たちの中にも残存するリヴァプール的価値観の最後の防波堤となってきた人物の死に狼狽えた。ビートルズの4人とも，ブライアンへの恩義の念を失ってはいなかったし，それぞれがブライアンを最後まで愛していた。ビートルズは，ブライアン・ロストの中で，自分たちの方向性を見失った。

2-8　ビートルズ・ビジネスの変容

　ブライアンの死後，ビートルズ・ビジネスは，アメリカ人敏腕マネージャーであるアラン・クラインの手に委ねられていくことになる。クラインは，ブライアンがEMIと結んでいた不平等なレコード契約を本来の姿に戻した。そして，その見返りとして自分も多くの取り分を要求した。クラインは，合法非合法間のグレーゾーンで暗躍していたので，「業界ではその怪しげな取引を知らぬ者はいなかった」[39]。そのダーティかつビジネス・ライクな手法は，それまでビートルズ・ビジネスを支えてきたリヴァプール的アマチュアリズムとは対極

にあるプロフェッショナルな非情さに徹したものであった。クラインは，ブライアン及びビートルズとの個人的関係でビートルズ・ビジネスに参画してきたスタッフ，つまりリヴァプール組のほとんどを，非合理的と断じてアップル・オフィスから整理しようとした。

　一番悲惨だったのはアリステア・テイラーの場合で，彼はビートルズさえも自分の解雇を黙認していると知り，強い落胆の中でひっそりビートルズ・ビジネスから身を引いている。アリステアは，「生活保護を受け，過去の思い出と一緒に暮らしている」と友人のスタフォード・ヒルドレッドによって報告された[40]が，その後69歳でこの世を去った。アリステアは自伝の中で，以下のように，当時のビートルズ・ビジネスの急激な変化に対する戸惑いを独白している。

　　ビートルズが史上最高のグループだったことは疑いようのない事実だ。だが，あれ程の名声と称賛の中で人間らしく生きていくこと，それが4人にとって決して簡単でなかったことも事実なのだ[41]。

　クラインは，ビジネスマンとしては有能だった。ローリング・ストーンズ，キンクス，アニマルズといった破竹の勢いのブリティッシュ・ロック勢の財政面を取り仕切ってきた。加えて，音楽にも詳しかった。しかし，クラインには決定的に欠落していたものがあった。それは，取り扱ったグループへの愛だったろう。彼にとって新たに契約したビートルズも，ビジネスコンテンツ以上のものではなく，ビートルズの感情への配慮はほぼ皆無と言えた。ビートルズが音楽的創造性に集中できる環境を確保しようとする試みは，クラインのビジネス活動上には存在しなかった。

　煩わしいことは気心の知れた仲間たちにずっと任せてきたビートルズは，クラインのリストラによりほとんどの仲間を失い，創作活動に専念できる時間を徐々に削がれつつあった。個人資産管理を含むビジネスマターにかなりの時間を割かねばならなくなったビートルズは，いやがうえにも，音楽以外での精神的負担が増す状況に追いやられていった。

　もともとビートルズは，4人の個人値より，共同生活に近いかたちで下積み

時代から苦楽を共にしてきた組織値を優先してきたグループであった。ジョージとリンゴの歌をアルバムに1曲ずつは入れるといった平等性を保ちながら，ときにはマネージメント・スタッフのアイデアをバンド活動に盛り込んだりして，運営陣とも固い精神的絆で結ばれていた。

　そのスタイルでのビートルズの成功は，音楽を音楽家の側に引き寄せる原点回帰の象徴でもあった。それを具現したロンドンのサヴィル・ロウ（高級紳士服店が軒を連ねていたので日本語の「背広」の語源となった）3番地のアップル・オフィスは，ビートルズに続く世代の若くて有能なアーティストにも自己表現の機会を与えるという高邁な理想と税金対策という経済的現実から始められたはずだった。しかし，結果的には，音楽界の理想郷（芸術性と商業性が喜びに満ちた融合を遂げる世界）の創造という錦の御旗の陰で，自分たちの利益（欲と言い換えてもよい）を優先したビジネス・プロフェッショナルズたちの権利闘争の場と化してしまった。

　それはビートルズの理想とは真逆の事態であったが，気がつけばビートルズ自身もその権利闘争の渦中にいる羽目に陥っていた。ジョン，ジョージ，リンゴが支持するクラインと，音楽業界では知られた会計士でポールが支持したリー・イーストマン（妻のリンダの父親）の間で，「アップルパイ」の分け前をめぐって骨肉の争いが展開された。ポールはその頃のストレスを"You Never Give Me Your Money"（「ユー・ネヴァー・ギヴ・ミー・ユア・マネー」）と題したメロディアスな曲に込めた。

2-9 「ドリーム・イズ・オーヴァー，イエスタデイ」

　ビートルズ解散の諸要因には，オノ・ヨーコの存在，ジョンとポールの音楽的方向性の違い（メロディー重視の曲作りを指向したポールに対して，ジョンは歌詞に込める感情表現を最優先した），さらに，ジョンとポールの人生観に対する大きな違い（"Let It Be"（「レット・イット・ビー」）に反映されたポールのカトリック的宗教観とジョンの無神論との落差），ジョージとリンゴに芽生えた疎外感（ポールがジョンに代わってリーダー・シップを取り，ボス風を吹かし始めたことに対する反発とも言い換えられる）等が挙げられ，それらすべてが一定の説得力を持つ。しかし筆

者は，ロンドンの前衛性と強い刺激がビートルズに大きな成長を齎したことを
はっきりと認めつつも，ビートルズ解散の決定的要因は，ビートルズが自らの
「リヴァプール性」（筆者の造語）を削ぎ落とし，世界の金融センターであるロン
ドンの資本主義の中で，アリステア・テイラーの言った「人間らしく生きてい
くことが簡単ではなくなった」ことにあったと思う。

　ビートルズは，リヴァプール時代，自分たちの音楽に対するキラキラした純
粋さを有していたが，ロンドンで自分たちの作った曲の齎す富の分配に対して
ギラギラした欲を有してしまった。"Imagine"（「イマジン」）の歌詞の一節にあ
るように，欲は争いを誘発するのが世の常である。

　しかし，この頃のビートルズを一方的に責めることはできない。武田知弘は，
『ビートルズのビジネス戦略』の中で，以下のように言っている。

　　ビートルズは，自分たちがポップス市場を拡大したにも拘らず，その恩恵
　をあまり受けられなかったのだ。後進のバンドの方がよほど大きな恩恵を受
　けたと言える。当然，ビートルズとしては，面白くない。ビートルズが後年，
　様々なビジネスに走り出すのは，これまで自分たちが取り損ねていた利益を
　取戻したいという面もあったのだ。[42]

　ビートルズは，不良の音楽だったロックンロールに芸術性をトッピングし，
少年少女だけでなく大人も聴けるロックに進化させ，幅広い年齢層から受け入
れられる巨大なロック市場を作り出した。しかし，皮肉にも，自らが作り出し
た市場原理の非人間的なうねりに飲み込まれてしまった。ジョンが自分たちのミ
ュージシャンシップの絶頂期は，ライヴハウスで1日6時間も7時間も演奏し
たハンブルグ時代だったと認めているように，ビートルズは，大きな収容能力
を持つ会場のアリーナ席の隅々にまで一定のクォリティを保った演奏をコンス
タントに届けるロック・ビジネス対応型のグループではなかった（その素養があ
ったのはポールだけで，彼は現在もそれを実践している）。どちらかと言えば，プレ
ーヤーとオーディエンスの境界線が曖昧で，お互いがその日その場所で波長が
合うか否かでパフォーマンスのクォリティが決まるロックンロール・サーカス

対応型のグループであった。

　加えて，彼らのレコーディング曲の選び方もマーケット分析などには頼らず，自分たちの好みと感性を優先させた。その性向は，デビュー曲と次のシングル曲において，ジョージ・マーティンがきっちりマーケティングした "How Do You Do It"（「ハウ・ドゥ・ユー・ドゥ・イット」）を2度続けて拒否して，自分たちのオリジナル曲 "Love Me Do"（「ラヴ・ミー・ドゥ」）と "Please Please Me"（「プリーズ・プリーズ・ミー」）に執着した点に象徴されよう。そう考えると，失敗に終わったが，巨大化し身動きが取れなくなったロックシーンにロックの自由さと攻撃性を取戻させようとして，ビートルズがアップルを創設したのは納得がいく。ビートルズは，ロックスピリットが骨抜きになりつつあった過程でも，あくまで，ロックがロックらしかった1960年代的反逆性を大切にしたグループであった（最近のロック界ではその反逆性はほぼ絶滅し，ロック界は最も保守的な人種が集まる場所になり下がっている）。

　その1960年代精神のもとにビートルズがかろうじて足並みを揃え得た最後の瞬間は，*Abbey Road*（『アビイ・ロード』）のアルバム・ジャケット用写真を撮ったときだっただろう。このとき4人が最後に見せた横断歩道上での整然とした足並みは，アビーロード・スタジオ前の横断歩道を世界で一番有名な横断歩道にした。

　ビートルズ解散の真実に迫り，ビートルズ・ファンが目にしたくなかった事実を世に知らしめたピーター・ドゲットは，その赤裸々な描写の中にあっても，その解散を，「大衆がビートルズの喚起した自由を享受する一方で，ビートルズはビートルズでなくなる自由を求めた」[43]とし，ビートル1人ひとりには，次なる10年間をそれぞれのアイデアで思い通りにデザインする権利があったし，彼ら全員は，見事にそれをやり遂げたのだと弁護した。実際，ジョンは音楽を媒体にした社会活動で，ポールはウイングスとのバンド活動で，ジョージとリンゴはこれまでジョンとポールの陰で抑制していたソロ活動で，それぞれ大活躍した。

　1970年代を通して，ロック・ビジネス界では，ビートルズの再結成の噂が幾度か実しやかに流れたが，ビートルズ，特にジョンは，ビートルズに帰って

40　第I部　ビートルズへの多様なアプローチ

いくことを頑なに拒否した。そのとき彼は，栄光も挫折も経験させてくれたビートルズという大学をすでに卒業していたのであり，同窓会を開いて昔を懐かしむなどという趣味は持ち合わせていなかったはずだ。加えて，ジョンは，ビートルズの解散には様々な必然的要因が複雑に絡まっており，それらが蓄積した結果であったことを，しっかり認識していたように思える。他愛のない偶然が積み重なった結果なら修復可能であったかも知れないが，必然の積み重なりなら，時間の不可逆性を受け入れるしかなかった。

　それを受け入れたからこそ，ジョンは，「ドリーム・イズ・オーヴァー，イエスタデイ，でも我々は生き続けていかなければならない……[44]」と歌ったのだ。その歌 "God"（「ゴッド」）では，ジョンがそれまで信じてきたものをすべて過去のものとして退け（キリスト，ケネディ，エルヴィス，ディラン，そしてビートルズさえもそこに含めた），「今はただのジョンに帰った[45]」と歌っている。それは，ビートルズという20世紀最大のロックグループの死に対する「鎮魂歌」（requiem）でもあった。夢を追いかける歌は巷に厭という程溢れ返っているが，夢を一旦終わらせ，ビートルズ神話から自らを解放し，その喪失感の中からでも「再出発」（starting over）を促そうとするなんて歌は，ジョン・レノンという稀代の詩人にしか歌えなかっただろう。

　さらにジョンは，"God" の中で「今は自分だけを信じる[46]」と結び，あるインタヴューでは，「神は我々1人ひとりの中に存在する」とも言っている。これは，アメリカ思想の原点と位置づけられる「ラルフ・ウォルドー・エマソンの自己信頼」（Emersonian Self-Reliance）に一脈通ずるイズムである。

　ジョンはまた，「ウォー・イズ・オーヴァー，イフ・ユー・ウォント・イット（戦争は終わる，もし君がそう望めば）」というメッセージを告知するポスター・キャンペーンを世界中の大都市で繰り広げた。そこには，「誰も本気で平和を望んでいないからこそ，この世界を見渡してみたとき，戦争は終わっていないのだ」とする強烈な皮肉が込められていた。このように，内心では思っていても誰もおいそれとは公言できないようなことを，何の躊躇いもなくズバッと言えるのがジョン・レノンという活動家だったろう。ビートルズ解散後のジョンは，歌う思想家のイメージを色濃く纏うようになっていた。それこそが，

Chapter ❶　ビートルズ——その誕生から解散まで，すべては必然であった　41

稀代のロックグループを解散してでもやりたいことであった。

▍エピローグ

　ジョン・レノンは，1960年代とビートルズとの結びつきを以下のように表現した。

　　そのとき吹いていた風は，それがどんなものであれ，ビートルズを動かしていた。僕は，僕らが船のてっぺんの旗ではなかったと言いたいんじゃない。たぶんビートルズは船の先端に立って「陸が見えたぞ」と叫んでいたんだ……あの頃は，若い世代全員が1つの船の上にいて，吹く風に乗って，その船全体を動かしていたんだよ。[47]

　ここで，ジョンが若い世代全員が乗り込んだ船を動かしていたとした「風」は，本章で言うところの社会背景であり，時代背景である。

　どんなアーティストの作品も，生まれ育った土地，あるいは，「そのとき」住んでいた社会の影響を受ける。これは，音楽家に限ったことではなく，すべての芸術家にあてはまる普遍的事実だ。ビートルズとて，自分たちだけで世界を動かしたのではなく，彼らが生まれ育ったリヴァプール，ロックンロールグループとしての修業時代を過ごしたハンブルグ，さらには彼らがプロとして音楽活動を展開したロンドン，本論の冒頭の言葉で言えば，彼らが「呼吸した街」とともに歌を作り世界を動かしていたのだ。

　加えて，1960年代は，反体制的な若者文化が台頭してきた時代であった。「スウィンギング・ロンドン」とも連動していたアメリカ発の「対抗文化」という船に，世界中の若者が乗り込んできていた。日本では，その船に，ヴェトナム戦争と日米安保に反対の学生運動家たちが最初に乗り込み，その後，当時流行った「戦争を知らない子供たち」という歌に共感したより幅広い反体制層（ノンポリ層も含む）の若者たちも乗り込んでいった。ビートルズの言葉で言えば，「黄色い潜水艦」に乗り込んだ若者たちであった。「ウィー・オール・リ

42　　第I部　ビートルズへの多様なアプローチ

ヴ・イン・ア・イエロー・サブマリン」[48]と皆で声を揃えて歌っていたのだ……。

　上記のジョンの風と船に喩えた言説からは，ビートルズが時代に果たした役割を，ジョンがその本能的直感によって正しく理解していたことが伺われる。ウィルフリッド・メラーズは，「ビートルズは，自分たちの音楽を通じて，ある世代を明瞭に表現した」[49]とし，ビートルズが時代の象徴であったことを強調した。ビートルズは，単なるロックグループの域を越えて，1960年代のアイコンになっていたのだった。

　そしてその1960年代は，ベビーブーム世代（日本では団塊世代と呼ばれた）でもあったゆえ，当時の若者たちは，圧倒的な数の力を頼りに，一定の政治的発言力と経済的影響力を有した。だからその時代の若者文化は，サブカルチャーに甘んずることなく，既存の権力に取って代わろうとするカウンターカルチャー足り得たのである。

　その「対抗文化」は，「サマー・オブ・ラヴ」と呼ばれた1967年夏に大きな盛り上がりを見せ，1969年8月，ニューヨーク郊外に30万人とも40万人とも言われる若者たちが集った愛と平和と音楽の祭典「ウッドストック・フェスティヴァル」で頂点を迎える。ビートルズ世代とともにウッドストック世代という言葉も，当時の若者の総称となっていた。

　しかし，そのウッドストック世代は，1969年12月の「オルタモントの悲劇」（「ウッドストック」の成功の延長線上で愛と平和を掲げたそのイベントは，皮肉にも警備を担当していたヘルズ・エンジェルスが黒人青年を撲殺する暴力事件を引き起こすに至った）で，その商品価値をバーゲンセール並みに下降させてしまった。そして彼らの「対抗文化」は，底値のまま70年代に雪崩込んだ。その矢先に解散したビートルズは，60年代文化の終焉という文化的必然性を背負って解散を迎えたと言い切ってよいだろう。

　ビートルズを動かしていた風がぴたりとやみ，ほぼ無風状態になった1970年代には，ビートルズへの追い風が再び吹くことはなかった。「全員1つの船の上にいた10年」（us-decade：筆者の造語）から，「全員が船を降り1人ひとりの家路についた次の10年」（me-decade）は，ギター1本で弾き語るシンガーソング

Chapter ❶　ビートルズ──その誕生から解散まで，すべては必然であった　43

ライターの時代であった。元ビートルズのメンバーも，新たな10年に順応するかのごとく，「前の10年間に対する内省及びそこからの成長的脱却」(Growing Out of the 60s) を指向するシンガーソングライター群に伍してソロ活動を展開していった。この意味で，ビートルズの解散は，時代的必然でもあった。

ちなみに，日本では井上陽水が，テレビのニュース番組から流れてくる政治問題より，今日，これから恋人に会いにいくための傘がないことの方が，自分にとってはより大きな問題だと歌い，集団より個が優先される10年間に入ったことを，控え目ではあるが，きっぱりと宣言していた。「つめたい雨が僕の目の中に降る／君の事以外は何も見えなくなる／それはいい事だろ？……」[50] もちろん，この疑問文は修辞疑問文であり，「それはいい事だろ？」の発話意図は，「疑問」ではなく，「それはいい事だよね」という「確認」である（「確信」がないので，聞く者に「確認」しているとも言える）。この歌の歌詞以上に70年代の日本の若者の心情を的確に捉えた歌を，筆者は知らない。井上陽水の「傘がない」は，まさに，時代が書かせた名曲である。ニューヨークのとある日本人経営の本屋さんにジョン・レノンがひょっこり現れて，そのとき店内に流れていた陽水の曲を聴いて，「いい曲だね，誰が歌っているの」と尋ねたという逸話が残っている。後日，そのことを伝え聞いた陽水は，感慨深げに押し黙っていたと聞く。

そうした時代の流れに逆らうかのように，ジョンだけは70年代も朽ちかけた「対抗文化号」に残り，エイハブ船長よろしく「モビーディック」(白鯨) なる権力の象徴に1人で孤高の闘いを挑み続けた。しかし，1980年12月8日，ジョンと同じアイルランド系の出自を持つ狂信的ファンが「リヴォルヴァー」から放った5発 (4発がジョンの体に命中した) の銃弾によって命を絶たれた。その事件が起こった「ダコタアパート」(ジョンとヨーコが住んでいた高級アパート) 前には，今もビートルズ・ファンたちが世界中からやってきて，カメラのシャッターを押して帰っていく。

青春のすべてをかけたかのごときビートルズの夢は，リヴァプール郊外ウールトンで芽生え，マシューストリートで大きく膨らみ，ハンブルグのレーパー

バーンでしっかりと養分を吸い取り，ロンドンのアビーロードで花開いた。しかしその夢は，サヴィル・ロウの瀟洒なオフィスで綻びを見せ始め，ビートルズ・ユートピアはついにはビートルズ・ディストピアに変容してしまった。それでも，彼らが成した音楽業界と若者文化に対しての世界的規模の貢献は，21世紀以降も忘れられることはないだろう。

　いくら商業的に成功していても下等なエンターテイメントとして切り捨てられてきたロックンロールとロックを，1つの文化にまで押し上げたビートルズの功績は，限りなく大きい。アビー・ホフマンは，ビートルズを「最高のものと最も人気のある（2億枚以上のレコードを売り上げた）ものが完全に一致するという文化革命を成した存在[51]」と評した。さらには，女王エリザベス2世さえも，「もしもビートルズを聞くことがなかったら，私たちは，どんなにつまらなかったでしょう[52]」と語った。

　2018年の今，筆者が暮らす日本の地方都市のスーパーマーケットで買い物していても，BGMでビートルズは流れてくる。ローリング・ストーンズ，ボブ・ディラン，ジミ・ヘンドリックス，ジャニス・ジョプリン，ザ・ドアーズらがそこから流れてくることは，地球最後の日まで決してない。これは断言できる。ビートルズの偉大さは，彼らが世に出した楽曲の大衆性と普遍性にある。

　ビートルズが「64歳になった頃，どんな風にしているだろうか[53]」と歌った年齢を越えたビートルズ世代の中には，遅ればせながら，ビートルズの歌や発言の真意にようやく合点がいくようになった者もいる（67歳にならんとする筆者もその1人だ）。一方で，日々の暮らしに追われて，ビートルズどころではなくなった者ももちろんいる（どちらかと言えば後者の方が多いかも知れない）。

　そんなビートルズをリアルタイムで体験した世代だけでなく，平成生まれの若者の中にも新たなビートルズ・ファンは生まれている。いくら人気があっても，時が経てば忘れ去られるのが宿命でもあるかのようなポップシーンにおいて，ビートルズの時代を突き抜ける浸透力は驚異的で他に類を見ない。デジタルリマスターされた再発盤や編集盤が発売されれば，現役バリバリのアーティストのアルバム売り上げを軽く超えて見せたりしてくれるのだ。ビートルズを過去として聞く者も現在あるいは未来に手繰り寄せて聞く者も，ビートルズの

CDを買ったり，インターネットからダウンロード購入したりしている。また，ポールが世界のどこかでコンサートを開けば，それが何処であれチケットは即座にソールド・アウトとなる。

　このようにビートルズの存在と音楽の総体が1つの聖域になった観がある昨今，ビートルズを論ずる際，ついついビートルズを客観視する作業を怠り，ビートルズを必要以上に持ち上げてしまいがちである。ビートルズ研究者は，筆者も含めてほとんどがビートルズ・ファンなので，そうなってしまう傾向が強いのだ。しかし，それでは本当の意味でのビートルズ研究者とは言えないだろう。「ビートルズとは何だったのか」という視点と同時に，「ビートルズとは何でなかったのか」を冷静に捉える視点を，ビートルズ研究者は携えておくべきだ。ビートルズという集団は，1人ひとりのビートルが個の利益ばかりを追求し始めたとき，バランスを欠き崩壊への道を辿っていった。末期には，世に問うた楽曲の中で，ジョンとポールがお互いを中傷し合う醜態を晒したことすらあったのだ。

　ビートルズ研究者は，決してビートルズ神話の担い手になってはならない。ビートルズの追い求めた理想とぶち当たった現実とを包括的に捉えて，彼らの「長くて曲がりくねった道のり」(the long and winding road) を丹念に辿ってこそ，ビートルズ研究の一助たり得ると思う。

　その戒めを胸に秘め，ビートルズをリアルタイムで体験した世代として，もう少し，いや死ぬまでビートルズ研究に勤しんでいくつもりだ……。

　　　本章は，山口大学『英語と英米文学』第51号 (平成28年12月20日発行) への寄稿論文に，修正・加筆したものである。なお，福屋利信公式ウェブサイト (http://www.t-fukuya.net) にもビートルズ関連のトピックを収めている。

● 引 用 文 献
1)　Miller, Kerby and Wagner, Paul, *Out of Ireland: The Story of Irish Emigration to America*. Roberts Rinehart Publishers, 1997, p. 11.
2)　O' Faolain, Sean, *The Irish*. Penguin, 1980, p. 150.

3）　福屋利信『ギャツビー＆レノン――アイリッシュ・ソウルの系譜』近代文藝社，2015年，15頁。

4）　Fitzgerald, F. Scott, *The Great Gatsby*. Penguin Books, 1990, p. 25.

5）　Jones, LeRoi, *Blues People: Negro Music in White America*. Quill, 1999, p. 61.

6）　東理夫『アメリカは歌う』作品社，2010年，118頁。

7）　福屋利信『ロックンロールからロックへ――その文化変容の軌跡』近代文藝社，2012年，159頁。

8）　Giuliano, Geoffrey, *Lennon in America: 1971-1980, Based in Part on the Lost Lennon Diaries*. Cooper Square Press, 2003, p. 33.

9）　The Beatles, *The Beatles Anthology*. Chronicle Books, 2000, p. 27.

10）　Du Noyer, Paul, *Liverpool Wondrous Place: From the Cavern to the Capital of Culture*. Virgin Books, 2007, p. 65.

11）　武藤浩史『ビートルズは音楽を超える』平凡社新書，2013年，16頁。

12）　O'Donnell, Jim, *The Day John Met Paul*. Routledge Taylor & Francis Group, 2006, pp. 97-98.（ジム・オドネル／吉田真知子訳『ジョンがポールと出会った日』TOKYO FM出版，1997年）

13）　*Ibid.*, p. 114.

14）　Posener, Alan, *The Beatles Story*. Macmillan Language House, 1987, p. 12.

15）　ザ・ビートルズ『ザ・ビートルズ　アンソロジー Vol. I』〔ビデオ〕東芝EMI，1996年。

16）　Schreuders, Piet, Lewisohn, Mark and Smith, Adam, *The Beatles' London: A Guide to 467 Beatles Sites In and Around London*. Portico Books, 2008, p. v.

17）　福屋利信『ビートルズ都市論――リヴァプール，ハンブルグ，ロンドン，東京』幻冬舎新書，2010年，171頁。

18）　Miles, Barry, *Paul McCartney: Many Years From Now*. Henry Holt & Company, 1997, p. 132.

19）　The Beatles, *op. cit.*, p. 109.

20）　*Ibid.*

21）　*Ibid.*, p. 201.

22）　Melly, George, *Revolt into Style*. Oxford University Press, 1989, p. 82.

23）　Davies, Hunter, *The Beatles: The Only Ever Authorised Biography*. Ebury Press, 2000, p. 120.

24）　The Beatles, *op. cit.*, p. 103.

25）　*Ibid.*, p. 8.

26）　*Ibid.*, p. 101.

27) Lennon, Cynthia, *John*. Hodder & Stoughton, 2006, p. 15.

28) Davies, *op. cit.*, p. 462.

29) Boyd, Pattie, *Wonderful Tonight: George Harrison, Eric Clapton, And Me*. Three Rivers Press, 2007, p. 41.（パティ・ボイド，ペニー・ジュノー／前むつみ訳『パティ・ボイド自伝　ワンダフル・トゥデイ』シンコーミュージック・エンタテイメント，2008年）

30) *Ibid.*, p. 66.

31) *Ibid.*

32) レノン＝マッカートニー「ヘルプ！」『4人はアイドル』東芝音楽工業，1965年。

33) Cynthia, *op. cit.*, 148.

34) レノン＝マッカートニー「イン・マイ・ライフ」『ラバー・ソウル』東芝音楽工業，1966年。

35) The Beatles, *op. cit.*, p. 181.

36) *Ibid.*, p. 109.

37) Norman, Philip, *Shout!*. A Fireside Book, 2005, p. 319.

38) ヴィヴェック・J・ティワリー他／奥田祐士訳『ザ・フィフス　ビートル──ブライアン・エプスタイン　ストーリー』ジュリアンパブリッシング，2015年，7頁。

39) Granados, Stefan, *Those Were the Days*. Cherry Red Books, 2002, p. 84.

40) Taylor, Alistair, *A Secret History*. John Blake Publishing, 2001, p. 2.

41) *Ibid.*, p. 248.

42) 武田知弘『ビートルズのビジネス戦略』祥伝社新書，2011年，179-180頁。

43) Doggett, Peter, *You Never Give Me Your Money: The Battle of the Soul of THE BEATLES*. Harper Collins Publishers, 2009. p. x.

44) ジョン・レノン「ゴッド」『ジョンの魂』東芝音楽工業，1971年。

45) *Ibid.*

46) *Ibid.*

47) Sheff, David and Golson, G. Barry eds., *The Playboy Interviews with John Lennon and Yoko Ono*. Playboy Press, 1981, p. 8.

48) レノン＝マッカートニー「イエロー・サブマリン」『イエロー・サブマリン』東芝音楽工業，1969年。

49) Mellers, Wilfrid, *Twilight of the Gods: The Beatles in Retrospect*. Faber, 1973, p. 188.

50) 井上陽水「傘がない」『断絶』ポリドール，1972年。

51) Giuliano, Geoffrey and Giuliano, Brenda eds., *The Lost Beatles Interviews*. Virgin, 1995, p. 261.

52) Inglis, Ian. ed., *The Beatles, Popular Music and Society: A Thousand Voices.* Macmillan Press, 2000, p. xv.

53) レノン＝マッカートニー「ホエン・アイム・シックスティー・フォー」『サージェント・ペパーズ・ロンリー・ハーツ・クラブ・バンド』東芝音楽工業，1967年。

ストロベリー・フィールズ・フォーエバー

常見　俊直

　SONY製パソコンのキーを押すと，優しい音が流れた。ハンドルネームJL2TBBさんが，パソコン雑誌『MSX・FAN』1991年1月号に投稿されたプログラムコードを僕が打ち込んでのことであった。このとき僕は中学2年生で，小学生のときに買ってもらったパソコンでプログラムを書いたり，絵を描いたりして，音楽にも取り組もうと意欲をかきたてていた。すでに，コードを再生したのがどのような音であったかは確かな記憶はないが，当時，実家の2階の部屋で，瀬戸内海を背にして，砂浜に打ち寄せる波の音を聞きながら，パソコンの画面に向かい，初めて，音楽が鳴ったときの感動は今も覚えている。それまでは，いわゆる単発で無機質なピーとかブーとか，いわゆるビープ音を流せても，音楽といえるような，音の連なりを流すことをパソコンですることはできていなかった。そのときに，初めてパソコンを制御して，音楽をも鳴らすことができる機械へと変身させることができたという想いでいっぱいであった。

　当時，すでにプログラミングで計算をしたり，入力に応じて条件分岐したり，ドット絵をスプライトと呼ばれる技法で書いて動かすことはできていた。また，グラフィックソフトを使えば，絵を描くことはできていたので，"Strawberry Fields Forever"（「ストロベリー・フィールズ・フォーエバー」）をパソコンに奏でさせることで，一通りできるようになったという想いがあった。ストロベリーフィールドは，孤児院の名前ということであるが，曲も寂しさを感じさせるものであり，聴いたときの寂しさがある。パソコンに1人で向かい，パソコン雑誌掲載の文字列をもくもくと打ち込んでいくことと孤独な感じがどこか重なったのかもしれない。まるで，長いプログラムを打ち込んだ努力をパソコンが認めてくれて，優しく包み込んでくれるようだった。このときには，パソコンで音が鳴らせたという感動で，そのときの音楽制作者のビートルズの名前はうっすらと覚えたのみであったが，その後，大学での友人が熱烈なビートルズファンで，CD化された赤盤・青盤を盛んに聞かせてくれたので，そのときに，ビートルズの名ははっきりと覚えたし，また，中学生時代に初めて聴いた音楽が"Strawberry Fields Forever"であることも分かった。

　『MSX・FAN』では，FM音源で元のビートルズの曲を模した音が演奏されるプログラムコードが誌面に掲載されていた。音は，空気の振動であることが知られており，空

気の振動が鼓膜を揺らし，鼓膜の揺れが信号に変換され，神経を通り脳への信号となっていわゆる音として認識される。音の揺れは，音波と呼ばれるように波であり，物理でいうところの波は，多くの場合，三角関数，sinやcosで表されるところとなる。ピープ音は，横軸を時間に取り，縦軸を音の揺れ幅，物理用語では振幅とすると矩形である。FM音源では，sin波で入力される波をさらにsinに入力して構成されている。音色は，倍音と呼ばれるもので表されるが，この倍音を作りやすいという性質があるそうだ。

　ところで，この中学2年生のときに聞いた最初の優しい音は，メロトロンという楽器を模したものであることを知った。メロトロンは，"Strawberry Fields Forever"が発表された1967年当時の最新の楽器であったようだ。このメロトロンには，いろいろな音色を持つものがあるようで，"Strawberry Fields Forever"に使われたものは，Mellotron MK・Ⅱにフルートの音色を出すテープをセットしたものだそうだ。メロトロンは，キーボードを押すと，磁気テープが再生される仕組みのものである。

　磁気テープには，磁石のN極とS極と記録されており，このN極とS極にも強さがある。とても強いN極と弱いN極とが存在する。このそれぞれの極の強さを読み取るものが磁気ヘッドと呼ばれるものである。どこかで，電磁石という名前の磁石を聞いたことがないだろうか。電気を流すと，磁気を帯びるものである。この逆も自然界では起きることが知られており，磁気が変化すると電気が流れるものもある。テープの上で，音の強弱を表すようにテープが磁気を帯びているので，この磁気の変化を電気に変え，電気をさらに増幅し，これをスピーカーにいれることで，スピーカーによって，電気の振動が空気の振動に変換されて音になる。スピーカーにも，実は電気と磁気が関係しており，磁石のあるところに，電流が流れると，力がかかるという自然界の仕組みを利用している。この力を膜にかけることによって，空気の振動へと変換している。

　"Strawberry Fields Forever"では，一度テープに録音された音を奏でる楽器メロトロンが使われていることもあり，日本で初めて流れたころは，何度も，この磁気と電気の関係が用いられている。最初は，メロトロンへ提供されるフルートの録音のときである。そして，次は，"Strawberry Fields Forever"が録音されるときに，メロトロンに内蔵されたテープが再生されるときである。このメロトロンの音色は，さらに，"Strawberry Fields Forever"の一部としてマスターテープ上に録音されることとなる。このマスターテープは，さらに，コピーされ，このコピーされるときにも，テープの読み取り時には磁気から電気への変換，そしてコピー先テープでは電気から磁気への変換

が起きている。このマスターテープは，日本に輸送され，日本の会社で，磁気ヘッドにより磁気から電気へ変換され，レコードとなり，レコードが各所で再生されることになる。レコードには溝が切られており，その溝の細かい揺れが針によって読み取られて，この針の揺れが，磁気の揺れとなり，そして，電気の揺れとなる。この電気の揺れがスピーカーにおいて，また，電気と磁石の関係から膜の揺れとなり，空気の振れとなり音声となる。

　何度も，電気と磁気の変換の繰り返しをしている。いまも，また，この原稿を書くことも，そして周りの人に聞いてもビートルズの反応があることも，どこか，中学2年生のときといまとを音色は違えど繰り返し変換している時の流れを感じる。

CHAPTER 2

ビートルズの「古さ」と「新しさ」

——クラシック音楽から眺めたビートルズ

佐野　仁美

「クラシックに近い」音楽？

　筆者のCD棚には，キングズ・シンガーズの『ビートルズ・コレクション』が収まっている。キングズ・シンガーズは，ケンブリッジ大学のキングズ・カレッジの聖歌隊出身者で結成されたアカペラのコーラス・グループである。同じイギリス生まれだが，特別の音楽教育を受けていないビートルズとは，様々な意味で対照的なグループといえるだろう。

　キングズ・シンガーズは，高度な技巧を備え，宗教曲をレパートリーの基盤に置くヴォーカル・アンサンブルである。このアルバムでは，"Penny Lane"（「ペニー・レイン」），"Yesterday"（「イエスタデイ」），"Michelle"（「ミッシェル」）など，ビートルズの名曲を編曲して，演奏している。声のみによるこれらの演奏からは，ビートルズの「俗っぽさ」「荒々しさ」「親しみやすさ」が失われ，同質の音による格調高い「音楽作品」が立ち現れてくるように感じられる。ここでいう「作品」とは，「記譜を通して，固定化された音楽」という意味を含んでおり，クラシック音楽の教育を受けた彼らのアプローチによって，ビートルズの音楽のエッセンスが抽出されている。まさに，キングズ・シンガーズにより咀嚼され，曲の生まれた背景や編成からは完全に切り離された，ビートル

ズであってビートルズでないような，換骨奪胎された音楽なのである。しかし，演奏は見事というほかなく，美しい。

このように，おそらく作曲者がイメージした音とは異なる演奏であっても，ジャンルやスタイルの違いを超えて聴く人の心をとらえるのは，逆にビートルズの音楽が持つ力の証明でもあろう。ビートルズの音楽は様々な形で，時代や場所も異なる50年後の私たちに語りかけてくる。それは，ビートルズの音楽が時間や空間を超えていく「普遍的な美」を備えているということにほかならず，実はこの意味で，かなりクラシック音楽のあり方に近いともいえるだろう。

他方，「後世に残る芸術は，その時代を映し出す」とはよくいわれることであるが，ビートルズは，まさに1960年代という時代の申し子であった。1960年代には戦後生まれの若者が輩出し，政治や文化，社会通念において，既成の概念を打ち破ろうとしていた。また，録音機器や電気楽器がめざましく発展していった時代でもあった。ビートルズの音楽は，このような社会的背景や科学技術の発展の影響を受けながら，変化してきた一面を持つことも忘れてはならない。

クラシック音楽から眺めたロックのイメージ

一般に，クラシック音楽の愛好家が思い浮かべるロックのイメージとは，「4拍子で，3和音を基本とするコード（根音の上に3度の音を積み重ねた和音のことで，キーがCの場合，ドミソ，ドファラ，シレソの音で構成される3つの和音が中心となる）でできており，リズムが強調され，時にはシャウトされることもある歌を伴い，電気増幅装置をつけた楽器によって演奏される音楽」というようなものであろう。

クラシック音楽のレパートリーの中心は，18世紀から20世紀初頭までのヨーロッパの芸術音楽である。そこではティンパニ以外の打楽器は効果音として用いられるにすぎない。ちなみに，クラシック音楽では，個々の声や音など，アンサンブルを構成する素材が溶け合った響きが好まれ，どのように構成するかといった音楽の縦や横の関係（すなわち，メロディや和声，対位法）に重点が置

54　　第I部　ビートルズへの多様なアプローチ

かれている。その構成を理解できるように記録したものが楽譜であり，クラシック音楽は楽譜という媒体をもとにして発展してきた。ゆえに，聴衆には楽譜を読み解き，各時代の音楽の様式を理解する力が求められる。

　対してロックは，大衆消費社会において成立したポピュラー音楽の代表的なジャンルの1つであり，音程を持たない打楽器（ドラムス）や，エレキギターなど電気装置で歪ませられた音が好んで用いられる。いわゆる「ノリのよさ」が重視された結果，打楽器のビートが前面に押し出され，クラシックで優先されるメロディや和声は，そのビートに乗って現れる。

　電気増幅装置によるコンサート，作品の記録媒体（レコードやCD，DVDなど）の販売，そしてミュージシャンのイメージ創成をはじめとするプロモーション活動を担ってきた音楽産業は，不特定多数の大衆に対して発信してきた。つまり，「リスナーの大部分は音楽形式，和声言語，あるいは高尚な詩的イメージが発する錯綜や，深みに関心のない，音楽的にみればいわばアマチュアであり，ロック・ミュージックとはまさにそうした人たちにアピールすることをねらったもの」なのである。[1]

　そのようなロックでは，スタジオで何度も練られて作られた曲であっても，「ライブ感」を抜きにしては考えられない。「ライブ感」とは，字義通り，演奏会場で，ミュージシャンと一体化する高揚感であるとともに，すぐそばでミュージシャンが1人ひとりに語りかけてくれるような感覚でもある。つまり，クラシック音楽において作曲家の意図を聴衆に正確に伝えることが優先されるのに対し，電気増幅装置を用い，多くの人々に受け容れられる音楽として成立したポピュラー音楽では，大まかにいって，細部の違いはさほど問題とされず，むしろ分かりやすさが求められるという宿命を持つ。果たして，ビートルズの音楽も本当にそうなのだろうか。

デビュー当時の特徴

　ここからは，ビートルズの音楽が一般的なロックのイメージとはどのように異なるのか，その特徴を考えてみたい。17世紀後半に新大陸への奴隷貿易で

栄えたリヴァプールは，1950年代までアメリカとの定期航路を持ち，アメリカの新しい文化が入ってきた港町である。そこで育ったビートルズのメンバーは，アメリカの音楽を聴き，リズム・アンド・ブルースやロックンロールの影響を受けていた。第2次世界大戦の被害が少なく，戦後大国となったアメリカは，レコードや映画においても優位に立ち，アメリカのポピュラー音楽が大量にヨーロッパに輸入されていたのである。ポールの父親は自宅のピアノでジャズを演奏しており，知らず知らずのうちに，彼もジャズに親しんでいたことが想像される。

　ポールは，ほとんど自分で曲を書かなかったエルヴィス・プレスリー（1935-77）に比べ，バディ・ホリー（1936-59）について，「バディの場合は全曲が自作みたいな感じだった。しかもどれも3コードなんだ。自分で曲を書くことを考えはじめていたぼくらみたいな人間にとって，3コードというのは最高のアイデアだった。知ってるコードはせいぜい4つか5つぐらいだったからさ。ぼくらはバディに入れこんでたし，彼の曲は覚えやすかった」と述べている[2]。ここからは，初期のポールたちが4つか5つのコードしか知らなかったこと，バディ・ホリーのような3コードでできたロックンロールをコピーしつつ，用いるコードを広げていったこと，当初から自作を中心に据えたいという希望を持っていたことがわかる。実は，1950年代半ばのアメリカで一世を風靡したエルヴィス・プレスリーのように，初期のロックンロールでは，カヴァー曲の演奏も多かった。バディ・ホリーのほか，チャック・ベリー（1926-2017），リトル・リチャード（1932- ），ジーン・ヴィンセント（1935-71）らのコピーを通してロックンロールの音楽語法を身につけたビートルズは，あくまで自分たちの「耳をたよりに」創作していったのである。そして，ロックの広がりとともに，このような彼らの創作態度が一般的なものになっていく。

　メロディにおけるブルー・ノート（**譜例1**：ブルースに起源を持つジャズやロックなどでは，音階の音よりも低めの第3音，（第5音，）第7音が多く用いられ，ブルー・ノートとよばれている。このブルー・ノートを含む音階はブルース・スケールとよばれ，ブルー・ノートは半音低い第3音，（第5音，）第7音として記されるのが一般的である）の使用は，例えば1963年に発売された最初の公式アルバム*Please Please Me*

譜例 1

譜例 2

譜例 3

(『プリーズ・プリーズ・ミー』)所収の"I Saw Her Standing There"(「アイ・ソー・ハー・スタンディング・ゼア」)のような初期の曲から見られる。このアルバムはタイトル曲のシングルのヒットを受けて急遽計画されたもので，14曲中6曲はビートルズがライブ演奏していたアメリカのリズム・アンド・ブルースやロックンロールのカヴァーである。このことからもリズム・アンド・ブルースの影響が想像できるだろう。

　この曲のキーはEであるが，ブルース・スケールで作られたヴァース(語り的な部分)では，メロディには半音下がったレが頻出する(**譜例2**)。**譜例3**の"Please Please Me"(「プリーズ・プリーズ・ミー」, 1962)のメロディ冒頭と比べてみるとわかりやすい。コーラス部分(ヴァースに対し，歌的な部分)では，中世音楽や民族音楽で用いられる5度の連続が見られ，空虚な感じが漂っている。その部分で歌われるのは「another」という言葉であり，「ほかの誰とも(踊れない)」というニュアンスを強調しているように感じるのはうがちすぎであろうか。コードに目を向けると，楽曲全体にわたり，主和音であるEにレが加えられたE7(ミソ♯シレ)が使われている。ゆえに，メロディの区切れ目においてV7→Iという和音進行が出現しても，コードではB7→E7となり，クラシック音楽のような終止感は感じられない。

"Please Please Me" は，ギターないしはハーモニカで奏でられるミレ♯ド♯シの下降音型によって導かれ，何度も繰り返されるメロディが特徴的である（**譜例3**）。曲の多くの部分は，順次進行のメロディで構成され，8ビートのリズムにのって，3和音のコードで曲が進んで行く。しかし，キーはEであるにもかかわらず，メロディの間に奏されるギターがE→G→A→B→Eのコードを鳴らす。ここでGを用いるコード進行にもブルー・ノート的な感性が反映されているように思われる。

　以上のように，ビートルズは，初期の曲からブルー・ノートを用いて創作していた。つまり，ブルースに親しんでいた彼らは，楽譜で音を組み立てるという方法ではなく，耳になじみのある音を加え，自らの音感に頼って作曲していたことが想像される。

┃ コーラス・ワークの素晴らしさ

　バラード調の "Yes It Is"（「イエス・イット・イズ」，1965）では，独創的なコーラスが用いられている。この曲もやはりキーはEであるが，テイク1で聴いてみると，最初の部分ではソ♯ソ♯ソ♯シド♯シというフレーズが2回繰り返される（**譜例4**）。

　ところが，コーラスを用いた録音を聞くと，ここで驚くべきことが起こる（**譜例5**）。冒頭のコード進行はE→A→F♯m7→B7となっており，Aのコードにシド♯ミ，F♯m7のコードにラシのコーラスがつけられているのである！　シド♯，ラとシはどちらもコード外の音を含む2度の音程で，クラシック音楽にはないハーモニーの型である。例えばF♯m7のコードの箇所の場合，2度の響きの後には休符が記され，コーラスは宙ぶらりんの感覚のままで，次のギターのコードにつながっていく。このようなコーラスは，クラシック音楽に慣れた耳には違和感を覚えさせる。むしろ，ジャズのコーラスに近いといえるだろう。

　最初の部分のメロディの繰り返しでは，コードがE→A→D→B7に変化する（**譜例5**）。レ♯が半音下がったレ♮が用いられて，コードはDになっている。やはりこの箇所もコーラスはコード外の音を含むラシレである。

58　　第Ⅰ部　ビートルズへの多様なアプローチ

譜例 4

譜例 5

　もちろん，ごく普通にコードに含まれる音を用いて，ハモリをつけることもできるにちがいないのだが，この曲では親しみやすいメロディと不協和な響きが絶妙なバランスで共存していて，そのことがこの曲を印象深いものにさせている。また，メロディは，内声にあったり，最下声にあったり，上声にあったりと，一定のポジションで歌われない。このような不安定な音程を用いるコーラスの感覚とその技量は感嘆すべきであろう。

音色の探求

　楽器の使用においても，ビートルズは音色を探求していく。ポールは「ぼくは前からずっと，そっち方面に関心があった。フレンチホルンの音が好きだったし，弦楽四重奏も好きだった。〈イエスタデイ〉や〈エリナー・リグビー〉みたいなやつのことさ」と語っている。プロデューサーのジョージ・マーティン (George Martin, 1926-2016) はクラシック音楽に造詣が深く，ビートルズはその助言を得て，クラシックの楽器を曲の中に取り入れていく[4]。ポールに代わって譜面を書いたマーティンは，「私は自分の音楽的軌跡を彼らの音楽に残すように心がけ，初めてスコアを採るようになったのが『イエスタデイ』であった」と述べている[5]。

　"We Can Work It Out"（「恋を抱きしめよう」，1965）では，キーはDで始まるが，「Life is very short and there's no time/For fussing and fighting, my friend/I have always thought that it's a crime/So I will ask you once again.（人生は短い……）」の部分では，エピソード風の歌詞に伴ってBmのキーに転調し，コーラスとともにハーモニウムが用いられる。そこでは，本来の4拍子の中に3連符で3拍子のリズムを取り入れてリズムに「ため」を作り，効果的に雰囲気を変え，最初のメロディに戻った時との明暗をくっきりとさせている。

　"Yesterday"（1965）において，ビートルズはギターと歌に弦楽四重奏によるオブリガートを加え，それまでのビートが強調された「騒がしい」路線とは異なる，格調高い曲調を用いるのに成功した。もともと初期の映画音楽を手がけたのはクラシック音楽の作曲家であり，映画音楽でオーケストラを用いる例も多かったわけで，ポピュラー音楽にクラシック音楽の楽器を用いること自体は珍しくない。ただし，ビートルズの場合，"Yesterday"に弦楽を入れるというマーティンの提案に対し，ポールは，「ビブラートなしで」と答えたように，特定の楽器の音色についてのこだわりが見られる。ちなみに，映画音楽に影響を与えた19世紀後半の後期ロマン派音楽においては，大編成のオーケストラによるビブラートをたっぷり効かせたロマンティックな演奏が主流であった。対して，1960年代には古楽ブームが興っていた。古楽とは，バロック時代などの古典派以前の曲を見直し，それを当時のまま小編成の楽器や演奏法で蘇らせようとする「新たな美の発見」であり，そこではビブラートは控えめにしか用いられない。

　"Yesterday"は，通常4小節単位で構成されるフレーズが，1小節＋2小節＋2小節＋2小節という不規則な構造になっている。キーはFで書かれているものの，このフレーズは，第1小節の「Yesterday」と歌われた後に，すぐにDmに転調し，そしてまた次の2小節でFに戻ってくるというように，FとDmの間で揺れ動く。歌では休符が間に置かれているのだが，その部分に弦楽器のオブリガートが入ることで，曲をさらに印象深いものにしている。「ビブラートなしで」というポールの指示は，バラードであっても映画音楽のようなムード音楽（後期ロマン派の音楽語法が用いられたロマンティックな音楽）にならないようにという美学であろう。抑えたトーンで演奏することにより，逆に失恋の悲

しみがリアルに伝わってくる。

イギリスで6枚目のアルバム *Rubber Soul*（『ラバー・ソウル』）に収録された "In My Life"（「イン・マイ・ライフ」，1965）は，バロック音楽風の間奏が印象的な曲である。マーティンが演奏しているピアノのメロディが，当時の録音技術を駆使してチェンバロのような音に変化させられ，リヴァプールの場所や人々についての思い出を語るレノンのラブ・ソングに，ノスタルジックな趣を添えている。

"Penny Lane"（1967）では，ピアノ，フルートをはじめ，多くの楽器が用いられている。ペニー・レインとは18世紀の奴隷商人の名前がつけられたリヴァプールの通りの名であり，ポールはこの曲の中で幼少期の思い出を綴っている。例えば「say "hello"」の箇所では，歌と同じメロディを，フルートが受け継ぎ，まるで歌と挨拶を交わしているようだ。また，「Penny Lane is in my ears and in my eyes」の歌の後に，同じメロディが「合いの手」のようにホーン・セクションによって変奏され，街の喧騒を表現しているように感じられる。この曲では，木管や金管，鍵盤楽器や打楽器など，多様な楽器を用いて，様々な人物や街の様子が描かれていく。音色や音域が異なる楽器を使い分けることによって，物語が重層的になり，奥行き感が出てくる。極めつけはピッコロ・トランペットのソロであろう。[6] 通常のトランペットではなく，主にバロック音楽の演奏に用いられるこの楽器をソロに使うこと自体，物語が思い出の彼方にあることを示しているのかもしれない。

イギリスにおける7枚目のアルバム *Revolver*（『リボルバー』）所収の "Eleanor Rigby"（「エリナー・リグビー」，1966）も，ヴァイオリン4，ビオラ2，チェロ2からなる弦楽八重奏により，クラシック音楽を意識して作られた曲である。これまでに，ブルー・ノートを取り入れ，様々なコード進行を用いてきたビートルズであったが，ここでは，Em（Em7やEm6を含む）とCの2コードしか出現しない。コーラスが印象的なリフレイン（コーラス部分）から始まり，5小節の繰り返しで構成されるヴァースの後，もう1つのリフレインでは，Emが8小節の間持続する。リフレインのメロディはミを中心としたエオリア旋法，ヴァースのメロディはミを中心としたドリア旋法で書かれている。長調や短調に淘汰

されていく前の中世やルネサンス時代における教会旋法が用いられており，その世界には緊張→弛緩といった明確な終止感を示すカデンツは，まだ存在しない。打楽器を用いず，古い時代の旋法で書かれたメロディは，老女と神父を描いた悲劇が架空の物語であることを示しているようでもあり，1コードで表現される「All the lonely people/Where do they all come from?/All the lonely people/Where do they all belong?」というリフレインは，あてもなく彷徨う人々（もしかすると，それを見ている側も含めて）を暗示しているのかもしれない。

　むしろこの曲の進行に変化を与え，重要な役割を果たしているのは，弦楽器の編曲である。和音の刻みが変化し，オブリガートにチェロやヴァイオリンが加わり，凝った編曲の手法が次々と繰り出される。最後のリフレイン終結部で，和音のバッキングを後景に，冒頭のメロディの一部がコーラスで対位法的に用いられ，弦楽器のオブリガートとともに線的に絡む様相は，圧巻である。

　以上のように，ビートルズは，ただの物珍しさからクラシック音楽の楽器を取り込んだわけではない。古楽ブームという当時のクラシック界の動きにも敏感であり，彼らの音楽のイメージに合う響きを求めていったことがわかる。

▎民族音楽への接近

　ビートルズが取り入れたのは，西洋音楽の楽器だけではない。アルバム *Rubber Soul*所収の "Norwegian Wood"（「ノルウェーの森（ノーウェジアン・ウッド）」，1965）では，ジョンの提案でジョージが初めてシタールを弾いた。ジョージが作曲し，*Revolver*に収録された "Love You To"（「ラヴ・ユー・トゥ」，1966）では，タンブーラによるドローン（長く持続される低音）が響く中，シタールやタブラなど，多くのインドの民族楽器が用いられ，ジョージのインド音楽への傾倒ぶりが伝わってくる。

　シタール奏者，ラヴィ・シャンカル（1920-2012）は，ビートルズやローリング・ストーンズそのほかのポピュラー・グループが録音に用いたことにより，シタールの爆発的人気が1966年の初めに始まったと述べている[7]。初めてシタ

ールの音とシャンカルの演奏を聴いた時からこの楽器に強く印象づけられたジョージは，ギターの知識を基にして，彼自身の考えでいくらかの実験を行っていたが[8]，シャンカルと出会い，インドに6週間滞在して基礎練習を学び，シタール演奏の難しさを悟ったという[9]。

　ジョージが瞑想に興味を持つようになった後に書き，8枚目のアルバムの *Sgt. Pepper's Lonely Hearts Club Band*（『サージェント・ペパーズ・ロンリー・ハーツ・クラブ・バンド』）に収録された "Within You Without You"（「ウィズイン・ユー・ウィズアウト・ユー」，1967)[10]は，5拍子の導入と，エスラジ，シタールなどインドの民族楽器の揺れる微妙な音程が印象的である。ジョージは，シタールがいくらかまともに弾けるようになり，インド音楽の勉強を続けていて様々なラーガ（インド古典音楽において規則を総括した旋律法）の基礎になる旋律を練習していたので，西洋音楽とは異なる音階を使った曲を書いてみたくてたまらなかったと語っている[11]。この曲は，テンポ・ルバートで自由なカデンツァ風の走句も演奏され，もはや4拍子のロックンロールとは異なった世界である。ジョージは，この曲で4分の5拍子の間奏がいちばんうまくいったと思える部分であり，インド音楽の変則的なリズムを取り入れたのは初めてだったと語っている[12]。この西洋的なリズムからの解放に加えて，ヴァイオリンやチェロといった西洋音楽の楽器がインドの民族楽器とともに用いられていることにも注目しておきたい。

　"Within You Without You" を聴いたケンブリッジ大学のサンスクリット語教師の提案で，老子の『道徳経』の英訳から歌詞を取った "The Inner Light"（「ジ・インナーライト」，1968)[13]は，ボンベイでインドの演奏家により録音された。ドローンが響く中，シタールとエスラジのかけあいの後に，歌が始まる。ドローンがスタティックなものを感じさせるのとあいまって，コードはほとんど色彩的な変化をつけるのみで，たゆたうように歌がのせられていく。

　1965年から1968年の間，毎日熱心にシタールの練習に取り組んだジョージは，インド音楽にかかわっていると，音楽の世界全体で起こっていることが，正しく認識できると回想している[14]。他方，シャンカルは，ジョージのインド音楽への真摯な気持ちを知りながらも，ビートルズの一員として多くの時間とエ

ネルギーをさかなければならないことに気がついた。[15] インドの方が居心地がいいと感じていたジョージも，ギターに戻るべきかもしれないと強く思うようになったが，異国風のメロディを書くということに関しても，リズムという面からも，シタールを学んだことは本当に役に立ったと語っている。[16] 以上のように，ジョージにとってのインド音楽は，曲に単なる異国風の味つけをするスパイスではなく，西洋的な音程や規則的な拍からの解放という，音楽を組み立てる原理に影響を与えた。そして，「文化」というものを考える出発点になったのである。[17]

現代音楽の影

インド音楽の影響はジョージだけにとどまらない。ジョンの "Tomorrow Never Knows"（「トゥモロー・ネヴァー・ノウズ」，1966）は，チベット仏教の声明にインスピレーションを得た曲といわれており，ミュージック・コンクレート（1948年にフランスのシェフェールが創始したといわれ，人の声や自然音，騒音など外界に存在するあらゆる音を素材とし，録音して加工・構成した音楽）を取り入れた作品である。タンブーラのドローンが鳴り響き，Cのコードがほぼ全曲を支配し，そこに逆回転などの加工を行ったテープが流れる。1960年代は，現代音楽の分野でも実験音楽が盛んであった。サイケデリック・ロックのさきがけとなったこの曲は，前衛音楽との同時代性が感じられる。加えて，録音テープの加工という，スタジオ録音技術の進歩とも切り離せない曲である。

一般的に用いられるもっとも狭い音程は半音であるが，それよりも狭い微分音の意識的な導入は，"A Day In The Life"（「ア・デイ・イン・ザ・ライフ」，1967）において見られる。この曲は，ジョンとポールの合作であり，ジョンが作曲した部分からポールが作曲した部分へのつなぎで，歌の半音の音程の繰り返しをオーケストラが引き継いで，微分音を用いて音程が徐々に上昇していく。Gのキーを明確に示す冒頭部分と比べて，いかにも音の渦の爆発といった感じがするサウンドを経て，Eのキーで書かれた部分へと入る。

この曲について，ポールは次のように語っている。[18]

〈[ア・] デイ・イン・ザ・ライフ〉は主にジョンの曲だった。ぼくも彼と一緒に歌詞を書き，ふたりで曲を展開させていったんだけど，あのオーケストラが全部をかっさらっていく部分では，ちょっと変わったことがしたいと思った。歌詞が「きみもクスリに目覚めてほしい……」だったからさ。

……この曲にはどうしてもノイズを入れたかった。ケージとかシュトックハウゼン〔アバンギャルド音楽〕を聞きこんでいたぼくは，ようし，このアイデアをジョンにぶつけてみようと考えた。この手のアバンギャルドなアイデアを15小節でためしてみないか。ミュージシャンたちにはみんな，自分の楽器のいちばん低い音，つまり物理的な限界から――ギターだとEになる――いちばん高い音まで上がってくれと指示するんだ。それは全部，譜面に書いておく。

それがぼくらの計画で，使えるのは15小節。でもそこには，自分の好きなスピードでやれるという，アバンギャルドな味つけがあった。……

ぼくらはそれを3，4回レコーディングして，この無敵のサウンド，だれも聞いたことがないようなノイズをつくりあげた。そしてそれは，ぼくがひとりで動きまわっていた，あの個人的にとても充実していた時代の産物なんだ。すごく自分が誇らしかった。（[ ] は引用者による補足。〔 〕は邦訳書のまま）

ここからは，ポールがケージ（1912-92）やシュトックハウゼン（1928-2007）を研究していたことがわかる。ポールは「個人的にとても充実していた時代」と述べているが，ビートルズは，インド音楽への愛着にとどまらず，新たなサウンドを求めて，現代音楽へも触手を伸ばしていたのである。

民族音楽と現代音楽は一見対極にあるように思われるが，インドのリズムに注目した作曲家メシアン（1908-92）や，中国の易を用いて，作品の成立に偶然性を用いたアメリカの作曲家ケージなど，西洋音楽の新たな展開を求めて，東洋思想やアジアの音楽から影響を受けた現代音楽の作曲家は多い。そして，2拍子や3拍子，4拍子といった規則的な拍節感からの逸脱や，西洋音楽とは異なるアジアの音楽の旋律構造，微細な音程などの新奇な響きに触発された作品が創られたのである。微分音の導入，民族楽器の使用など，自分たちの音楽の

Chapter ❷　ビートルズの「古さ」と「新しさ」──クラシック音楽から眺めたビートルズ　　65

世界を広げようとしていたビートルズの試みも，これらと軌を一にした動きといえるだろう。

その後の展開

　ビートルズは，アルバム *Revolver* の最後の曲，"Tomorrow Never Knows" や，*Sgt. Pepper's* のやはり最後を飾る曲，"A Day In The Life" においてアバンギャルドな試みを行ってきた。ここでは，様々な探求の後の作品として，"Hey Jude"（「ヘイ・ジュード」，1968）を取り上げよう。実は，筆者とビートルズの出会いは，中学時代にさかのぼる。下校時に放送される音楽が "Hey Jude" であった。"Hey Jude" は，ポール・マッカートニーが，父親の離婚によって離ればなれになってしまうジョン・レノンの息子のジュリアンを思いやって作曲したといわれている。

　この曲の魅力はなんといっても，冒頭部分の「親密な」語りかけとその後に続くメロディであろう。冒頭の「ヘイ・ジュード」という語りかけで用いられるのは，ドラという西洋ではもっとも単純な3度の下降音程である。ラドレソと続くメロディでは，まったく同じ音が転回されるラドという3度上昇の音程に続き，レソというさらに広い5度の下降音程が出現する。次のソラシ♭ファファミドレドシ♭ラというメロディでは，同じ音ではないものの，フレーズの頂点であるファに向かって，やはり5度の上昇音程が用いられている。このように，ヴァースのメロディでは，3度音程の下降と上昇，5度音程の下降と上昇が繰り返され，記憶される（譜例6）。

　コーラス部分では，オクターブの跳躍を経て，最初のフレーズの頂点であるファから，ファレ，ファシ♭というように，3度，5度の下降音程が見られる（譜例7）。同じファの音から3度，5度と下降していることから，フレーズの山であるファが強調されるとともに，3度，5度の音程がより確たるものとして耳に残る。このことは，無意識のうちに冒頭のフレーズをもう1度呼び起こす役割を担い，つまり，コーラス部分はヴァースの発展形という性質を持つことを示している。このように，伝統的なコード進行が用いられる中で，特徴的な

　音程の繰り返しは、楽曲の有機的なつながりを感じさせ、"Hey Jude"を1度聴いたら忘れられない印象的なメロディにしている。

　この2つのメロディが変奏されていった後、最後の長大なコーダでは、手拍子を入れたゴスペル風の大コーラスでファラドソファソファと、やはり3度と5度の跳躍を含むメロディが歌われ、F→E♭→B♭→Fのコード進行が繰り返される。ここではブルー・ノートが用いられて、E♭のコードとなり、アーメン終止（キリスト教の賛美歌の最後に用いられるⅣ→Ⅰの終止形）へとつながっている（譜例8）。オーケストラも加わり、最後は一体感を持ちながらフェード・アウトしていく。

　ビルボードで9週連続1位を獲得した"Hey Jude"は、複雑な音響やリズムが用いられているわけではなく、むしろ初期の伝統的な形に近い。しかし、有機的な構造をとることにより、聴衆の耳にメロディが残り、さらに変奏されることにより、その印象は深まっていく。そして、その場にいる聴衆全員を巻き込む一体感が、この曲の人気の秘密ではないだろうか。

　常に新しい自由な音楽を求めていったビートルズであるが、複雑な音響、数えにくい拍子にのせたリズムといった実験には、「わかりやすさ」が求められるポピュラー音楽とは相容れない面も存在した。その意味で、これらの実験は

曲の一部にとどまるものもあり，表現の限界も存在したであろう。しかし，当時3分程度とされたシングル・レコードの録音時間を大幅に超えたこの曲において[19]，オーケストラの導入など，ビートルズはそれまでの音楽的探求を統合しつつ，親密な語りかけから始まり，最後は大編成の熱狂の渦の中に感情を共有するという音楽の構造を持ち込んだ。その意味において，この曲はやはり彼らの探求の1つの果実であったといえるだろう[20]。

　　　付記：本稿はJSPS科研費 J P16K04719の助成を受けている。

●注
1)　キャサリン・チャールトン／佐藤実訳『ロック・ミュージックの歴史（上）──スタイル＆アーティスト──』音楽之友社，1996年，91頁。
2)　ポール・デュ・ノイヤー／奥田祐士訳『ポール・マッカートニー　告白』DU BOOKS，2016年，64頁。
3)　同書，245頁。
4)　ポールは後に，「実際に音楽を知っているジョージ・マーティンのような人がそばにいてくれると，ぼくの場合はすごく助かるんだ」と語っている（同書，243頁）。
5)　ジョージ・マーティン／吉成伸幸・一色真由美訳『ビートルズ・サウンドを創った男──耳こそはすべて──』河出書房新社，2002年，240頁。
6)　マーティンは，この楽器を使うことになったいきさつについて，「この曲は最初かなりシンプルな曲だったが，ポールはこれに一味違うサウンドを加えようと決めていた。そしてある日，バッハの『ブランデンブルグ協奏曲』のコンサートから帰ってくると，ポールはこういい始めた。『楽団の中に高い音のいかしたトランペットを吹くやつがいるね』」と語っている（同書，297頁）。
7)　ラヴィ・シャンカル／小泉文夫訳『ラヴィ・シャンカル　わが人生，わが音楽』河出書房新社，2013年，196-197頁。
8)　同書，197頁。
9)　同書，198-200頁。
10)　ジョージ・ハリスン／山川真理訳『ジョージ・ハリスン自伝』河出書房新社，2002年，190頁。
11)　同書，同頁。
12)　同書，同頁。
13)　同書，198頁。

14) 同書，110頁。

15) ラヴィ・シャンカル，前掲書，200頁。

16) ジョージ・ハリスン，前掲書，109-110頁。

17) 同書，110頁。

18) ポール・デュ・ノイヤー，前掲書，118, 120-121頁。

19) ポールは，この曲の長さについて，ボブ・ディランの "Like A Rolling Stone"
（「ライク・ア・ローリング・ストーン」，1965）を引き合いに出し，「ロックがアー
トになりはじめたんだ。……ぼくらはおたがいに異種交配していた。彼が長い
レコードを出すと，ぼくらも〈ヘイ・ジュード〉を長くしても大丈夫だ，となる」
と語っている（同書，107-108頁）。

20) ポールは，曲の構造について，「構造というのはおもしろいね。《アビイ・ロー
ド》や《サージェント・ペパー》を思い出すんだ。あのときはぼくらもけっこう，
構造を意識してたから。ここになにが来て，ここになにが必要なのかはわかって
いたし，〈デイ・イン・ザ・ライフ〉がああなることもわかっていた」と語ってい
る（同書，248頁）。

● 参 考 文 献

キャサリン・チャールトン／佐藤実訳『ロック・ミュージックの歴史（上）——スタ
イル＆アーティスト——』音楽之友社，1996年。

レイ・コールマン／林田ひめじ訳『ビートルズをつくった男——ブライアン・エプス
タイン——』新潮文庫，1992年。

ジョージ・ハリスン／山川真理訳『ジョージ・ハリスン自伝』河出書房新社，2002年。

イアン・イングリス編／村上直久・古屋隆訳『ビートルズの研究——ポピュラー音楽
と社会——』日本経済評論社，2005年。

ジョン・レノン他／片岡義男・三木卓訳『ビートルズ革命——ジョン・レノンの告白
——』草思社，1972年。

ジョン・レノン，ヨーコ・オノ，ヤーン・ウェナー／片岡義男訳『レノン・リメンバ
ーズ』草思社，2001年。

ジョージ・マーティン／吉成伸幸・一色真由美訳『ビートルズ・サウンドを創った男
——耳こそはすべて——』河出書房新社，2002年。

ウィルフリッド・メラーズ／柳生すみまろ訳『ビートルズ音楽学』晶文社，1984年。

フィリップ・ノーマン／石垣健一・竹田純子・中川泉訳『ポール・マッカートニー
ザ・ライフ』角川書店，2017年。

ポール・デュ・ノイヤー／奥田祐士訳『ポール・マッカートニー　告白』DU
BOOKS，2016年。

中山康樹『ブリティッシュ・ロックの真実』河出書房新社，2013年。

Chapter ❷　ビートルズの「古さ」と「新しさ」——クラシック音楽から眺めたビートルズ　69

中山康樹『誰も書かなかったビートルズ――月刊 The Beatles 連載傑作選――』シ
　　ンコーミュージック・エンタテイメント，2015年。

大鷹俊一『ビートルズの時代』〈ロックの歴史〉シンコー・ミュージック，1993年。

大村亨『「ビートルズと日本」熱狂の記録――新聞，テレビ，週刊誌，ラジオが伝え
　　た「ビートルズ現象」のすべて――』シンコーミュージック・エンタテイメント，
　　2016年。

ラヴィ・シャンカル／小泉文夫訳『ラヴィ・シャンカル　わが人生，わが音楽』河出
　　書房新社，2013年。

高山博『ビートルズの作曲法――名曲に隠されたメロディ／コード／アレンジの秘密
　　を解明する――』リットーミュージック，2012年。

田村和紀夫『ビートルズ音楽論――音楽学的視点から――』東京書籍，1999年。

山下邦彦『ビートルズのつくり方』太田出版，1994年。

●楽　　　譜

『ザ・ビートルズ／ポケット版ソング・ブック大全集』ソニー・ミュージックパブリ
　　ッシング，2000年。

Rubber Soulから進化したビートルズのベーススタイル

津田　藤宏

ロックにおけるベース革命アルバムRubber Soul

　ビートルズの楽曲はデビュー〜解散まで歌詞からサウンド，プレイスタイルにいたるまでさまざまな変化を遂げてきた。特に，初期〜中期〜後期を通し，ポール・マッカートニーのベースプレイとサウンドの変化はかなり大きいのではないだろうか。

　その中でも，プレイスタイルとしてもっとも大きく変わったのが，ちょうど50年前（1965年）リリースの*Rubber Soul*だと考えられる。ここでは*Rubber Soul*の楽曲が以前とどのように違うのか，サウンドとプレイスタイルから考えてみたい。"Day Tripper"（「デイ・トリッパー」），"We Can Work It Out"（「恋を抱きしめよう」）は同時期に録音された曲なので，*Rubber Soul*に含めることとする。

Help!以前のベースサウンドとプレイスタイル

　初期ビートルズの楽曲におけるポールのベースは，"All My Loving"（「オール・マイ・ラヴィング」）などのウォーキングラインもあるが，基本的にはルート・3度・5度のシンプルなフレーズが多い。動きがあるフレーズでも基本的にギターリフのロックロールフレーズなどである。

　これは，ライブを想定して弾きやすいフレーズにしているためでもある。

　*Help!*以前のビートルズのレコードでは，熱心に耳を傾けないとポールのベースプレイが聴き取りにくい。

　ヘフナー社のベースとフラットワウンド弦（巻弦に平たいワイヤーを使用している弦で，温かみのあるいわゆる「丸い音」が特徴）を使用していて，もともとモコモコしたサウンドであったことや，EMIスタジオのマイキング（マイクのセッティングや位置など）もあるが，ミックスの段階で「針飛びの原因になるので低域を強調するサウンドにしない」というのも原因とのことだ（マーク・ルーイスン／内田久美子訳『ザ・ビートルズ　レコーディング・セッションズ　完全版』シンコーミュージック・エンタテイメント，2009年，23頁）。

　アメリカでカッティングされるレコードの音質が，イギリス盤よりはるかに優れているのはなぜか，アビイ・ロードでは以前からその理由を模索していた。イギリスのレコードの場合，特にベース・サウンドが弱かった。ウィルソン・ピケットの特定の

レコードのベース音が，ビートルズのどのレコードよりもずっといいのはなぜか，とジョンレノンに質問されたのを，ジェリー・ボイズは鮮明に覚えているという（前掲書，111頁）。

そもそも，当時まともに低音を鳴らせるスピーカーを所有していた家庭が少なかったこともあり，ビートルズはラジオでの放送を意識し，ギターとコーラスのハーモニーでアレンジを作っていく傾向にあったのではないだろうか。実際，初期のビートルズは，ジョンのギターリフとリンゴのドラムス，コーラスワークでそのサウンドが出来上がっている。

ちなみに "Drive My Car"（「ドライヴ・マイ・カー」），"Think For Yourself"（「嘘つき女」），"Day Tripper" はベースとギターがユニゾンしている（同じフレーズを演奏している）のだが，上記にもあった低域が鳴らないスピーカーに対応し，音を改善させる目的だったと考えられる。

ディスコの浸透とポールのモータウン・サウンドへの傾倒

当時のEMIの方針について，ポールは以下のように語っている。

EMIには厳格な規定がいろいろあって，僕らはいつもそれを打破しなくちゃならなかった。傲慢さからではなく，僕らのほうがものをわかってるつもりだったからだ。「このベースがいけないってどういうことだい？　昨夜ディスコに行ったら，こういうベースの曲がかかっていたよ！」って言うと，あっちは「会社の規定に反するので……」と来る。「そんなの時代遅れだ。先に進まなきゃ！」って言ってやったよ。僕らはいつも連中を無理やり承知させたんだ（ルーイスン，前掲書，23頁）。

ちょうどディスコが1965年ニューヨークにオープンし，資料はないがロンドンにもすぐできていたと考えられるころのことである。ディスコで流れる曲はアメリカのモータウンレーベルなどのソウル・ミュージックが主流で，ポールはそこで聴いた大音量のベースサウンドに影響を受けたのではないだろうか。

中期から後期にかけてビートルズのレコーディング・エンジニアを務めたジェフ・エメリックによる回顧録には，以下のエピソードが紹介されている。

ポールは自分が愛聴しているアメリカのレコードに比べ，ビートルズのレコードの

ベースが音量も質感も乏しいことに，つねづね不満をもらしていた。よくマスタリング・ルームにふたりでこもり，とくに低音に注意しながら，彼がアメリカから取り寄せた最新の輸入盤——モータウンのレコードが多かった——に耳を傾けたものだ（ジェフ・エメリック，ハワード・マッセイ／奥田祐士訳『ザ・ビートルズ・サウンド 最後の真実』白夜書房，2006年，181頁）。

　上記は，ビートルズのレコーディング・エンジニアだったジェフ・エメリック氏がマスタリングエンジニアを務めていた時代のこと（Help!とRubber Soulのあたり。エメリック氏はこの2枚のレコーディングには直接関与していないが，ポールと個人的に交流があった）だと思われる。

　また，1965年は，ビートルズとプレスリー以外はソウル・ミュージックが全盛を迎えていた時代だった。ビートルズは白人ミュージシャンとしての「まがいもののソウル・ミュージック（Plastic Soul）」のアルバム制作にとりかかる。

Rubber Soulからのビートルズベースの進化

　1965年8月，ビートルズ3回目のアメリカ・ツアーでロサンゼルスに滞在中（例のシェア・スタジアムから始まったツアー）にポールはRickenbacker社（リッケンバッカー社）の社長から4001を譲ってもらい，同年10月から始まるRubber Soulセッションで使用している。ホロウ・ボディ（中空のボディ）だったヘフナーから，ソリッドボディのベースになったので音が明瞭になった。ちなみに"Day Tripper"は"Drive My Car"（1965年10月13日録音）の3日後，1965年10月16日に録音されているので，4001で演奏された可能性が高い。

　エメリックの前掲書（181頁）には「これは一部に，ポールがおなじみのヘフナーヴァイオリンベースからもっと音が太いリッケンバッカーにスイッチしたおかげだった」とあるので，このアルバムにはヘフナーとRickenbacker 4001が混在していると考えられる。

　Rubber Soulがそれまでのアルバムから大きく違っている部分は多々あるが，主に「演奏面での進化」が挙げられるだろう。ベースが，それまでの「ドラムと共にアンサンブルのリズムを支える楽器」から，ここでは「アンサンブルを掌握する楽器」になったと言えるのではないか。

　特にベースラインの変化として，モータウンベースの多大な影響と，ルートに縛られないベースラインの2点が挙げられる。

　Help!以前のビートルズ楽曲には，ロックンロール曲に多用される「8ビート」や「シ

ャッフル」，カントリー系で見られる「2ビート」が使われていたが，*Rubber Soul*から新たに「16ビート」が登場する（譜例1，2）。

譜例 1 "Drive My Car"

16分音符の4拍目にアクセントがきている

譜例 2 "The Word"

16分音符の4拍目にアクセントがきている

　ビートルズのベースラインには16分音符はほとんど出てこなかったが，このアルバムから多くなってきているのが分かるだろう。

　"Drive My Car"は，1965年当時，アメリカで唯一ビートルズ人気に対抗できたと言われるモータウン・サウンドの影響を色濃く反映した曲だ。

　イアン・マクドナルドの *Revolution in the Head: the Beatles* でも，次のように説明されている。

　"Drive My Car"はアビイ・ロード・スタジオにおいて1965年10月13日に録音された。ポールはジョージ・ハリスンと一緒になって基本のリズム・トラックを録り，ベースと低音のギターで似たリフを重ねた（それはジョージの提案に従ってのことだった）。彼はそのころオーティス・レディングの"Respect"を聴いており，その影響で"Drive My Car"はそれまでのビートルズの曲よりリズム・トラックが強力で，レディングがメンフィスのスタジオで生み出したベースのヘビーな音を真似ている。

　"Respect"（「リスペクト」）は，アメリカ合衆国の歌手オーティス・レディングが作詞・作曲して1965年8月15日に発表した楽曲である。1965年9月に発表されたアルバム *Otis Blue / Otis Redding Sings Soul*（『オーティス・ブルー』）のために録音された曲の1つで，アルバムに先駆けて8月にシングルとしてリリースされ，同年にはレディングにとって2作目の全米トップ40ヒットとなった。

　1967年，アレサ・フランクリンによるカヴァーが全米1位を獲得し，オリジナル以上の大ヒットとなった。

　ビートルズの楽曲には"I Want To Hold Your Hand"（「抱きしめたい」）や"No Reply"（「ノー・リプライ」）など，アンサンブルとしてのシンコペーションのある曲は

沢山あるが，ベースだけがシンコペーションしている曲も挙げられる（譜例3，4）。
　これもモータウン系のソウル・ミュージックに多く見られるもので，Diana Ross & the Supremes and The Temptations "I'm Gonna Make You Love Me"（「君に愛されたい」）などが有名である。これにより楽曲に推進力が得られる。

譜例　3　"Nowhere Man"

譜例　4　"In My Life"

　*Rubber Soul*では，通常は主音（ルート）から入るベースラインが，そうでない曲もある。その中で革命的とも言えるのが"Michelle"（「ミッシェル」）である。譜例5を参照されたい。

譜例　5　"Michelle"

　イントロのメロディがFmのコードに基づいて下降してくるのに対して，ベースはFmの5度であるCから上昇というなかなかないラインである。ポールはあちこちのインタビューで「この曲のベースラインで，ベースの楽しさに開眼した」と発言している。

ポールはインタビューで，1966年からベースのスタイルを変えたと言っている。

ブライアン・ウィルソンの多大な影響を受けてね。〔中略〕『PET SOUNDS』のベースをよく聴くと面白いよ。どの曲でもちょっと変わってるんだ。基調がCの曲だったら，ベースはCの音から始めるのが普通なのに，彼はGから入るんだ。音の置き方が人と違うのさ。それでも調子っぱずれにはならないし，まったく新しい世界が拓ける。"Michelle" のベース・ラインは決して忘れられないな。ビゼーの曲みたいなベースを入れたことで，曲の雰囲気がガラリと変わったんだ。ベースであんなことができるなんて，すごいと思ったよ（ルーイスン，前掲書，23頁）。

ビーチ・ボーイズのブライアン・ウィルソン（Bass）に当時かなり影響を受けていたようで，ルートとは違う音を多用するブライアンのベースをかなり参考にしていたとのことだが，筆者はこのポールの発言は間違っているのではと感じる。*Rubber Soul*は*PET SOUNDS*（『ペット・サウンズ』）よりも前に発表されたアルバムであり，ブライアン・ウィルソン自身*Rubber Soul*に影響を受けて*PET SOUNDS*を発表したと発言しているので，ブライアン・ウィルソンの方が，ポールが "Michelle" で弾いたベースラインに影響を受けたのではないかと考えられるからだ。

ちなみに，ベースラインがハーモニーの5度からスタートするのは，前作*Help!*に収録された "Yesterday"（「イエスタデイ」）のラスト部分のチェロのラインがヒントだったのではと筆者は考えている（譜例6参照）。

譜例 6 "Yesterday" のエンディングのチェロのライン

Fの5度であるC, Gの3度であるBを弾くことで半音進行になっている

"Yesterday" 収録時にポールはジョージ・マーティンに四重奏アレンジのレクチャーを受けていたので，そこからヒントを得たのかもしれない。

また，その他にも "Think For Yourself" の最後の部分では，C7のコードに対してB♭という♭7thからあえて入るフックが使われている（譜例7参照）。

まとめ

*Rubber Soul*では，ベースプレイで新しい試みがされていた。「ロック」と「ソウ

譜例 7 "Think For Yourself"

ル」を混ぜる手法は後のレッド・ツェッペリンなどにも受けつがれてゆくものである。また，ソウルシーンとロックシーンの架け橋になっていたのもポイントと言えるだろう。

　イギリスでソウル・ミュージックが流行り，それが後の「アシッドジャズレーベル」設立を促し，ジャミロクワイ，インコグニート，ブラン・ニュー・ヘヴィーズなどのサウンドにつながっていくのが面白い。まさに1965年～67年にかけてはターニングポイントであったと思う。

　この後の*Revolver*セッションでは，エンジニアがノーマン・スミスから若手のジェフ・エメリックに変わり，レコーディング面でも革新的なベースサウンドの変化がある。

1. スピーカーを逆配線してベースアンプのマイクに使う
2. ベースは誰もいないスタジオで最後に録音する
3. マスタリングでの革命「信号過入力自動制限装置ATOC」

このあたりについては，また機会があれば書いてみたいと思う。

● 参 考 文 献

マーク・ルーイスン／内田久美子訳『ザ・ビートルズ　レコーディング・セッションズ　完全版』シンコーミュージック・エンタテイメント，2009年。

チャック近藤『全曲解明!!ビートルズサウンド大研究　上』バーン・コーポレーション，1995年。

ジェフ・エメリック，ハワード・マッセイ／奥田祐士訳『ザ・ビートルズ・サウンド　最後の真実〈新装版〉』白夜書房，2009年。

キングズレイ・アボット／雨海弘美訳『ビーチ・ボーイズ　ペット・サウンズ・ストーリー』ストレンジ・デイズ，2004年。

MacDonald, Ian, *Revolution in the Head: the Beatles' Records and the Sixties*. Henry Holt and Company, 1994.

CHAPTER 3

Komm, Gib Mir Deine Hand

—— 「抱きしめたい」のドイツ語翻訳について

上村　昂史

0. はじめに

Past Masters, Volume One（『パスト・マスターズ　Vol. 1』）には，2曲ドイツ語でも演奏されている曲がある。1つは "Komm, Gib Mir Deine Hand"（I Want To Hold Your Hand,「抱きしめたい」），もう1つは "Sie Liebt Dich"（She Loves You,「シー・ラヴズ・ユー」）である。"Komm, Gib Mir Deine Hand" のオリジナルは1963年11月に発表された5枚目のシングルであり，"Sie Liebt Dich" のオリジナルはそれ以前の1963年8月に発表された4枚目のシングルである。どちらとも，往時のEMI西ドイツ支部オデオンの強い要請によってドイツ語版の録音が実現した。

ところで，ルーイスン（2009年，61頁）を見ると，この2曲の録音に際してビートルズが拒否の態度を示したエピソードが述べられている。1964年1月29日，パリのスタジオでレコーディングをする予定だったが，ビートルズが現れなかったという。ニール・アスピノールがそう告げると，ジョージ・マーティンは他のドイツ人を連れて，ビートルズが宿泊していたホテルに出向き，メンバーを叱りつけた上で，録音スタジオへと向かったのだという。

なぜ，ビートルズのメンバーはこのような態度を取ったのだろうか。

78　第Ⅰ部　ビートルズへの多様なアプローチ

また，ルーイスンの前掲書によれば，ジョージ・マーティンの気がかりな発言がある。

　「実際，彼らの方が正しかったんだ。ドイツ語でレコーディングする必然性はなかったんだから」

　なぜ，ジョージ・マーティンはこのように思ったのだろうか。

　無論，当時のビートルズやプロデューサーの心情については証拠がないために，推察の領域を脱出することは不可能である。しかしながら，彼らの反抗的な態度には，何かしら理由があったからではないか，というのが筆者の考えるところである。確かに，ビートルズがパリで録音することになった経緯としては，19回のコンサートをパリのオランピア劇場で開催することがメインであった。そこにオデオンが，2曲の録音を申し入れたのである。ビートルズにとっては，寝耳に水の話である。しかしながら，彼らが気乗りしなかった理由は，これだけでは説明できない。なぜなら，仕事に魅力を感じていれば，やる気はあったはずだからである。すなわち，仕事に魅力を感じない何かの要素があったのであろう。

　そこで，もう1つの可能性として，録音曲の翻訳された歌詞に原因があるのではないか，ということを提案する。実際，"Sie Liebt Dich"も"Komm, Gib Mir Deine Hand"も曲の完成度は低いと論じられている。[1] 曲の完成度を測定するには，様々な要因を見なければいけないが，紙幅の関係上，本章では歌詞の内容について，しかも"Komm, Gib Mir Deine Hand"に焦点を当てて検討することにする。

　本章は6節から成る。まず，第1節では本題に入る前に，ビートルズとドイツの関係の一端を明らかにするべく，デビュー前の演奏活動時代について見る。次に第2節では，上述の2曲が録音されるに至った背景について述べる。第3節では"I Want To Hold Your Hand"のオリジナルの歌詞を分析する。そして，第4節ではドイツ語に翻訳された方の歌詞を分析し，第5節で両者の比較を行う。最後に，第6節では本章のまとめと，今後の研究課題について述べる。

Chapter ❸　Komm, Gib Mir Deine Hand ── 「抱きしめたい」のドイツ語翻訳について　　79

1. ハンブルク時代とビートルズ

　本論に入る前に，ハンブルクでの演奏活動を行っていた時期を「ハンブルク時代」と呼ぶことにして，そのハンブルク時代の経緯からビートルズとドイツの関係について見ることにする。

　まずハンブルク時代とは何かについてさらに掘り下げる。当時代はビートルズが1960年から1962年の間にハンブルクで滞在し，いわゆる「ドサ廻り」をした時を指す。[2]

　ジョンは，この時代について「僕を育ててくれたのはリヴァプールじゃない，ハンブルクだよ」と言及している。[3] この発言からも，過酷な労働環境の中で演奏技術を磨いた時代であったことが窺える。

　ハンブルクに来た時，メンバーはデビュー後のビートルズ[4]とは異なっていた。お馴染みのジョンやポール，当時17歳だったジョージの他に，当時ベースを担当していたスチュアート・サトクリフと，ドラマーはピート・ベストであった。[5] 彼らは，リヴァプールで活動を行っていたが，ちょうどハンブルクへと遠征に行けるイギリスのバンドを探していたアラン・ウィリアムズの声がけにより，ハンブルクへ行くことが決まった。[6]

　ここで1つの疑問が浮かぶ。なぜアランは異国の地であるドイツはハンブルクへビートルズを送ることになったのかということである。デイヴィス（2010年，238頁以下）によると，その理由は多少込み入っているという。以下にその箇所を引用する。

　　1人のドイツ人の船員が西インド諸島から来たスチール・ギターのバンドをジャカランダ・クラブで聴き，ハンブルクへ帰ってその良さを吹聴したことから接触は始まる。これが縁で，そのバンドはハンブルクのナイトクラブに出演した。アラン・ウィリアムズはその直後にハンブルクへ行き，ナイトクラブの経営者たちにリヴァプールのビート・グループの宣伝をした。唯一のロックンロール・クラブであるらしいカイザーケラーへ出向いて，アランはブルーノ・コシュミダーに逢ったのである。「イギリスのロック・グルー

80　　第I部　ビートルズへの多様なアプローチ

プの優秀なのはみんなリヴァプールにかたまっていると，私はブルーノを欺したんだ」。

引用中に出てくるブルーノ・コシュミダー（Bruno Koschmider, 1926-2000）は，当時複数のバーやライブハウスを経営するハンブルクの「歓楽街の大物（Kiezgröße）」であった。彼に関する言及は，デイヴィス（2010年）以外にも様々な資料にある[7]。だが，最も簡潔に彼の人生を記述しているのはウィキペディアのドイツ語版である。以降そこにある記述を見ることにする。

　このコシュミダーはダンツィヒ出身で，かつてはサーカスの芸人として働いていた経歴がある（ところがある日の事故で働けなくなった[8]）。しかし，ビートルズの歴史に絡めて言えば，彼は前述の通り経営者としての側面の方が強い。1950年に彼はグローセ・フライハイトにテーブルダンス・バーとして「インドラ」をオープンさせた。それを皮切りにカフェの「ヘブン・アンド・ヘル」，ピンク映画館の「バンビ・キノ」，そして1959年10月には700席を擁する有名な「カイザーケラー」をオープンさせた。そして彼は店をオープンさせるだけでなく，客を長居させてよく飲ませるための方策を考えていた。1つがストリッパーがいるバンドを出演させるというもの，そしてもう1つが（これはカイザーケラーのみであるが）ジュークボックスを設置して，音楽をガンガンにかけるというものであった。それと同時に，バンドを出演させていたという。

　アランがビートルズを紹介した時，コシュミダーは初め出演には難色を示したという。理由は，ビートルズという言葉の響が，北ドイツの方言で男性の象徴（ピーデル）を連想させるものであったからである。ところが，コシュミダーがアランとロンドンでのバンド視察を行った後に，ビートルズとの契約に踏み込んだのである。期間は4週間半の契約で，1日6時間休憩なしの演奏で，給料は30マルクだった。

　アランは5人をバンに乗せ陸路および海路を使ってハンブルクへと向かった。デイヴィス（2010年，246頁以下）には，イギリスのハリッジ港からオランダのフーク・ファン・ホラントを経由してドイツのハンブルクへ向かったと書かれている。高速道路の未発達であった当時，ハンブルクへの旅の基本は一般道を

Chapter ❸　Komm, Gib Mir Deine Hand ——「抱きしめたい」のドイツ語翻訳について　　81

通ることであったので，相当の時間と労力を費やしたものであると考えられる。そしてついに，1960年8月17日明朝に彼らは到着した。

　ハンブルクは，港町という点でリヴァプールと土地柄が似通っていた。世界中の船員が集まってきて，夜になると酒場へ繰り出す。ビートルズが出演することになった「インドラ・クラブ」もそんな酒場の1つだった（ちなみにリヴァプールのキャヴァーン・クラブはクラブだったがアルコールは禁止）。しかし，インドラ・クラブのお客はほとんどが荒くれ者の船員たち。しかも，彼らのお目当ては酒と女性で，飲んで大声で騒ぎ，ろくに音楽なんか聴いていなかったという。

　ビートルズは，初めリヴァプールの時と同じスタイルで演奏していたのだが，それでは一向に盛り上がらなかった。それで，インドラ・クラブ支配人のブルーノ・コシュミダーが「マック・シャウ！（Mach Schau!）」と盛んに彼らに発破をかけたのだという。[9]

　そこで，彼らも少しでも自分たちの演奏を聴かせようと，ビートの聴いたサウンドを高鳴らせ，「ワオ！」「ギャー！」と大声でシャウトしたり，頭を振ったりしてお客の目を舞台に向かせようとしたりした。彼らは，どうやったら客に受けるか必死であれこれ試したのである。

　先述の通り，彼らは6時間の演奏で契約していたが，長い時は8時間も演奏が及んだ。

　ちなみにビートルズに与えられた寝泊まりの場所は，映画館バンビ・キノの舞台裏だった。真冬のドイツであるから凍える寒さだが，暖房などなかった。しかも，トイレがすぐ近くでひどい悪臭だったという。毎晩彼らは，舞台を終えた後ガタガタ震えながら眠り，朝になると映画が上映される巨大なサウンドで叩き起こされる毎日を送った。[10]

　紙幅の関係上ハンブルク時代については割愛するが，青年時代の彼らにとっては善良とは到底言えない環境の中で生活を共にする必要があったのであり，これは1つの悲劇と言えよう。さらに重ねて，もう1つの悲劇が起こる。それはメンバーの減少と交代である。まず，スチュアートは美術の道に進むべく，メンバーを脱退した。[11]しかも脱退後，脳出血のために21歳の若さで亡くなってしまう。脳出血の原因は定かではないが，ビートルズをよく知る人々の間で

82　第Ⅰ部　ビートルズへの多様なアプローチ

は，ジョンやポールからの練習中の暴力や罵倒が引き金になったのではないか
と言われている。

　もう1つの「交代」とは，ドラマーのピートがリンゴと交代したことである。

　ビートルズが必死になって演奏活動に勤しんでいたちょうどその頃，リンゴ
がもともと所属していた「ロリー・ストーム・アンド・ザ・ハリケーンズ」も
ハンブルクへ出稼ぎに来ていた。リンゴは1人で来たのだが，地理が分からず
街をさまよっていた。そこで，ばったりビートルズのベースを担当していたス
チュアート・サトクリフと出会ったのだという。それでリンゴはビートルズと
知り合うことになり，彼らの演奏を聴きに行ったりしていた。

　ある日，ピートがライブに出演しなかった。残りの3名は，リンゴに代役を
頼み，彼も快く引き受けてくれた。本番ではレイ・チャールズの "What'd I
Say"（「ホワッド・アイ・セイ」）を演奏したが，この曲のドラムはルンバ・パタ
ーンでかなりテクニックが必要な難しい曲であり，大抵のドラマーが苦戦して
いたという。

　ところが，リンゴは，リハーサルもしていないのに完璧なリズムを刻んだの
だという。

　背後から完璧に叩かれるビートに驚愕したポールは，思わず共に演奏していた
ジョンやジョージと顔を見合わせたという。3人の思いは共通していたのだろう。

　この出会いをきっかけに後に最後のメンバーとしてリンゴが加わることにな
る。結局のところ，ピートは切られることになった。

　このようにして，スチュアートの脱退と夭折，ピートの解雇を経てビートル
ズが出来上がったということを，念頭に置かなければならない。この意味でハ
ンブルク時代とは，彼らにとっては試練であり，決して心地よいものではなか
ったことが窺える。したがって，ドイツとビートルズの関係について述べると
すれば，以上のことを頭に入れておく必要があると考えられる。

2. "I Want To Hold Your Hand" ——ドイツ語翻訳ができた背景

　本節では，"I Want To Hold Your Hand" が作曲された経緯と，ドイツ語

翻訳ができた背景について述べる。まず，"I Want To Hold Your Hand"の
オリジナルについて述べる。ウィキペディアの日本語版を見てみると，簡単に
まとめられているので，引用元を明らかにして，それを元に述べる。

　本曲は，ジョンとポールの作品である（以降，ビートルズ研究界の慣習に倣って，
レノン＝マッカートニーと呼ぶ）。ボーカルは無論ジョンとポールである。曲調は
アメリカ的なゴスペルを意識したものであり，結果的にはこの曲でアメリカ市
場を席巻することになった。

　ちなみに，ボブ・ディランはこの曲の1節 "I can't hide" を "I get high" と
勘違いし，「ビートルズがドラッグソングを歌っている」と思ったという。同
時に，ボブがフォークソングからロックに転向するきっかけとなった曲である
とも言われる。

　なおこの曲は，3つのステレオ・ヴァージョンが制作された。1つは1963年
版（ヴォーカルが右チャンネル）オーストラリア盤収録，2つ目は1965年版（ヴ
ォーカルが中央に定位）ドイツ盤収録，3つ目は1966年版（1965年版とほぼ同じ）イギ
リス盤収録である。

　今日CD化されているミックスは66年版である（2009年リマスター盤）。本作
はビートルズが初めて4トラック録音をした楽曲である。

　『ビルボード』誌では，1964年2月1日に週間ランキング第1位を獲得。同年
年間ランキングでも第1位。また，『キャッシュボックス』誌では，8週連続第
1位を記録し，年間でも第1位となっている。前作のシングル "She Loves
You" と共に，彼らの人気を決定づけた曲でもある。B面はイギリス・日本で
は "This Boy"（「ジス・ボーイ」），アメリカでは "I Saw Her Standing There"
（「アイ・ソー・ハー・スタンディング・ゼア」）である。

　アメリカだけでも500万枚以上，イギリスでも170万枚以上のセールスを記
録し，"She Loves You" に続いてミリオン・セラーとなった。全世界で1,200
万枚をセールス。世界歴代シングル売上第5位（ギネス・ワールド・レコーズ認定
による）である。

　日本においては，1964年2月5日にデビューシングルとして発売された（東
芝音楽工業オデオン・レーベル，OR-1041）。東芝音楽工業では当初，"Please

84　　第Ⅰ部　ビートルズへの多様なアプローチ

Please Me"（「プリーズ・プリーズ・ミー」）を日本でのビートルズのデビュー曲に決めていたが，アメリカでの熱狂ぶりを考慮して急遽発売が前倒しされた。

　そのため1964年発売当時のレコード番号は「プリーズ・プリーズ・ミー」の方が若い（OR-1024）。また既にジャケット等の印刷が始まった後でリリース順が変更されたことから，初期ロットの一部にはジャケットの差し替えが間に合わず "Please Please Me" を第1弾シングルとして掲載しているものがある。[14]

　次に，ドイツ語翻訳について述べる。

　冒頭で述べたように，EMIの西ドイツ支部オデオンの強力な要請によって西ドイツのファンのためになされたレコーディングである。レコーディングは，1964年1月29日にパリのパテ・マルコーニ・スタジオで行われており，同じ日に "Sie Liebt Dich" も録音されている。[15]

　タイトルである "Komm, Gib Mir Deine Hand" とは，英語で "Come, Give Me Your Hand" となり，「来て，あなたの手を私に与えて」と直訳できる。[16] タイトルだけでなく歌詞も意訳されている。歌詞のドイツ語翻訳を担当したのはJean NicolasとHeinz Hellmerとなっているが，彼らは同一人物で，ルクセンブルク出身のタレントであるキャミロ・フェルゲンのペン・ネームであるとされている。ルーイスン（2009年，61頁）によると，バック・トラックはオリジナルの英語版のものを流用しているとされる。ちなみに "Sie Liebt Dich" 同様，英語版と比較してハーモニーと発音が雑な仕上がりになっているという。[17] イギリスではビートルズ解散の8年半後の1978年12月2日に発売されたアルバム *Rarities*（『レアリティーズ』）で初めてリリースされた。アメリカでは1964年7月20日に発売されたアルバム *Something New*（『サムシング・ニュー』）において，日本では1965年5月5日に発売されたアルバム『ビートルズ　№5！』でリリースされていた。

　ところで，ビートルズはこの録音に気乗りしておらず，レコーディング当日は予約していたスタジオに出向かずに滞在していたホテルにこもっていたという。以下，ルーイスン（2009年，61頁）に掲載されている，ジョージ・マーティンとビートルズとのやりとりである。

Chapter ❸ 　Komm, Gib Mir Deine Hand —— 「抱きしめたい」のドイツ語翻訳について　　85

「オデオンは強硬だったよ。ドイツ語で歌わないとレコードの売上げが伸びないと言ってね」とジョージ・マーティン。

「もしそれが本当なら，やらなくちゃいけないと思った。ビートルズは反対したが，私が説き伏せたんだ。オデオンはメンバーにドイツ語をコーチするようにと，ケルンから翻訳家を送ってよこしたよ。彼らにはドイツ公演の経験もあったから，少しはドイツ語を知っていたがね」

「セッションは昼前から始めることにした。ノーマン・スミスと私。それにニコラスという名の翻訳家は，時間どおりスタジオに入ったのに，当のビートルズがいっこうに現われない。1時間待ったあと，彼らが泊まっていた《ジョルジュ・サンク・ホテル》のスイートに電話をかけたんだ。するとニール・アスピナルが出て，『彼らは寝てます。スタジオへは行かないそうです』と言う。こっちは慌てたよ——彼らが私に逆らうなんて初めてのことだった。『早く来いと伝えろ。でないと許さないとな。ああ，いや，私が今からそっちへ行く』。で，私とドイツ人はタクシーに飛び乗り，ホテルに行って，彼らのスイートに踏み込んだ。そこで，なんと，気違い帽子屋のティー・パーティーみたいな光景に出くわしたのさ。ポールのガールフレンドだったジェーン・アッシャー——長い赤毛の——が，陶器のポットでお茶を注いでいて，あとの連中は3月ウサギよろしく彼女のまわりに坐っていた。私は〔ママ〕見たとたん，まるで校長が教室に入ってきたときみたいに，あたふたと大騒ぎだ。ソファに飛び込みクッションで頭を隠したり，カーテンの陰に避難したり。私はどなったね，『このバカもん！』。彼らは腕白坊主みたいにニヤニヤして，おどけて謝ってみせたよ。それからすぐにみんなでスタジオへ向かった。実際，彼らの方が正しかったんだ。ドイツ語でレコーディングする必然性はなかったんだから。それでも，仕事はきっちりやってくれたよ」

また，ノーマン・スミスも「彼らは面倒な仕事を片づけて喜んでいた」，「みんなそうだったよ。あのスタジオはやりにくかったんだ。見たこともないような機材ばかりでね」と述べている。

以上から，ビートルズは2曲のレコーディングに気乗りしていなかった様子
が窺えよう。冒頭で述べたように，数ある要因の1つとして挙げられる，オリ
ジナルと翻訳の質の違いに着目して議論を進めることにする。

3. 原詞の分析

　本節では，原詞の日本語訳を通して作詞者の創り上げた「詞の世界」を明ら
かにしたい。まず，第1詩節は以下のようになっている。

Oh yeah I tell you somethin'
I think you'll understand
When I say that somethin'
I want to hold your hand
I want to hold your hand
I want to hold your hand

　本章では，ボーカルが男性であることに鑑み，また第2詩節の第1行目より
歌の主人公が男性であり相手が女性であることを前提にして歌詞の分析を行う
（むろん，逆の場合もあり得る）。第1行目では，主人公が相手に，言いたいこと
があると告げるところから「歌の世界」が始まる。最後の "somethin'（some-
thing)" は直訳すると「何か」であるが，ここでは「言いたい何か」とするの
が妥当であると考えられる。第2行目では，その「言いたい何か」を相手が
「分かってくれる（you'll understand)」であろうという主人公の思いが述べられ
ている。そして第3行目では，主人公が「その言いたいことを言う時（When I
say that somethin')」と訳される。"that" は「あの」と1対1で訳されることが
多いが，前述の事柄で対話者同士がすでに知っていることを指して用いられ，[18]
ここでは「その」とした方が座りが良い。最後に第4行目では，「あなたの手
を握っていたい」となってこの詩節は締めくくられている。
　ここで重要なことは，主人公が言いたいことである「何か（something)」が

Chapter ❸　Komm, Gib Mir Deine Hand ── 「抱きしめたい」のドイツ語翻訳について　　87

この段階では書かれていないことである。もっとも，第4行目のフレーズで「あなたの手を握っていたい」としているので，主人公が相手に好意を持っていることを推測させるものであるが，あくまで暗示や推論の域を出ない，非明示的な要素である。

もう1つ挙げるとすれば，第1行目から第4行目まで全体を見通すと，主人公が相手にじわりと寄ってゆく情景が思い浮かぶであろう。しかも，その到達点は「抱きしめたい」ではなく，まだ「手を握っていたい」という状況である。

第2詩節の分析に入る。主人公は相手に請い願う姿が読み取れる。

Oh please say to me

You'll let me be your man

And please say to me

You'll let me hold your hand

Now, let me hold your hand

I want to hold your hand

第1行目で，主人公が相手に「言ってくれ」と頼んでいることは，第2行目に書かれている。すなわち，"You'll let me be your man" ということであるが，この表現は少し回りくどい表現をしている。意味上は "You will be mine" と，「私のもの（女）になって」ということと同じことを言っている。言い換えると，主人公は相手に告白していることになるのだが，その言い回しが "You'll let me be your man"，つまり「あなたの男になることをあなたは許す」と直訳できるように，主語が相手になっているのである。そして第3行目では第1行目と同じ内容が繰り返され，第4行目では，また「あなたが私にあなたの手を握ることを許してくれる」と主語が相手方になっていることが分かる。このことは，最終行の "I want to hold your hand" の裏返しになっているのである。

And when I touch you

I feel happy inside

It's such a feelin' that my love

I can't hide

I can't hide

I can't hide

この詩節では，主人公と相手の距離が縮まって，主人公の気持ちが隠せない
ほどになっていることが読み取れる。第1行目では，「あなたに触れた時」と
初めて接触が可能なほどに距離が縮まった時のことを想定して，第2行目では，
その時は「(自分の) 中で嬉しさを感じる」ことを述べている。その嬉しさにつ
いて，さらに語っているのが第3行目と第4行目である。すなわち，先述の通
り，その愛が隠せないほどに，その感情があることをsuch...thatの構文で表
しているのである。そして，最後の詩節で，このストーリーの最終段階に入る。

Yeah, you got that somethin'

I think you'll understand

When I say that somethin'

I want to hold your hand

I want to hold your hand

I want to hold your hand

この詩節の第1行目では，主人公の気持ちが相手に伝わったと主人公自身が
思っていることが示されている。ここでは，歌詞の冒頭で使われた「その何か
(that something)」を「あなたは得た (you got)」ことが読み取れる。第2行目と
第3行目は，第1詩節と同じ歌詞であり，ストーリーの流れは同じものとなる。
そして，最後に3回「あなたの手を握っていたい」と歌い上げて，曲は終了する。
　全体を通して見てみると，歌詞が主人公と相手の距離を考慮しながらストー
リーを展開させていることが分かる。そして，主人公は「手を握りたい」とい
う必要最低限の接触にとどめていることからも，紳士的なストーリーの展開で

あることが読み取れるのではないだろうか。

4. ドイツ語翻訳の分析

本節では，翻訳されたドイツ語の歌詞の分析を行う。原詞の場合と同様に，詩節および詩行ごとに意味を確認し，その歌詞がどのようなストーリーを展開しているのかを見ることとする。

Oh, komm doch, komm zu mir
Du nimmst mir den Verstand
Oh, komm doch, komm zu mir
Komm, gib mir deine Hand
Komm, gib mir deine Hand
Komm, gib mir deine Hand

第1詩節では，主人公がしきりに相手を振り向かせようとすることが読み取れる。というのも，既に第1行目で，動詞kommenの命令形によって，相手を主人公へと向かわせようとしているのである。ドイツ語の命令形は，相手への命令を法として持つ一方で，このように相手への願いや依頼を申し出る場合にも使われるのである。ここで，dochが用いられていることにも注目したい。これは，第1行目のような命令・要求文で用いられる場合には，発話内容が実現することを強く願う話者の心的態度を示している[19]。このことからも，主人公が相手に「どうか来てくれ（Komm doch）」と嘆願し「僕のところに来て欲しい」とさらに言葉を重ねているのである。

以上の分析から見えてくるように，ドイツ語の翻訳では，主人公の目線で全てが進行してゆくことが言える。以上のことを，見てみることにする。

第2行目では，間接目的語のmir（私に）と，den Verstand（知性・悟性）を伴い，動詞nehmenが用いられている。ここでは，「私から知性を奪った」と直訳でき，主語はDu（君・おまえ）であるが，主人公が相手に首ったけになった

90　　第Ⅰ部　ビートルズへの多様なアプローチ

様子が描かれている。

　第3行目では，第1行目の繰り返しとなっている。そして，第4行目では動詞kommenの命令形である "komm" が用いられて，主人公が相手にしきりに来るように促しているのが分かる。そして，「私に手を差し伸べてくれ (gib mir deine Hand)」と念を押すようにして言っていることが分かる。

Oh, du bist so schön

Schön wie ein Diamant

Ich will mit dir gehen

Komm, gib mir deine Hand

Komm, gib mir deine Hand

Komm, gib mir deine Hand

　第2詩節の分析に入る。オリジナルの歌詞では，第1詩節の内容を引き継いでストーリーが展開されていたが，ドイツ語の翻訳ではストーリーの展開というよりは，第1詩節の内容を繰り返しているように考えられる。というのも，第1行目から第2行目では相手が美しいこと (du bist schön)，ダイヤモンドのように美しいこと (Schön wie ein Diamant) を述べており，相手を振り向かせようとしていることの延長線上にこれらの言葉があると考えられる。[20]第3行目では，単に「私は君と出かけたい (Ich will mit dir gehen)」と主人公は述べており，これも第1詩節の継承である。そして，最後の第4行目から第6行目では，第1詩節の第4行目から第6行目と同じフレーズとなっている。この部分は，オリジナルでは "You'll let me hold your hand"，"Now, let me hold your hand"，"I want to hold your hand" となっており，異なるフレーズを用いることによってストーリーの展開が読み取れる箇所である。最も注目したいのは，主語の移り変わりである。初めは "You" であり，最後には "I" となっている。この視点の移り変わりが示すことには，初めは控え目だった気持ちが，徐々に大きくなってゆく様であると考えられる。ところが，ドイツ語の翻訳においては，単調なフレーズの繰り返しとなっており，そのようなストーリー性は見ら

Chapter ❸　Komm, Gib Mir Deine Hand ── 「抱きしめたい」のドイツ語翻訳について　　91

れない。

In deinen Armen

bin ich glücklich und froh

Das war noch nie bei einer Anderen

Einmal so

Einmal so

Einmal so

　第3詩節の分析に入る。オリジナルの歌詞では，「君に触れた時（"when I touch you"）」となっていたところであるが，ドイツ語の翻訳では「君の腕の中で（"In deinen Armen"）」となっている。ドイツ語の翻訳の方が，より接触の度合いが大きいのである。しかも，オリジナルではその後「私は内々嬉しい（"I feel happy inside"）」と主人公の内情を密かに表すフレーズとなっているが，ドイツ語では単に「私は幸せで嬉しい（"bin ich glücklich und froh"）」となっている。

　第3行目では，「それは他の人ではまだなかった（"Das war noch nie bei einer Anderen"）」と，オリジナルの歌詞とは異なる。そして，第4行目から第6行目は，第3行目の内容を受けて，「1度もこのようなことは（"Einmal so"）」と展開している。

　先述の通り，オリジナルでは，「私は隠せない（"I can't hide"）」となっており，主人公の内々に隠れていた感情が，はち切れんばかりになっていることが窺える。一方のドイツ語版では，主人公の恋愛経験に照らし合わせて，1度もなかったような経験があることを述べているのである。[21]

Oh, komm doch, komm zu mir

Du nimmst mir den Verstand

Oh, komm doch, komm zu mir

Komm, gib mir deine Hand

92　第Ⅰ部　ビートルズへの多様なアプローチ

Komm, gib mir deine Hand

Komm, gib mir deine Hand

　最後の詩節は，オリジナルでは異なる歌詞であるが，ドイツ語版では同じ歌詞になっている。この差異は，解釈に大きな違いをもたらす。オリジナルの歌詞では，主人公と相手の距離が徐々に縮まっていき，この最後の詩節では「You'll got that somethin'」と主人公の感情が，相手に通じたような印象を持たせられる。一方のドイツ語版では，最初の詩節が繰り返されるだけであるので，オリジナルのような距離の接近はなく，単に相手を振り向かせようとする努力をまだ続けているような印象を与える歌詞になっているのである。

　以上分析を進めてきたが，大まかにどのような違いがあるのかについて，ストーリー性という観点から次節で簡単に見ることにする。

▌5. 比　　較

　第3節と第4節で分析した内容を踏まえて，オリジナルの歌詞とドイツ語の翻訳でのストーリー性の違いについて見てみることにする。

　オリジナルの歌詞の内容から，歌詞の主人公が相手との距離を徐々に縮めていることが分かる。初めに，主人公は「君に言いたいことがある」，「分かってくれると思うけど」，「その何かを言う時」，「君の手を握りたい」と述べている。この詩行ごとに，主人公と相手の距離が縮まっていることが窺える。そして，第2詩節では視点の重心が "I" から "You" に変わって，相手が主人公に「君の男になることを許す（"You'll let me be your man"）」，すなわち主人公が相手の恋人になることを述べている。この迂言的な方法での表現は，自分の気持ちを直接表さずに想いを伝えることから，主人公の紳士的な側面を感じさせるものである。そして，第3詩節および第4詩節を通して，さらに距離は縮まってゆく。

　第3詩節では，主人公が相手に「触れた（touch）」時，その嬉しさを隠せないということが述べられている。ここでは，第1詩節と第2詩節では伏せられ

ていた主人公の感情について言及されていることから，また「隠せない（"I can't hide"）」というフレーズからも，主人公の感情が昂揚していることが窺えるのである。

　最後に，第4詩節では相手が主人公の気持ちを理解したと主人公が確信したところから始まる。そして，いよいよ言いたい「何か（"somethin'"）」を述べる段階で，「君の手を握っていたい（"I want to hold your hand"）」と歌い上げることによって，2人の距離が恋人同士として充分に縮まっていることを感じさせるようになっている。以上のことから，主人公の紳士的な側面と，距離を徐々に縮める恋愛テクニックを読み取れる作品が「抱きしめたい」のオリジナルであることが分かる。

　一方，ドイツ語の翻訳は，内容が一方的ないし羅列的で単調なように考えられる。まず，歌詞に「私」という語がオリジナルより多く使われていることが，指摘できる。周知の通り，恋愛は両者の相互行為に基づいているものであるにもかかわらず，ドイツ語の翻訳では「私」の視点で語られている箇所が多い。その点で，ドイツ語の翻訳は，主人公の感情が一方的に語られていることが言える。

　以降，詩節ごとの内容を振り返る。第1詩節は，しきりに主人公が相手に「来て（"Komm doch"）」と言っていることから，主人公が相手にアピールをしているのが分かるが，オリジナルのように段階を踏んで距離を縮めるといった戦略はなく，ただひたすら相手が来ることを直接言っているように読み取れる。第2詩節では，第1詩節の内容を引き継いで，「君は美しい（"Du bist schön"）」ないし「ダイヤモンドのように美しい（"Schön wie ein Diamant"）」と相手への賛美の言葉を羅列している。そして，最後には「来て，私に手を差し伸べて（"Komm, gib mir deine Hand"）」と繰り返している。このことからは，ただ内容が羅列的になっていてストーリー性はないように見て取れる。

　次に続く第3詩節では，主人公が相手の腕に抱かれているシーンが描かれているが，これはオリジナルの「触れる（"touch"）」よりも接触の度合いが大きい。この描写の差は，オリジナルが繊細な両者の接近を描くのに対し，ドイツ語の翻訳では，その接近が著しく早く行われているようにも読み取れる。

94　　第Ⅰ部　ビートルズへの多様なアプローチ

最後の第4詩節では，オリジナルでは歌詞が変わっているところが，ドイツ語翻訳では第1詩節の繰り返しになっている点を見た。これは，オリジナルの歌詞が，距離の縮まった両者の様相を示しているのに対し，ドイツ語版が内容の単調な繰り返しになって，両者の距離は縮まっていないようにも感じられる。

以上のことから，オリジナルの歌詞に比べて，ドイツ語の翻訳は全く違ったストーリー展開を行っている，あるいはストーリー性に欠けるような構成になっていることが言える[22]。しかしながら，好意的に解釈するのであれば，オリジナルの歌詞がやや間接的で曖昧な表現を好んで使用しているのに対し，ドイツ語の翻訳の方では，直接的な表現を使う傾向にあると言える。また，オリジナルが相手の視点を導入して相互行為的になっているのに対し，ドイツ語版では専ら「私」の視点で描かれていささか専制的な印象を与えると解釈できる。

6. まとめと今後の展望

本章では "Komm, Gib Mir Deine Hand" に焦点を当てて，原文とドイツ語の翻訳を比較し，その違いを明らかにした。最も大きな違いとしては，原文は当事者が相手に歩み寄って行く様子を婉曲的に描いているのに対し，ドイツ語の翻訳は当事者は動じずに相手を来させることを直接的に描いていることを挙げた。ゆえに，レノン＝マッカートニーの原文が持つ「ニュアンス」や「味」というものが翻訳では失われてしまっているのではないか，ということが言える。その点で，翻訳の方がストーリー性に欠けているようにも見える。

筆者の仮定の域を超えることは，証拠が不十分なので難しいのであるが，仮に（ハンブルク時代を経て）ドイツに良いイメージがあるとは言えないビートルズが何らかの形でドイツ語の翻訳を知ったのであれば，原詞とは乖離した「完成度の低い」作品を見て，録音への士気が下がったのではないかということが考えられる。ジョージ・マーティンも同様に，この録音について必要性を感じなかったのも，同じような心情があったからではないかと思われる。

しかし，この違いはどのようにして生まれたのであろうか。この質問に答えられなければ，翻訳を否定的に評価する資格はないように考えられる。なぜな

ら，翻訳には翻訳なりの意図があることを否定できなければ，否定的評価は与えられないからである。とは言うものの，残念ながら，この点は，今後の研究課題である。論じる段階にまで調査は進められなかった。

とどのつまり，現時点では結論は出せないが，どのような仮説を立てているのかについて，以下に述べる。

筆者は，イギリスとドイツの恋愛（もしくは求愛）スタイルの違いに着目した。どの国や文化においても，固有の恋愛スタイルが存在している。ある文化圏の駆け引きのスタイルを理解していなければ，恋愛は成就しないものと考えられる。つまり，イギリスとドイツではこれらスタイルに違いがあり，その違いが歌詞の翻訳に影響を与えたのではないか，とする仮説が立てられる。

この仮説の背景について述べる。イギリス人は独特の曖昧な英語表現を使う習慣があり，それらは外国人（イギリス人以外）には非常に難解であることが多い。同じ要因に帰することとして，恋愛についても，告白する時などは直接な表現を避ける傾向があるのではないか。反対に，ドイツでは「言葉に表されない意味は受け取らない」と言われるほど実直であるので，ダイレクトな表現を好むのではないか。

この仮説について科学的根拠を探っているところである。

● 注
1) ロバートソン，速水（2002年，168頁）。
2) ハンブルク時代については，様々な書籍において言及がなされているが，初学者にとってはDavies（2009）が参考になる。また福屋（2010年）は，ハンブルクとビートルズの関係について詳しく論じている。また，英語版ウィキペディア（"The Beatles in Hamburg"）も記述が充実している。その他，インターネットで「ハンブルク時代」と検索すると数多くのウェブ・サイトで取り上げられている。
3) 福屋（2010年，74頁）。
4) 本節でも，ビートルズとはジョン，ポール，ジョージ，スチュアート，ピートの5名を指すことにする。他の節では，ビートルズとはジョン，ポール，ジョージ，リンゴを指す。
5) 当時，リンゴ・スターことリチャード・スターキーは，ロリー・ストーム・アンド・ザ・ハリケーンズというバンドのドラマーであった。デビュー直前に，ドラマーであったピートとの入れ替えが生じたのである。

96　第I部　ビートルズへの多様なアプローチ

6) デイヴィス（2010年，237頁以下）。

7) 例えば，Miles（1998）を参照のこと。

8) Davies, Hunter. *The Beatles Book*. Random House, 2016.

9) ドイツ語で「ショーをやれ！」という意味。場を盛り上げるためなら，どんな手段も厭わず行うことを促すために発せられた言葉であると考えられる。

10) インドラ・クラブはビートルズが活動を始めてから2カ月後に閉鎖に追い込まれる。近隣の住民から，騒音の苦情を受けてのことであった。この後，ビートルズはコシュミダーの経営するもう1つのライブハウスであるカイザーケラーに移って演奏活動を続けることになる。

11) デイヴィス（2010年，204頁）にあるように，スチュアートは，そもそもジョンと同じイギリスのとある美術学校の出身であった。あるコンテストで賞をスチュアートが取ったのだが，その時の賞金でポールがベース・ギターを買うことを奨め，スチュアートはベーシストになったとされる。

12) 本曲について詳しい音楽の分析は，以下のURLが詳しい，http://www.icce.rug.nl/~soundscapes/DATABASES/AWP/iwthyh.shtml。

　　なお，英語版ウィキペディアにも詳細が掲載されているが，引用文献のヴェリフィケーションに問題があることが指摘されている（https://en.wikipedia.org/wiki/I_Want_to_Hold_Your_Hand）。

13) 日経BP（2015年，97頁）。

14) 連載「高嶋弘之　ビートルズとカレッジポップス」『東京スポーツ』2010年12月15日。

15) ルーイスン（2009年，60頁以下）。

16) 直訳は筆者。日本語版ウィキペディアでは「来て，あなたの手を取りたい」と書かれているが，誤訳と考えられる（https://ja.wikipedia.org/wiki/抱きしめたい　2018年4月25日閲覧）。

17) 注1）を参照のこと。

18) 研究社『リーダーズ英和辞典』。

19) 白水社『ドイツ語副詞辞典』。

20) 日本語版ウィキペディアでは，この「Schön wie ein Diamant」がオリジナルの歌詞との韻を踏襲しているものであると述べられている。

21) この「君の腕の中で」以降のところでは，以下に述べる2通りの解釈を許すため，まだ議論の余地があるように考えられる。というのも，1つ目の解釈は主人公が実際に相手の「腕の中に」いること，すなわち抱きしめられているとするものであり，2つ目の解釈は，主人公の想像の中で相手に抱きしめられている心情を描いているとする解釈の2つが提示可能だからである。

22) 本章では取り扱わなかった「シー・ラヴズ・ユー」については，改めて議論し

なければならない。翻訳者は，同じく Jean Nicolas/Lee Montague であるのだが，オリジナルの歌詞と翻訳された歌詞との関連性や翻訳の難易度については作品ごとに異なるため，ケース・バイ・ケースの柔軟な検討が重要であると考えられる。

●参 考 文 献

Best, Pete, *BEATLE! The Pete Best Story*. Plexus Publishing, 1989.

Davies, Hunter, *THE BEATLES: The Only Ever Authorised Biography*. Ebury Press, 2009. ハンター・デイヴィス／小笠原豊樹・中田耕治訳『増補完全版　ビートルズ〔上・下〕』河出文庫，2010年。

福屋利信『ビートルズ都市論——リヴァプール，ハンブルグ，ロンドン，東京』幻冬舎新書，2010年。

Harry, Bill, *The Beatles Encyclopedia* (Rev Upd ed.). Virgin Publishing, 2001.

Kirchherr, Astrid and Voormann, Klaus, *Hamburg Days*. Genesis Publications, 1999.

Lewisohn, Mark, *The Complete Beatles Chronicle*. Chronicle Press, 1996.

マーク・ルーイスン／内田久美子訳『ザ・ビートルズ　レコーディング・セッションズ　完全版』シンコーミュージック・エンタテイメント，2009年。

Miles, Barry, *Many Years From Now*. Vintage-Random House, 1997.

Miles, Barry, *Paul McCartney — Many Years From Now*. Vintage Books, 1998.

日経BP『日経BPムック　大人のロック！　特別編集　ザ・ビートルズ　世界制覇50年』日経BP社，2015年。

Pawlowski, Gareth L., *How They Became The Beatles*. McDonald & Co (Publishers)，1990.

Spitz, Bob, *The Beatles — The Biography*. Little, Brown and Company, 2005.

ジョン・ロバートソン／速水丈・丸山京子訳『全曲解説シリーズ#002　ザ・ビートルズ』シンコーミュージック・エンタテイメント，2002年。

The Beatles, *The Beatles Anthology* (DVD). EMI/Apple Corps, 2003.

和久井光司『ビートルズ原論』河出文庫，2012年。

●ア ル バ ム

『パスト・マスターズ　Vol. 1』東芝EMI，1988年。

『パスト・マスターズ』EMIミュージック・ジャパン，2009年。

●辞　　　書

松田徳一郎編集代表『リーダーズ英和辞典〔第2版〕』研究社，1999年。

岩﨑英二郎編『ドイツ語副詞辞典』白水社，1998年。

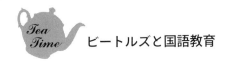

ビートルズと国語教育

堀　勝博

はじめに

　中学時代，友人の兄が熱烈なビートルズ・ファンだと聞いていた。1970年前後，来日の興奮冷めやらぬ頃だった。その友人が私に貸してくれたのは，ビートルズのレコードではなく，バッハのブランデンブルク協奏曲リヒター盤だった。おそらく彼の兄上がクラシックから心移りして，お役御免になったものだったに違いない。コンパクト盤しか持っていなかった当時の私にとって，そのレコードは，初めて触れるLP盤だった。買ってもらったばかりの，はかないプレイヤーで，5番のカデンツァなど何度聴き入ったことだろう。爾来私とビートルズはすれ違いの関係で，クラシック音楽ばかりをもっぱら聴いてきたのであるが，それでもなお購入したレコードがある。弦楽4重奏によるドーナツ盤"Yesterday"（「イエスタデイ」）とパーシー・フェイス編曲による"Here, There & Everywhere"（「ヒア・ゼア・アンド・エヴリホエア」）である。弦が奏でるメロディ，ハーモニーの美しさの，クラシックに通底するものを感じ，バッハやモーツァルトと同じように，聴き惚れたものである。

　国語教育・国語研究を職業とする者として，標記のお題をいただいた。上記のごとく，ビートルズとはほとんど縁のなかったリスナーであり，お題噺にも近いはなはだ難しいテーマではあるが，拙い経験を交えつつ記すことにする。

1. ビートルズと学校教育

　世界中を熱狂させ，日本でも大きな社会現象を巻き起こしたビートルズの音楽が，好適な教材として教科書に掲載され，日本の学校教育に用いられるようになったのは，グループが解散して3年後の1973年のことであった。[1] 日本で初めてビートルズの曲が掲載されたのは音楽の教科書で，5年遅れて1978年に英語の教科書にも掲載された。[2] その後，現在にいたるまで，ビートルズの音楽は，この2つの教科の定番教材として重用されている。ちなみに現行学習指導要領にもとづく文部科学省検定済教科書最新版におけるビートルズの楽曲掲載状況は次頁の表の通りであった。[3]

　かつては小学校音楽の教科書に"Ob-La-Di, Ob-La-Da"（「オブ・ラ・ディ，オブ・ラ・ダ」）が掲載されたこともあったが，[4] 現在発行されている小学校教科書にはなく，掲載が見られたのは，中学校の音楽科教科書3件，英語科教科書5件，高校の音楽科教科

曲　　　名	教科書会社番号	教科書会社名	科目名	教科書番号
Across The Universe*	17	教出	音Ⅱ	302
And I Love Her	89	友社	音Ⅱ	305
From Me To You*	17	教出	音Ⅰ	301
Hello, Goodbye*	**2**	**東書**	**英語**	**727**
	9	**開隆堂**	**英語**	**728**
	11	**学図**	**英語**	**729**
	15	**三省堂**	**英語**	**730**
	17	**教出**	**英語**	**731**
Hey Jude	17	教出	音Ⅲ	301
In My Life*	89	友社	音Ⅰ	311
	205	**三友**	**コⅡ**	**351**
Let It Be	17	教出	音楽	826
	17	教出	音Ⅱ	301
She Loves You*	89	友社	音Ⅰ	312
The Long And Winding Road	27	教芸	音Ⅱ	303
Ticket To Ride*	17	教出	音Ⅰ	307
Yesterday	27	教芸	器楽	774
	27	教芸	音楽	828
	17	教出	音Ⅰ	307
	17	教出	音Ⅰ	308
	27	教芸	音Ⅱ	304

　引用注：中学校教科書名には下線を付す．また英語科の教科書は太字にして区別した．*は初採
　　用曲。「コⅡ」は「コミュニケーション英語Ⅱ」という英語科目の略称。

書12件，英語科教科書1件，合計のべ21件，曲目数にして11件であった。会社別に
見ると，教育出版が9件と最も多く，たとえば『Tutti　音楽Ⅰ　改訂版』（17 教出 音
Ⅰ 307）には，「声の世界」の章に"Yesterday"，「楽器の世界」の章に"Ticket To
Ride"（「涙の乗車券」）と2曲も掲載している。

　20年前と比較すれば，絶対数では減っているものの，今回教科書初掲載となった曲
が6件もあり，ビートルズの音楽が教材としてますます可能性を拡げつつあることが看
取される。また，注目されるのは，"Hello, Goodbye"（「ハロー・グッドバイ」）が中学
校英語科の教科書に初めて一挙に5件掲載されたことだが，平成24年に有名タレント
が出演するテレビCMが放映され，カバー曲が流行したことが影響したものと思われる。

　なお，上に列挙引用したのは，楽曲が楽譜・歌詞などとともに掲載されていたものに
限ったが，特定の1曲だけではなく，ビートルズの音楽活動全体を紹介したような記事

も散見された。たとえば，同じく教育出版『Music View　高校音楽Ⅰ　改訂版』（17
教出　音Ⅰ　308）では，口絵の２頁を割き，「ロックの歴史を変えたビートルズ　音楽の
可能性を求めて」と題して，カラーを含む９枚の写真とともに，「Fashion」「Record-
ing」「Message」というコラムを掲載している。また，東京書籍の高校英語科教科書
『Power On English Communication Ⅱ』（2 東書　コⅡ　302）では，"The 10,000-
Hour Rule" という単元に "The Beatles' 10,000 Hours" と題する読み物を掲載して
いる。ビートルズがデビュー前にハンブルクで集中的な訓練を行ったことを紹介した文
章である。
　これらの教材化が，現行学習指導要領の趣旨を踏まえて行われていることは言うまで
もない。たとえば，以下のような記述がそれである。

　第2章　各教科　　第5節　音楽　　第1　目標
　　表現及び鑑賞の幅広い活動を通して，音楽を愛好する心情を育てるとともに，音楽
　　に対する感性を豊かにし，音楽活動の基礎的な能力を伸ばし，音楽文化についての
　　理解を深め，豊かな情操を養う。
　第2章　各教科　　第9節　外国語　第1　目標
　　外国語を通じて，言語や文化に対する理解を深め，積極的にコミュニケーションを
　　図ろうとする態度の育成を図り，聞くこと，話すこと，読むこと，書くことなどの
　　コミュニケーション能力の基礎を養う。
　　　　　　　　　　　（現行中学校学習指導要領〔平成20年3月告示，平成24年実施〕）
　第7節　芸　術　　第2款各科目　　第1　音楽Ⅰ　　1　目標
　　音楽の幅広い活動を通して，生涯にわたり音楽を愛好する心情を育てるとともに，
　　感性を高め，創造的な表現と鑑賞の能力を伸ばし，音楽文化についての理解を深め
　　る。
　第8節　外国語　　第1款目標
　　外国語を通じて，言語や文化に対する理解を深め，積極的にコミュニケーションを
　　図ろうとする態度の育成を図り，情報や考えなどを的確に理解したり適切に伝えた
　　りするコミュニケーション能力を養う。
　　　　　　　　　　　（現行高等学校学習指導要領〔平成21年3月告示，平成25年実施〕）

これらの教育目標を達成するために，ビートルズの音楽が大いなる効果を発揮するもの
であることは贅言を要しない。今般，アクティブ・ラーニングの方法を重視して，学習
指導要領の全面的改訂が行われたが，今後ともビートルズの教材としての価値は変わる

ことがないであろう。

2. 国語教育とビートルズ

　さて，では，ビートルズが，私が職業とする国語教育に何らかの効果を発揮するであ
ろうか。ここからは，判じ物めいた話になって恐縮だが，たとえば，学習指導要領の以
下のような項目に関与させる余地はないであろうか。

　第2章　各教科　　第1節　国語　　第1　目標
　　国語を適切に表現し正確に理解する能力を育成し，伝え合う力を高めるとともに，
　　思考力や想像力を養い言語感覚を豊かにし，国語に対する認識を深め国語を尊重す
　　る態度を育てる。
　　　　　　　　　　　同　上　　　　　第2　各学年の目標及び内容
　〔第1学年〕　　2　内　容〔伝統的な言語文化と国語の特質に関する事項〕
　⑴「A話すこと・聞くこと」，「B書くこと」及び「C読むこと」の指導を通して，
　次の事項について指導する。
　　ア　伝統的な言語文化に関する事項……省略……
　　イ　言葉の特徴やきまりに関する事項
　　　㋐音声の働きや仕組みについて関心をもち，理解を深めること。
　（現行中学校学習指導要領〔平成20年3月告示，平成24年実施〕下線は引用者による）

ビートルズの音楽・歌詞によって，国語のリズムを再発見するということがありうるの
ではないか，と考えた。英語の原曲は，日本語を母語とする者にとっては，歌うのがき
わめて困難である。英語の音節構造が複雑だからである。このことを体験させることで，
上記指導要領が言う「日本語の音声の働きや仕組み」について関心を持たせることがで
きるのではないか。先日，それを試行的に行うべく，大学の「国語学概論」の授業で，
ビートルズ "Let It Be"（「レット・イット・ビー」）を聴かせてみた。
　国語の音節は，複雑な英語のそれと違い，母音1つ，子音1つを組み合わせただけの
単純なものであること，その構造は，母音が最後にくるパターンの開音節であること，
国語の母音が5つしかなく，音節の種類が他の言語に比べてきわめて少ないこと，その
こともあって，国語の音節がすべて文字化されていること，これらの諸点をいつも講義
で取り上げることにしている。
　たとえば，母音が5つしかなく，すべて音節の後ろに来る構造だから，「高田さや
か」なんて世界的にも珍しい名前が日本には存在するのだ──そう言うと学生たちはぽ

かんとしている。何が世界的に珍しいか，考えてごらん——「道井ひびき」「横野智子」——そこで学生はようやく気づく，同じ母音が6つ綺麗に並んで子音と互い違いになっていることに。Takada Sayaka, Michii Hibiki, Yokono Tomoko ——こんな名前があるのも国語特有のことなんだと言って，理解させる。

　もう1つ，国語が開音節で，単純な構造を持っているので，歌がとても歌いやすい言語であるということも例を挙げて示す。昨年までは，シューベルトの「野ばら」のドイツ語原詩（ゲーテ作）と近藤朔風の日本語訳による歌詞とを比較して，歌いやすさを比べていたが，ドイツ語をまったく知らない者が増えたこともあり，今年は，初めてビートルズを聞かせてみた。

　　When I find myself in times of trouble, Mother Mary comes to me.
　　Speaking words of wisdom, let it be. . .

単語にすれば20語，音節にすれば26音節，この多言とも言うべき歌詞が，アウフタクトを含めた4小節（4/4拍子）足らずの長さの中に詰まっており，4分音符に計算すると14拍ほどしかなく，日本語の歌に慣れている者にとっては，非常に歌いにくいものである。その原因は実は，音節構造の違いからくるのだ。英語の音節は，"find" "times"など1音節であっても形が複雑であり，容易ではない。"myself" "comes" "words" "wisdom" "let" "it" のように閉音節語も頻出するので，"let it be" は「le ri pi」と発音しないと歌いにくい。このように講義を進めていく。

　ビートルズを初めて聴いた学生も多かったようで，ポールの甘い歌声，清新な曲想に陶然となっている者もいた。所期の目的は，国語の音節構造を考えさせることであったが，学生たちは英語の歌の魅力の虜になってしまい，効果半分ということになってしまった。

　やはり国語の研究に供するには，"Let It Be"を国語で歌えばどうなるか，ということを示さねばならないだろう。ということで，実際に歌えそうな拙訳をこしらえてみた。以下に，原詩と並べて比較する。次回からは，この対照を示すことで，学生にはさらに飲み込みやすくなるだろうか。

Let It Be

When I find myself in times of trouble,	悩んで途方に暮れた時
Mother Mary comes to me.	母マリーが来て言う
Speaking words of wisdom,	なるようになる

let it be.	ものよ
And in my hour of darkness,	何も見えなくなった時
she is standing right in front of me	母が寄り添って言う
Speaking words of wisdom,	なるようになる
let it be.	ものよ
Let it be, let it be,	心配　ご無用.
let it be,	なるように　なると
Whisper words of wisdom,	それが母の言葉
let it be	だった

And when the broken hearted people,	悲しみに暮れる人がみな
living in the world agree	たどりつく考え
There will be an answer,	なるようになる
let it be.	ものよ
For though they may be parted,	たとえ　生き別れ　ても
there is still a chance that they will see	会える日は　きっと来る
There will be an answer,	なるようになる
let it be.	ものよ
Let it be,	だから
let it be,	前を
let it be,	向いて
let it be.	いれば
Yeah there will be an answer,	いつかよくなる
let it be.	ものよ
Let it be, let it be,	心配　ご無用.
let it be,	なるように　なると
Whisper words of wisdom,	母が教えてくれた
let it be	言葉

Let it be, let it be,	心配　ご無用.
ah let it be, yeah let it be	なるように　なると
Whisper words of wisdom,	母が教えてくれた
let it be	言葉

And when the night is cloudy,	真っ暗闇の夜も
there is still a light that shines on me.	自分を照らす光はある
Shine on until tomorrow,	なるようになる
let it be.	ものよ
I wake up to the sound of music,	朝　音楽で目を覚まし
Mother Mary comes to me.	母マリーがそっと来て

Speaking words of wisdom,	教えてくれた
let it be.	言葉
Yeah let it be, let it be,	どんな　時も
let it be, yeah let it be.	いつか　きっと
Oh there will be an answer,	光がさす
let it be.	ものよ
Let it be, let it be,	心配　ご無用
let it be, yeah let it be.	なるように　なるよ
Oh there will be an answer,	いつかよくなる
let it be.	ものよ
Let it be, let it be,	だから　前を
ah let it be, yeah let it be.	向いて　いれば
Whisper words of wisdom,	なるようになる
let it be	ものよ

おわりに

　以上，門外漢に近い筆者としては，まことに困難な研究課題であったが，この拙い文章がビートルズの音楽を再発見する一助になれば，望外の幸せである。

●注

1)　上林格「教室で学ぶビートルズ　デビュー50年」朝日新聞，2012年11月6日夕刊。

2)　同上。

3)　引用は，現行学習指導要領（平成20年告示，23年実施。ただし高校は21年告示，24年実施）にもとづく最新版教科書を対象として，ビートルズの曲が楽譜や歌詞とともに掲載・紹介されているものに限定した。"Imagine" など，ビートルズ解散後に発表されたジョン・レノンのソロ曲は除いた。なお，掲載教科書の略号は，教科書会社の番号，教科書会社名の略称，科目名の略称，教科書の番号の4項を連記したものである。中学校教科書は，下線を引いた。教科書会社の名称は以下の通り。2東書—東京書籍，9開隆堂—開隆堂，11学図—学校図書，15三省堂—三省堂，17教出—教育出版，27教芸—教育芸術社，89友社—音楽之友社，205三友—三友社出版。

4)　長谷川倫子「ザ・ビートルズとラジオ深夜放送——1960年代の中部日本放送を事例として——」『コミュニケーション科学』（東京経済大学コミュニケーション学会）37，99-121頁，2013年，の巻末に参考資料として，「日本の音楽の教科書に

採用されたビートルズの楽曲」一覧表が掲載されている。

5)　平成24年9月23日にテレビで放送が開始された，新垣結衣・妻夫木聡出演の CanonカメラのCMで，木村カエラがビートルズの"Hello Goodbye"をカバーして歌い，同年10月24日に発売された木村のニューシングル「Sun Shower」にも収録された（ニコニコニュース参照：平成30年1月8日 http://news.nicovideo.jp/watch/nw376294）。

6)　平成29年3月31日に文部科学省告示が行われ，小学校は平成32（2020）年から，中学校は同33（2021）年から実施される。高等学校は，平成30年3月に告示され，34（2022）年度から実施される見込みである（文部科学省公式HP参照：平成30年1月8日 http://www.mext.go.jp/a_menu/shotou/new-cs/__icsFiles/afieldfile/2017/09/28/1396716_1.pdf）。

CHAPTER ビートルズの不思議な旅

── 浜矩子氏,ビートルズを語る

（聴き手：小林　順）

1 ビートルズ,デビュー

小林　国際経済学がご専門の浜先生は,ニュース番組などの各種メディアにおいて,現代のさまざまな問題について鮮やかな切り口の分析をご提示されるなど,コメンテーターやコラムニストとしても広くご活躍なさっています。イギリス在住時および三菱総合研究所英国駐在員事務所長としてのご経験を活かした知見を常々興味深く拝見しているのですが,そんな浜先生が実は,ビートルズ少女だったということです。そこで本日は,浜先生ならではの視点から,ビートルズについてたっぷり語っていただこうと思います。

　さて,先生はビートルズがレコードデビューした1962年にはロンドンにいらしたと聞いております。

浜　そうです。1960年から1964年の期間です。

小林　学校へ通っていらしたのでしょうか。

浜　そうです。あの頃はイギリスに日本人学校というものがまだない時代でしたから,おのずと,いわゆる「現地校」に入ることになりました。まず,日本で言えば小学校に8歳で編入。そこを卒業した後,11歳から12歳まで日本的に言えば中高一貫校に通いました。いずれも,カトリックの女子修道院が経営する女子校でした。私はカトリック信者ですので,おのずとそういう

選択になったのです。ビートルズとの出会いは11歳になるやならずやというあたりの時期だったと思います。

小林 媒体は，レコードとかラジオとかテレビ，どれでビートルズをお聴きになったのでしょうか。

浜 レコードとテレビですね。ビートルマニア少女としての私の「キャリア」において最も決定的な瞬間となったのが，1つのテレビ番組でした。

　時は1963年10月13日。「サンデイ・ナイト・アット・ザ・ロンドン・パラディアム」（"Sunday Night At The London Palladium"）という人気番組に彼らが出演したのです。今風に言えばバラエティー番組ですね。正確に言えば，バラエティー・ショーの劇場中継です。ロンドン・パラディアムが劇場の名前で，この劇場からの生中継でした。ブルース・フォーサイスという名物司会者が，その多才振りで劇場のお客さんと視聴者を魅了していました。そのブルースがビートルズを迎えるというので，前評判の段階から大変な騒ぎでした。ビートルズ伝の中でも，今やこの番組のことは結構語り草になっているようですね。確かに，それだけのことはありました。一夜にして，生まれながらのビートルズ・ファンだったような気分になったものです。あの時の彼らには，それだけの迫力がありました。

　思えば，当時の彼らにとっては，パラディアム劇場に出演するということに，とてつもなくワクワクする達成感があったのだと思います。何しろ日曜日のゴールデンタイムの超人気番組でしたから。全国区への進出を果たしたというわけです。保守的な英国家庭のお茶の間に衝撃を与えてやろう，という意気込みもあったでしょう。諸々の意気込み溢れるパフォーマンスが，ティーンエージャー予備軍の少女のハートをわしづかみにしたのでした。

小林 ビートルズという固有名詞を初めて耳にされたのはいつ頃でしょうか。1962年でしょうか。

浜 いつ頃でしたかねぇ。その瞬間を特定することは出来ません。ふと気がつけば，学校での友達との会話の中で，当たり前のようにビートルズを話題にするようになっていました。そんな中で，少女たちは次第にビートルズ派とローリング・ストーンズ派に分かれて行ったのです。ビートルズ派はストー

ンズ派を不良呼ばわりし，ストーンズ派はビートルズ派を軟弱呼ばわりするというような感じでした。

　オペラの世界では，ヴェルディ（G. Verdi）派とワーグナー（R. Wagner）派が真剣に大喧嘩する場面が歴史に残っていますが，あの頃のビートルズ派とストーンズ派の対峙の構図もなかなかのものでしたよ。余談ながら，私はヴェルディ派です。

　それはともかく，あの頃，お誕生日パーティーなどでみんなが集まると，ビートルズ談議で大いに盛り上がったものです。突如としてビートルズ風に頭を揺らしてハモったりしてね。すると，たまたまそこに居合わせたお父さんなどがたまりかねて，「何の騒ぎだ。ビートル（beetle：イギリスではゴキブリの意）だかコックローチ（cockroach：これもやっぱりゴキブリの意）だか知らないが，良家の子女がゴキブリに現を抜かすとは何事だ！」というような類のことを吐き捨てるように言う。すると，少女たちはますます盛り上がって"She loves you, yeah yeah, YEAH!!!"の大合唱をもって逆襲に出るというような具合でしたね。

　親たちからみれば，子どもたちの熱狂振りにいまだかつてないものがあったのだと思います。そこに不安を感じて，ついつい水をさしたくなる。もとより，これは逆効果で，子どもたちはことさらにビートルマニアを盛り上げる。そんな応酬の日々でしたね。

小林　親たちにしてみればビートルズは警戒すべき存在だったのですね。

浜　とても衝撃的だったようです。どう扱ったらいいか分からないという戸惑いがあったと思います。アメリカのスーパー・スター，かのエルヴィス・プレスリーなら，親の世代もまだ辛うじて我慢出来る。何しろアメリカ人で遠い存在ですからね。当時売り出し中だったクリフ・リチャードも小奇麗な好青年のイメージでしたから，まあまあいいという感じで。ちなみに，クリフ・リチャードも，例の「パラディアム」に初出演した時には，それなりに話題になりました。ですが，ビートルズの比ではなかったですね。結構，お茶の間好感度が高かった。

　ところが，ビートルズは全くお茶の間的ではない。しかも，遠いアメリカ

のスーパー・スターでもない。大人たちにとって違和感の塊みたいな連中が，どんどんお茶の間に侵食して来る。それが戸惑いを煽り，だからこそ，メディアの関心もビートルズに集まって行く。すると，大人たちはますます不安になる。そんな感じだったのだと思います。

　ちなみに，ローリング・ストーンズを巡っては，あまりこういう雰囲気は出て来ませんでしたね。彼らはみるからに不良性が強すぎましたし，音楽的にも，大人の世界とあまりにも接点がない。間違いなく，パラディアムに出て来る心配はない。お茶の間浸食力ゼロ。だから，大人の心配の対象にはならなかった。逆に言えば，ここがビートルズの面白いところだったと言えるのでしょうね。主流になってしまいそうな怖さ。それを大人たちが感じたのだと思います。

　この「大人の心配」がまさに的中する形で，ビートルズは，ついに主流中の主流というべき催しに招かれることになりました。それが，いわゆる "Royal Command Performance" です。正式には "Royal Variety Performance" で，王室がサポートする退職芸能人向けチャリティの資金集めのために，毎年開催されます。いわば王室御用達バラエティー・ショーという感じですね。その出演者一覧の中に，ビートルズが加わることになったのです。これも1963年のことでした。日本で言えば，紅白歌合戦への出現を果たしたというイメージです。紅白と同じで，必ずテレビで生中継されます。

　こうなると，もはや国民的英雄ですので，親たちも「あのゴキブリ野郎ども」というわけにはいかなくなって来る。複雑な心境だったでしょうね。ちなみに，この王室御用達バラエティーの場で，ビートルズは歌以外の面でも話題を呼びました。これも，ビートルズ伝の中ではよく知られていることだと思います。ジョン・レノンが観客に呼びかけて「これから最後のナンバーを歌うんで，皆さんのご協力をお願いします。安めの席に座ってる方は手を叩いて下さい。その他大勢の皆さんは宝石をジャラジャラいわせてもらえばいいです」と言いました。この場面，もちろん，私もテレビで観ていました。「やったぁ」と小さなガッツポーズをする心境になったものです。

　かくして，ビートルズは，いささか渋々ながら，大人たちもお茶の間に迎

え入れていいと認知する存在になっていったのです。そして，次第にイギリスが世界に誇るビートルズに昇格していった……。

2 ビートルズと1960年代イギリス社会

小林 1963年になると，ロンドンではビートルズの人気はうなぎ上りではなかったでしょうか。

浜 ビートルズ旋風が吹き荒れていましたね。ビートルマニアという言葉が完全に市民権を得た感じになりました。男子はもとより，女子も，当時のビートルズのヘアスタイルを真似して，何はともあれ前髪を伸ばすようになりました。日本で「マッシュルーム・カット」と言われるようになったアレです。

それだけではありません。少々大げさに言えば，ビートルズの出現とその地位の確立を通じてイギリス社会全体の様相が一変したという感じでした。それまでのイギリスは，言うならば「衰退の甘い香り」に浸っていたようなところがあった。それがある種の大人っぽさと落ち着きをもたらしていたという面があり，今のイギリスは，むしろこの感じを思い出す必要があると私は思いますが，それはさておき，あの当時のイギリスには独自の若者カルチャーというものがなかった。すべてが確立し切って型にはまっている感じで，何かと停滞感が漂う社会でした。若者たちも，この停滞社会が提示する定番的選択肢の中でしか自己実現出来ない。ファッションにしても，ごくささやかな冒険で発散を味わうという格好でした。

本当に新しいものや本格的な冒険の香りがするものは，すべてアメリカからやって来る。それが当たり前。「やっぱ，そうだよな」と若者たちもすっかり思い込んでいる。そういう雰囲気が充満している時代でした。ポップソングの世界でも，トップテンのチャートはアメリカのヒット曲に席巻されている。イギリス人の歌い手たちも，プレスリーもどき化ばかりを追求しているが，しょせん，本物にはかなわない。一事が万事，この調子。

……と，こういう感じの只中に，突如としてビートルズが躍り出て来た。「こんなの今まで聞いたことない」。アメリカ生まれのいわゆる「ゴールデ

Chapter ❹ ビートルズの不思議な旅──浜矩子氏，ビートルズを語る　111

ン・ポップス」〔ニール・セダカの「カレンダー・ガール」やポール・アンカの「ダ
イアナ」など，1950年代〜60年代前半にかけて，特にアメリカで大ヒットしたポピュ
ラーソング全般のこと〕の2番煎じとはまるで違うサウンドが響き渡って来ま
した。

　「こんなの今までみたことない」。プレスリー風リーゼントとまるで違うヘ
アカット。クリフ・リチャードのバックバンドを務めた紳士風バンドの
「ザ・シャドウズ」や，「モータウン・サウンド」〔デトロイト発のモータウン・
レコードがリリースしたヒット曲に特徴的な，ブラック・ミュージックやソウル・ミ
ュージックをベースとしたポピュラー曲。ポピュラー音楽史においては，黒人音楽と
白人音楽の橋渡しとして重要な役割を担い，後世にも大きな影響を与えた〕のグルー
プ・シンガーたちともまるで違ういで立ち。「イギリスってこんなもんだ」
という社会的自画像が音を立てて破り捨てられて行く。そんな身震いという
か，鳥肌が立つ感覚。それを当時の若者たちは体感したと言えるでしょう。

　そして，実を言えば，大人たちにも深層的には同じ感覚があったと思いま
す。諦めの境地から自分たちを引きずり出してくれる。そんなエネルギーを
大人たちもビートルマニアから感じ取った面があると思います。だからこそ，
怖くもある。だが，だからこそ，小気味いい面もある。それが，ビートルズ
旋風を見守る大人たちの心境だったでしょう。

小林　前代未聞の大変化だったということでしょうか。

浜　そうです。思えば，あれはイギリス版文化大革命だったんじゃないでしょ
うか。毛沢東の文化大革命とはもちろん意味が違います。ですが，イギリス
社会を覆い尽くしていた「こんなもんだ」感が打ち破られ，切り裂かれて行
くという意味で，まさに革命的な変化の観が濃厚でした。伝統しか誇れるも
のがない。そんな「ブリティッシュ・エスタブリッシュメント」の諦めの構
図が崩れた。何かが出来る。何でも出来る。何でもやっていい。そんな新た
な目覚めの感覚。それがビートルマニア吹き荒れるイギリス社会の体感だっ
たと思います。

　ちなみに，あの時の夢をもう1度というわけで，ブレア政権（1997年〜2007
年）下で「クール・ブリタニア」なる奇妙な大作戦が展開されました。イギ

112　　第Ⅰ部　ビートルズへの多様なアプローチ

リスの「第2の国歌」と言われる「ルール・ブリタニア」をもじったところはそれなりに面白かったですが，あれは，いかにも取ってつけたような官製ブリティッシュ・ブームの目論見でしたね。思えば，安倍首相が「あの時の日本人に出来たことが今の日本人に出来ないわけはありません」などと言って高度度成長期や明治維新のイメージをやたらと呼び起こそうとしているのと，少し似ているかもしれません。「クール・ジャパン」も「クール・ブリタニア」の真似ですし。

　それはともかく，1960年代のビートルマニアは，「クール・ブリタニア」とは性格的にまるで正反対。イギリスの現状を打ち破る。そこにビートルマニアの醍醐味があったわけです。「クール・ブリタニア」はイギリスの現状を礼賛するところに眼目があったのですから，全く位置づけが違います。1960年代の若者的に言えば，トニー・ブレアの「クール・ブリタニア」ほどクールじゃないものはない。革命性ゼロですし。

小林　話は少し逸れてしまいますが，第2次大戦に勝利したことで，古い体質をばっさり断ちきれないまま，急遽導入した高度福祉社会に安住し，戦前からの古いものを引きずっているため，にっちもさっちもいかなくなったイギリスにビートルズが登場して文化大革命をもたらしたとは言えないでしょうか。

浜　そうですね。確かに1960年代初頭のイギリスには戦前的なものと戦後的なものが実に微妙な形で共存していた。その感じが，戦前を知らない少女たちの世界にも間違いなく滲み込んでいたと思います。

　ただ，第2次大戦の終戦とともにイギリス社会に生じた変化には，間違いなく構造的なものがあったと言えると思います。戦後初の総選挙で大方の予想に反して労働党が勝利し，クレメント・アトリー政権（Clement Attlee，任期は1945年7月〜1951年10月）が誕生しました。戦時下の大英雄，ウィンストン・チャーチル（Winston Churchill，1874-1965）がこの選挙で敗北したことには，イギリス国民の戦争疲れが現れていました。「欲しがりません，勝つまでは」はもういやだ。もういい加減，楽にさせてくれ。この国民的思いを，

アトリー率いる労働党が引き寄せた。そして，イギリスは「揺りかごから墓場まで」の社会保障大国へと移行していく。

　皮肉なもので，このフレーズの元となった「揺りかごから墓場まで，すべての階層の人々のすべての要請に応えるための強制加入国民保険制度」は，チャーチルが1943年に首相として打ち出したものでした。その意味で，まだ戦時下の保守党政権下でも，イギリス社会は次第に戦前型の階級社会から戦後型の福祉社会へと舵を切り替え始めていたわけです。しかしながら，その本格展開は，戦後のアトリー政権に託されることになった。

　いずれにせよ，この展開の中でイギリス社会の肌合いが大きな質的転換を遂げたことは事実だと思います。ただ，そこには，あくまでも戦前体質の上に戦後体質を上塗りするという感じが残ったことも確かだとは思います。素顔は戦前，お化粧は戦後。この構図がもたらすどっちつかずのどんよりとした風土にビートルマニアがくさびを打ち込んだ。そんな風に考えることも出来そうです。

　そして，ビートルズの出現とともに，ロンドンは一気に「伝統のロンドン」から「スウィンギング・ロンドン（Swinging London：今的に言えばトレンディ・ロンドンのイメージ。当時はこの言葉が大いに流行った）」に大変身を遂げたわけです。

　ただ，思えば，実のところ，これはイギリスの一種の先祖返り現象だったかもしれません。天衣無縫で天真爛漫，反骨にして庶民派のビートルズの言動の中に，イギリスはその海賊的ルーツをみたのかもしれません。7つの海を支配し，冒険精神旺盛だった頃のイギリス。エリザベス1世時代のイギリスのイメージです。今の時代，海賊という言葉には否定的なイメージしか伴いません。ですが，イギリス人が描く海賊像には，弱きを助けて強きを挫く海のロビンフッドのイメージが重なります。ビートルズの姿には，そんなルーツへのイギリス的憧憬に訴えかけるものがあったと言えそうな気がします。ですから，イギリス的文化大革命といっても，そこには多分に先祖返り的なものがあった。だから，大人たちも深層心理的にビートルズに引かれて行った。どうも，そんなことではないかと……。

114　　第I部　ビートルズへの多様なアプローチ

3 ちょっと脱線，イギリスの第2次世界大戦後

小林　現代のイギリスは産業社会ではなくて金融社会ではないでしょうか。

浜　そうです。金融を中心とするサービス社会と言えます。

小林　戦後70年でそのように変質したイギリスにかつての生産力はないと思います。世界の工場が世界の銀行屋になってしまった。今後の方向性という点ではどうなんでしょうか。ビートルズとは関係ないのですが。

浜　ビートルズと全く関係ないとも言えないかもしれませんね。ビートルズには，やや不正確な面もありますが，典型的なモノづくり型労働者階級の若者たちのイメージがあった。彼らが代表する「マージー・サウンド」〔1960年代前半のイギリス，特にリヴァプールやマンチェスターといったマージー川沿いの都市で流行した，エレキギターとコーラスワークを多用したポップ音楽のこと。ビートルズもマージーサウンドの1つである〕は，基本的に産業社会の響きを持っていると言えそうです。ひょっとすると，ビートルズとその仲間たちのサウンドは，少なくともその初期においては，産業社会としてのイギリスへの鎮魂歌だったのかもしれませんね。

　そこで，問題は今後の方向性ですが，これが実はイギリスにとってかなり悩ましい点なのだと思います。実態的には，まさに金融を中心とするサービス部門が主軸となっているわけですが，どうも，これが今なお自画像としてしっくり来ていない。どこかに，まだ世界の工場としてのセルフ・イメージが残っている面がある。時あたかも，EUからの離脱，いわゆる「ブレクジット（Brexit）」を決断したわけですから，これを機に，どんな経済社会が今のイギリスにお似合いなのか，改めて素直に考えてみるという姿勢が出て来るといいですね。海賊は世渡りが上手いはず。グローバル時代の大海を巧みに航海して行く海賊船イギリス号になって欲しいところです。

小林　僕は，ブレクジット，脱EUには賛成なんです。それはともかく，脱EU，これはイギリス流ギャンブルなんでしょうか。

浜　ブレクジットに込める思いは人によってさまざまだと思います。大人の冷

静なギャンブルとして，脱EUを選択した人々がいる。この人たちを，私は「従来型良識的離脱派」とネーミングしてみました。海洋国（＝海賊国）としてのイギリスの自由な展開力を取り戻したい。大陸欧州の計画先行型で自由度が低い世界はやっぱり体質に合わない。そう思ってブレクジットを選んだ人々です。

　これに対して，もう1組のブレクジット族が，私のネーミングで言えば「にわか型発作的離脱派」です。難民の急増や経済的移民の増加でイギリス人の仕事が脅かされている。それもこれもEUが悪い。EUからイギリスを取り戻せ！　ポピュリストたちに煽られて，その気になってしまった人々です。大人のギャンブル派が上手く舵取りして，離婚後のEUともそれなりにお友達付き合い出来るようなブレクジットを成し遂げてもらいたいものですが，どうも，そうはなりそうにありません。

小林　それとの関係で言えば，ドイツの存在，強烈な存在感です。このところますます際立ってますね。ヨーロッパにとっては重大な問題ですね。

浜　そうですね。ただ，2017年9月の総選挙でアンゲラ・メルケル（Angela Dorothea Merkel）氏率いるキリスト教民主同盟（CDU）とその姉妹政党（CSU）が大きく票を失い，連立政権づくりに四苦八苦するという展開になって，状況はかなり変質しつつあると思います。確かに，今後ともEUにおけるドイツの存在感は大きなものであり続けるでしょう。ですが，メルケル氏の政治基盤が揺らいだことで，EUの事実上の盟主としてのドイツのイメージはかなり薄らぐことになりそうです。それとともに，EUの視野狭窄度や内向き振りが深まるとイヤですね。

小林　東ドイツで育ち，モスクワ大学留学の経験があり，ロシア語はペラペラ，左手をロシアの肩に掛け，右手をフランス・イギリスの肩に掛け，そうしていると，イギリスがEU離脱ですから，ヨーロッパの中心点が少し東へ動くというかズレるというか，どうなんでしょう。

浜　東にズレて，右にもズレるという展開になるとさらにイヤですねぇ。事実，最近はポーランドでも，ハンガリーでも，チェコ共和国でも，政治の右傾化

が顕著になっている。メルケル氏の影響力が低下して行くと，こういう状態が野放しになる度合いが強まってしまいそうです。

　かつては，EU右傾化や視野狭窄化に対しては，イギリスが結構頼りがいのある強制力を発揮する面がありました。自由を守るためなら頑固に頑張る。イギリスのそういう姿勢は，メルケル氏もそれなりに頼りにしていた面があると思います。ところが，「ブレグジット」に向かうイギリスは，どうも何かにつけて閉鎖的で排外的な側面が前面に出る。これは実に嘆かわしいことです。

小林　まるでMagical Mystery Tourのようですね。ただし，下手したら，沈没しかねない。

　ビートルズがハンブルクで修業時代を過ごしたのも，どこか両国の引かれ合う間柄とは無縁ではないのかもしれません。ジョンはハンブルクでビートルズは成長したと断言してます。ハンブルクのどこなのかは措くとして，無茶で荒っぽい地域での演奏経験は彼らには宝だったと思います。リヴァプールでは鳴かず飛ばずだった彼らは，ハンブルクで沈没どころか浮上したようです。

浜　ハンブルクは反体制の町。かつてのハンザ同盟の拠点の1つですから，中央集権的な権力に逆らうことを使命と心得ているところがある。この反逆精神が，既存の音楽界の壁を打ち破るビートルズの突破力を育てたのかもしれませんね。

小林　粘り強いというか，本音を漏らさない図太さがイギリス人には備わっているようですね。

浜　ジョン・レノンのかわしの上手い会話術などにもそれが出ていたかもしれません。ただ，イギリス人も根は結構，正直ですね。本音で話して来る人に対しては，あくまでも本音で応じる。でも，権威主義に対しては徹底的に拒絶反応を示す。お人好しさと反骨精神が絶妙にブレンドした時，その黄金バランスの中からイギリスの最もイギリスらしきものが浮かび出て来る。大陸欧州人たちにとっては，このイギリスらしさがイギリスの最も愛すべきとこ

ろであり，それと同時に，最もウンザリすると言うか，イライラするところでもある。そんなところがあると思います。どうしても堅物を演じてしまうドイツ人には，イギリス人のダジャレだらけの自虐的ユーモアが憧れでもあり，拒絶反応の対象でもある。大人のエスプリを大切にするフランス人には，ばか騒ぎ好きなイギリス人が子どもにみえると同時に，羨ましくもある。

小林　ドイツとフランスの関係は微妙ですから。ハンブルクでは随分人気が出たようですが，フランスではさほどでもなかったようです。1964年1月のパリ公演です。ドイツとフランスの関係の難しさがうかがえます。

浜　水と油のフランスとドイツの間を，その双方を当惑させるイギリスが結果的には取り持っている。従来のEUにはそんな構図が成り立っていた。これがなくなると，いわゆる「独仏枢軸」はどうなって行くでしょうね。

4 さらに脱線，金融のプロ，魂は海賊

小林　イギリスがEUから脱するというのは，正解ではないでしょうか。また，将来を見据えれば，EUの圏外からドイツにブレーキを掛けてやろうという発想がイギリスにあるのなら，さすがイギリスだなと思います。

浜　そういう発想はないと思いますが，結果的にそういう国になる可能性はあるかもしれません。そこまでのゆとりもないし，大国としての自覚もないし，自分のことしか考えられない傾向があります。それが幸いして，事の本質を見抜ける，それが力につながっている面もあります。

　　また，イギリスの判断，イギリスが賛同すれば，それなりに正しいという評価はあります。イギリスが反対すればそれはさらに一考の余地ありとなるわけです。ヨーロッパ大陸はイギリスをある種のバロメーターとして使っていたわけです。理念で構築したものが実利的なイギリス人にはどうみえているのかなといった考えがあったわけです。

　　大陸とは異なる価値尺度でヒートアップしたものを冷めさせてくれるようなもの，調整役（counter-bar）として，イギリスが外から機能すれば，そんなイギリスの目をEUは意識せざるをえない。そうなれば，イギリスと大陸の

118　第1部　ビートルズへの多様なアプローチ

バランスは取れてくるかもしれません。これが最良のシナリオでしょう。はたしてそうなるのか，分からない。

5 "Back In The U. S. S. R." を深読みすれば

小林 ロシアの存在が大きいようです。かりに，妄想かもしれませんが，ロシアとドイツが手を組んだら，とんでもないことになります。第2次世界大戦の前にヒットラーとスターリンは不可侵条約を締結した歴史がありますね。だからと言って再びそれに似たような成り行きというのは無茶ですね。

浜 それは考え難いでしょうが，ロシアの存在が不気味であることは確かです。右傾化するポーランドやハンガリーの政権たちが，親ロシアの姿勢を強めていることが気になります。

小林 アメリカにかつてのような腕力がないようです。そこへ中国という新たなスーパーパワーが登場しています。

浜 中国はなおも大いなる未知数ですね。中国自体が自らのあり方や位置づけについて1つの統一的なイメージを形成し切れていないようにみえる。

小林 ロシアの本能でしょうか。南へ向かうという。

浜 本能もあるでしょうね。過酷な自然ですから，北極圏も国土に入っていますけど，温かい海への憧れは強いでしょう。

小林 ロシア人は自らの力で，自らを変えることが出来ます。中国だってそうでしたし。

浜 そう言えば，ロシアの話をしていて思い出しました。ビートルズ・ナンバーの中に，ご存じの "Back In The U. S. S. R."（「バック・イン・ザ・U. S. S. R.」）というのがありますよね。あれが面白い。なぜかと言うと，あの歌のサビの部分というか，リフレインのパートは，"Back in the US, back in the US, back in the U. S. S. R." という風になっています。"back in the US" の繰り返しを聞いている段階では，これはUS（United States）すなわちUSA，つまりはアメリカの話かと思える。ところが，最後まで聞く

と，なんと，USSR，すなわちUnion of Soviet Socialist Republics（ソビエト社会主義共和国連邦）つまりはソ連の話だったというわけです。

　当時は東西冷戦真っ只中の時代です。その時に，アメリカとソ連の国名が頭文字で行けば途中まで一緒じゃん，と言わんばかりの歌詞が出て来た。これが笑えますよね。意図的だとすれば，ビートルズのセンスもこの段階で随分大人びて来ていたのだなと思えます。発足当初のビートルズにこのセンスはなかったでしょう。だから，あの弾けるような勢いと純真さがあったとも言える。その意味で，USとU. S. S. R.をお手玉してみせるような洗練度の高まりが，彼らの音楽性との関係で良かったかどうかは少々疑問ですが，いずれにせよ，なかなか面白い。

小林　ロシアは，シェイクスピアに熱烈に傾倒するし，ビートルズも熱心に聴いていた，しかも海賊盤で。不思議な人たちですね。

浜　ブラック・ヒューモアが得意なロシア人には，もしかすると"back in the US...U. S. S. R."がとってもアピールしたのかもしれません。

小林　ドストエフスキーの作品に出てくるお化けみたいな人物が今のロシアにもいるのでしょうか。そのようなロシア人が世界に向かってものを言うようなことにでもなれば，一筋縄では行かないのではないでしょうか。

浜　どういう声で何を言うかによりますよね。澄んだ声で光を語るか。よどんだ声で闇を語るか。

6　破局へ向かうビートルズ

小林　破局的噴火が日本に起こると言われています。世界に破局的な変化が訪れようとしているのかもしれません。

浜　そうですね。その噴火に向かう力学を放置しておいてはよくないのであって，現在のエスタブリッシュメントと言われている人たちに真剣に考えてもらわなければならないでしょうね。そうしないと，場当たり的ポピュリストたちの思うつぼです。どんどんかき回されてしまいます。ご都合主義的策謀家に利することになるでしょう。

小林 ビートルズのデビュー時からの変化には驚かされるものがありました。ロンドンでビートルズをご覧になっていて，お感じになったことはないでしょうか。

浜 ビートルズほど，時の流れとともに音楽性が変化したグループも少ないでしょうね。そこに彼らの突出した天賦の才があるということでもあるのでしょう。ただ，この天賦の才に自分たちも振り回された面があるかもしれない。

　思えば，彼らの音楽は，初期・中期・後期という風に区切ることが実に容易ですよね。変遷がとてもはっきり分かる。

　初期ビートルズから入った私には，どうしても，駆け出し当時の彼らの音楽の屈折のなさと開放感が忘れられない。中期の "Eight Days A Week"（「エイト・デイズ・ア・ウィーク」）とか "Ticket To Ride"（「涙の乗車券」）などはいいけど，中期の末期まで来ると，次第に「あれ？」という感じになって来る。"Eleanor Rigby"（「エリナー・リグビー」）はまだ我慢出来るけど，"Yellow Submarine"（「イエロー・サブマリン」）はもう勘弁してくれという思いに駆られる。初期ビートルズ派には，あの頃からが本当に辛くなって行った。

　ラヴィ・シャンカールに傾倒したりする彼らには，もう戸惑うばかり。*Sgt. Pepper's*（『サージェント・ペパーズ・ロンリー・ハーツ・クラブ・バンド』）のアルバムがビートルズとの馴れ初めの場だったという皆さんには，なかなか分からないでしょうけどね。そのうち，次第に諦めの境地に入って，ま，これはこれで別のビートルズかと割り切るようになる。かくして，"Let It Be"（「レット・イット・ビー」）もなかなかいいか，という風に思えるようになる。そんな具合の心境の変化をたどって，今日にいたっている。これが，我ら初期ビートルズ派の魂の旅路だったと言えるでしょう。

　ですが，決して諦め切れたわけではない。やっぱり，ビートルズは初期でなくっちゃ，というのが本音。

小林 後期のビートルズは，言葉は悪いですがメチャクチャですね。曲調も，何やってるの，と言いたいような傾向です。

浜 初期ビートルズ派的に言えば，病的だと言いたくなる感じですよね。それだけ芸術性が高まったという言い方も出来るでしょうし，力量的には確かに

Chapter ❹　ビートルズの不思議な旅——浜矩子氏，ビートルズを語る　121

初期とは比較にならないものが形成されたのだと言えるでしょう。

　ですが，やっぱり，その代償として彼らが失ったものは大きいと感じます。天衣無縫さや天真爛漫さ，そして尽きることのないエネルギー。これらは若さに固有のものであって，洗練度が高まるほど，この辺は希薄になって当然だという考え方もあるでしょう。ですが，葛飾北斎などは晩年にいたるまで，凄まじいエネルギーを漲らせていた。枯れた面もありましたが，一方でむしろエネルギーが一段と充満した面もあったと思います。ビートルズにも，そこが欲しかったかなとつくづく感じます。

　中期から後期にも，むろん，いい曲はありますよ。"Let It Be"は確かに傑作だと思いますし，"Got To Get You Into My Life"（「ゴット・トゥ・ゲット・ユー・イントゥ・マイ・ライフ」）なんかもなかなかいい。ですが，初期派は，やっぱり"Please Please Me"（「プリーズ・プリーズ・ミー」）に胸高まり，"All My Loving"（「オール・マイ・ラヴィング」）に涙する。初期派のぼやきだと言えば，それまでです。ですが，この感じがまた，ビートルズの本当に面白いところですよね。それこそ，ヴェルディから出発してワーグナーで終わったような観がある……などと言えば，ヴェルディ派からもワーグナー派からも大目玉を喰らうでしょうが。

小林　麻薬の影響もあったんでしょうが，何か大きい力が働いていたような気がします。

浜　大きい力によってもみくちゃにされた，という面もありそうですね。自分たちの人気というとてつもなく巨大な力です。それに駆り立てられる中で，あまりにも超特急で音楽的な成熟と変遷をたどることを余儀なくされた。そんな感じがします。彼らも，ビートルズのままで北斎並みに長いキャリアが続けば，またちょっと違った展開をたどったかもしれません。

小林　1962年10月のデビューレコード以降，たて続けにヒットを飛ばす，あれだけのレベルの曲を出した。そんな才能もあるのでしょうけれど，意地悪な見方ですが，本当にレノン＝マッカートニーの曲なの，と言ってみたくなります。これは下世話でたちの悪いフィクションですけど。

浜　そういう風に考えだすと，どうにもならなくなりますよね。いずれにせよ，

ビートルズに掛かり続けたプレッシャーは大変なものだったと思います。反体制だったはずが，いつの間にか，体制に愛されてしまった。イギリスが世界に誇るビートルズという感じになってしまいましたよね。それに抵抗を感じながら，さりとて，元には戻れない。この複雑な思いを自分たちの中で充分整理出来ない。そのための知的訓練を受ける時間がないまま，超セレブ化してしまった。そのやるせなさ，やりきれなさが音楽の変質にもつながったのかもしれませんね。そうした苦悶があったからこそ，後期ビートルズのいわば「複雑系」芸術性が芽生えたのだという言い方も出来るのかもしれない。後期派的に言えば，ね。

思えば，対照的にローリング・ストーンズは初期も中期も後期もなく，ずっとストーンズであり続けて今日にいたっているという気がします。これまた，ストーンズ・ファンにはとんでもないと言われるかもしれませんが，彼らの音楽に極めて強い一貫性があることは間違いないと思います。

ビートルズは，反逆児イメージと優等生イメージの板挟みになることで，新たな境地に踏み込んだ。おかげで初期派の魂を踏みにじることになった。だが，出発点とは一味違う芸術性を身に着けた。かたや，ストーンズはロッカーとして，その道一筋を走り続けて今にいたる。どっちが自律性が強いかと言えば，ストーンズの方でしょうね。世の中に引っ張り回されない自画像を持ち続けたということです。結局のところ，どっちがスケールが大きいかというのはなかなか判定が難しい。ビートルズが粘土的なら，ストーンズは文字通り岩石的，というところでしょうか。

小林 こわもてのやくざもどきのストーンズ，正統派とみなされたビートルズ，ところが，ミック・ジャガーはロンドン大の学生，エリートだった。ジョン・レノンはIQ的には優れているが落ちこぼれ。

浜 IQと知性は連動しませんね。IQ派のビートルズには知的脆さがあるが，だからこそ柔軟性があった。知性派のストーンズには確かさがあったが，そのため発展性に限界があった。そんな整理の仕方が出来るかもしれません。

小林 ジョンは小野洋子さんと結婚します。かんぐるわけではないのですが，洋子さんはジョンという人となりを見ぬいていた。言葉は悪いのですが，あ

る程度接近しやすい人だと予想していた。だから，まんまと手中に落ちたと言えば，ジョンに失礼ですね。洋子さんにも失礼だとは思います。

浜　なるほどねぇ。ジョンはヨーコさんにとって掌中の粘土だったとか？

小林　ポールの最初の奥さんのリンダさんはユダヤ系アメリカ人でした。リンダさんの父上が弁護士，お兄さんが会計士，ジョンがマネジャーに推薦したアラン・クラインもユダヤ系アメリカ人，枚挙にいとまなしです。イングランドの社会に深く根付けないジョンとマッカートニーにとって，ユダヤ系アメリカ人またイングランドのユダヤ系は気の置けない人たちだった。

浜　ユダヤ・コネクションについてはよく分かりませんが，いずれにせよ，イギリスの中でも，イングランド地方の南西部を拠点とするエスタブリッシュメント層とビートルズの関係には，常に危ういというか，お互いにやり難いものがあったと言えるでしょう。「リヴァパドリアン」（＝リヴァプール人）とロンドン周辺のハイソサエティ族では，やっぱり，しょせん水と油。

小林　シェイクスピアのように，隠遁生活という選択肢もあったでしょうに。最後まで活動してました。これは残念です。

浜　そこがビートルズのビートルズらしいところでしょう。

小林　あまりにも壮大に過ぎるようです。ヨーロッパの音楽を継承するような，自分たちがどこまで分かっていたか分かりませんが，結果的にそうしてしまった。

浜　だから，我々は後期ビートルズに抵抗がある。でも，だからといって，後期ビートルズ好きな人々と会話が盛り上がらないわけでもない。ついこの間，"Let It Be" に衝撃を受けてビートルズ・ファンになったという方とビートルズ談議で結構意気投合しました。後期派にとって，初期派の時代には一種の神話性がある。それまた楽しからずやではないでしょうか。

小林　本当に不思議で驚異的なアーティストだったということでしょうか。

高等学校教育におけるビートルズ

大坂　秀樹

　ビートルズや彼らの楽曲が，音楽だけではなく英語や地歴・公民科の教科書に登場することはもはや「常識」である。地歴・公民科においてこの動きが始まったのは平成6年度からの教育課程全面改訂によって旧「社会科」が「地理・歴史科」と「公民科」に分割され，新課程用の教科書が発行されたときである。かつて私はそのすべての教科書を，特に『世界史』教科書において「歴史上の人物ビートルズ」がいかに取り扱われているかという観点から調査し，どのような形態で取り扱われているかを一覧表にまとめたことがある（「高等学校教科書にとりあげられたビートルズ」『Nowhere』1994年秋号，プロデュースセンター出版局）。この当時手元にあった25冊中7冊という，3分の1近くの教科書にビートルズ（あるいはジョン・レノン）の名が登場している。それ以前までの旧課程においてはほぼゼロであったわけであるからこれは大きな変化であった。

　それでは2016年現在の状況はどうであろうか。1つの指針がある。山川出版社『世界史用語集』には，発行されている全世界史教科書のうちその語句が何冊の教科書に掲載されているかというレイティングがある。それによると平成6年（1994）時はビートルズの記載がある教科書は8冊であったのだが，2014年版では3冊と，3分の1近くに減少してしまっている。その理由は何であろうか。ビートルズの人気が衰えたとは考えにくい。そこには次のような原因が考えられる。平成6年当時（準備はその数年前からであろう）40～50代の教科書編集者が「若者文化」の代表として最初に想起したのは，彼らが10代～20代のころの「若者文化のチャンピオン」であり，それはやはり間違いなくビートルズであった。これが当時多くの教科書にビートルズが採用された理由であったのだろう。しかし，現在（2016年）にそれを当てはめてみれば，編集者の青春時代は1980～90年代となる。そして実はそれを裏付けるように現在の教科書の「若者文化」の代表として挙がるアーティストはマイケル・ジャクソンなのである。それではビートルズはどこへ行ったのか？

　そこでまた興味深いことに気が付く。平成6年（1994）年に高校生だった人間は現在どうなっているのか？　そう，彼らはちょうど40代になろうとしているのだ。つまり，現在社会のど真ん中で日本を支えて（そして，教科書を編集して）いるのはまさにこの「教科書でビートルズを学んだ」世代であり，彼らにとってビートルズとは「甘酸っぱい青春の1ページ」ではない。彼らにとってのビートルズとは「反逆のシンボルとしてのロックアイドル」ではなく，「バッハ・ベートーヴェン・ビートルズ」という"3大

B"の一員としての「歴史上の人物」なのである。その証拠を１つ挙げよう。2015年１月の大学入試センター試験（世界史Ａ）には，ついに「ビートルズ」が問題として出題されたのだ。

　このように現在の高校教育においてビートルズは完全にカエサルやナポレオンと並ぶ存在となった。ロックアイドルとしての姿を求めることは難しくなっているが，これも時の流れということなのだろうか？

世界史A

C　中米グアテマラでは，人口の多数を占める(7)先住民が，数の上で少数派のスペイン人末裔やメスティーソに，政治的・経済的に従属させられてきた。(8)20世紀後半，30年以上続いたグアテマラ内戦では，約170万人の難民が発生し，その中の80％以上がマヤ系先住民であると言われている。(9)国際連合は，先住民の権利を求める世界的な運動の高まりを受けて，1993年を「国際先住民年」と定めた。グアテマラで，1996年に内戦が終結したのも，こうした国際的な潮流を背景としていた。

問9　下線部(7)について述べた次の文ａとｂの正誤の組合せとして正しいものを，下の①～④のうちから一つ選べ。 9

　　a　ラス＝カサスは，先住民の保護を主張した。
　　b　アメリカ合衆国憲法の制定によって，先住民の人権が保障された。

　　① a ― 正　　b ― 正
　　② a ― 正　　b ― 誤
　　③ a ― 誤　　b ― 正
　　④ a ― 誤　　b ― 誤

問10　下線部(8)の時期の科学や文化について述べた文として正しいものを，次の①～④のうちから一つ選べ。 10

　　① ビートルズの音楽が流行した。
　　② レントゲンが，X線を発見した。
　　③ ゲーテが，文学者として活躍した。
　　④ ピカソが，「ゲルニカ」を描いた。

ビートルズ体験の多様性

CHAPTER

① ビートルズ体験録

小林　順

1. ビートルズとは何だったのか

1-1　1960年代にデビュー

　ザ・ビートルズ，The Beatles，舌がもつれそうで発音しにくい妙な響きに聞こえた。それは1963年秋のことだった。翌年に東京オリンピックをひかえ，予行のためのプレ・オリンピックが開催された頃だ。1960年安保紛争後のささくれ立ち荒んだ人心を鎮静するために池田勇人政権が掲げた「所得倍増」，そしてその首相があえて公言した「わたしは嘘は申しません」が効いたのか，にわかに動き始めた高度成長のまっただ中ということもあり，世の中はどこか小春日和のようにほんわかうたたね気分だった。しかし，それも，間もなく，祭りのようなうわついた空気に変わっていくのだった。そんな中，どこからともなくビートルズという言葉が聞こえてきた。全国紙では，1963年11月10日の『朝日新聞』夕刊が掲載したロンドン特派員のレポート，「人気をさらう4歌手」が最初のビートルズ記事だった。朝日新聞社がオンラインに提供しているアーカイヴ，「聞蔵Ⅱ」を探ると，こう書いてある。

　　〔前略〕この異常な人気，果たしていつまでつづくのか。

もっとも4人は早くも落目になる日に備えてザ・ビートルズ有限責任会社を設立して，収入はすべてここに貯金しているという。ビートルズ・セーターなるものを着こんでいるファンたちに比べれば，よほどかしこいようである。

　この記事が掲載されたのは1963年11月，本国でビートルズが快進撃を続けていた頃のことである。前年1962年10月5日にデビュー・シングル"Love Me Do"（「ラヴ・ミー・ドゥ」）を出したビートルズは，明けて1963年初頭に2枚目の"Please Please Me"（「プリーズ・プリーズ・ミー」）を出している。さらに同年には，立て続けに3曲をヒット・チャートに連ね，いずれもがナンバー・ワン・ヒットとなった。そして，1964年2月にはアメリカに大鷲のように舞い降り，やがてはわが国に襲来することになるのだが，その前夜と言える。折しも「ビートルマニア」（Beatlemaniaビートルズ狂）がイギリスに吹き荒れていた時期である。では，この「ビートルマニア」に目を向けてみよう。

　以前スコットランドでプロモーターを務めていたアンディ・ロディアンが言うところでは，「ビートルマニア」という言葉は彼が生み出したとのことだ。ビートルズのスコットランド・ミニ・ツアー中の1963年10月7日，ダンディ市ケアード・ホールでのコンサートを観ながら，ある記者との話の中で，会場内外のファンの狂騒を称して使ったんだ，と。ビートルマニアという言葉はすぐに活字になり，新聞を賑わすようになる。ヴィンセント・マルクローンが1963年10月21日に『デイリー・メイル』紙に書いた特集記事の見出しは「これこそビートルマニア」であったし，1963年11月2日の『デイリー・ミラー』紙は前日のビートルズのコンサートを大きく扱い，「ビートルマニア！いたるところで，しかも普段は静かなチェルトナムでも発生」という見出しを付けた。[2]

　イギリス内では新たな言葉が現れるほどの狂騒であった。それはともかくとして，朝日新聞特派員氏の筆致はどこかのどかではないか。記者氏にしてみれば，おそらく世代的に見ても，当時としては激しすぎ，はるか未来へぶっとん

だようなビートは隔世の彼方から突然やって来た騒音にしか聞こえなかったのかもしれない。ビートルズを聴いたのか観たのかは、あるいは、気に入ったのかそうでもなかったのか、不明である。世代間のギャップは、メロディーやリズムの好みを分かつものかもしれない。イギリスではどうだったのか、例を挙げてみよう。

ビートルズの主演映画，*A Hard Day's Night*，邦題『ビートルズがやって来るヤァ! ヤァ! ヤァ!』，その冒頭のシーン。この場面に見えているのは世代のギャップだけではない。列車のコンパートメント（1等個室）でビートルズと同室となる長身の紳士がビートルズの振る舞いに感じたいらだちに通じる感覚ではないだろうか。

それはこうであった。ジョージがパンを頬ばっている。さらに、リンゴがラジオを取り出すとけたたましいロック音楽を鳴らす。すると、長身のエリート人士が、御用達の1等個室は労働者階級出身で駆け出しのロック・グループには似つかわしくないと言わんばかりに、つい口を滑らせてしまう。「君たちにお似合いの場所はほかにあるはずだ」と、まるで、「ここから出て行け」と言わんばかりである。ビートルズは、たしかに、あの映画でも実際にも、老紳士が属するエスタブリッシュメントの教養や洗練から遠い存在であった。このシーンでビートルズがどう反応したかというと、大人しくコンパートメントから退散するのであった。ところが、いたずらはここで終わらない。続いて茶目っ気たっぷりのシーンは実際に映画を観ていただこう。

階級が厳然と存在するのがイギリスである。大きく上・中・下の3階級がある。ビートルズの面々は中と下に属している。グラマースクール卒のジョン、ポール、ジョージは上級学校へ進めば中流階級も不可能ではなかった。彼らは上級学校ではなくビートルズというロック・バンドを選ぶのだった。リンゴ・スターは病身であったため小学校修了が精いっぱいだった。ついでながら、ジョン・レノンはグラマースクールから美術学校へ進んだ。精進次第では、美術の教師になるなどして、中流階級に留まることができたかもしれない。現実には、映画の中のジョンそのままに、自立して自力でスターダムに昇りつめている。ドキュメンタリー仕立てが功を奏したのか、映画には、ビートルズがあり

Chapter ❶ ビートルズ体験録　　131

のままに撮られている。コンパートメントの場面は，いずれにせよイギリス独特の階級社会が垣間見えるシーンとなっている。

　今1つビートルズらしい振る舞いを紹介しておこう。ビートルズがやらかした無茶の典型である。1963年11月4日，プリンス・オブ・ウェールズ・シアターで開かれた「ロイヤル・コマンド・パフォーマンス」がその舞台である。皇太后とマーガレット王女の臨席を仰ぐ中，最後の曲を歌う段になり，曲紹介をするジョンが観客の度肝を抜くようなギャグをやらかした。[3]翌日の新聞でも取り沙汰されることになる，「安い席の方々は手を叩いてください。それ以外の方たち（お金持ち）は宝石をジャラジャラ鳴らしてください」という発言である。上流階級の人士に向かって，その中には皇太后と王女が臨席されていることを知っていながら，あるいは知っていたからこそなのか，ギャグを飛ばしたのである。張本人のジョンによると，出演者が極度の緊張状態であり，そんな堅苦しい雰囲気をほぐしてやろうと思ったというのだが，はたしてどうか。あのジョン・レノンならやりかねない。その翌年（1964年）にもこの舞台への出演依頼がビートルズのもとに届いたが，4人は辞退した。音楽における貢献に対する褒美に与るのも1度きりということであろうか。いかにも，ビートルズ流である。昨今，ポールに続いてリンゴにもナイトの爵位が授与された。ジョンとジョージは草葉の陰でどんな気分だろうか。ギャグを飛ばして，哄笑してみせたかもしれない。

1-2　デビュー前のごたごた

　ビートルズはイギリス北西部のリヴァプールの出身である。ロンドンから特急列車で2時間半ほどの港町だ。ビートルズがロンドンに赴き，大手レコード会社デッカ社のオーディションを受けたのは1962年1月1日だった。楽器やアンプをバンに積み込み，ローディー（運転手兼雑用係）のニール・アスピノール（Neil Aspinall）の運転でロンドンに到着したのはその前夜，大晦日のことである。

　ビートルズと言えば，ジョン，ポール，ジョージそしてリンゴの4人である。ところが，1961年の大晦日にロンドンにやって来たのは，ジョン，ポール，

ジョージの3人と，ドラマーはリンゴではなくピート・ベスト（Pete Best）だった。リンゴがドラマーとしてビートルズに加わるのは1962年8月である。実は，ここにドラマが潜んでいる。

ピート・ベストは，ビートルズのハンブルクでの下積み時代から，デビューする直前に至るまで，ドラマーを務めていた。容姿の良いピートは，リヴァプールでは，ビートルズのほかの3人より人気者だった。ステージに登場すると誰よりも大きな歓声を浴びていたという。

1962年8月16日，ピート・ベストはマネジャーのブライアン・エプスタインに呼び出され，藪から棒にクビを言い渡される。後釜はリンゴ・スターと告げられた。バンドで一番人気者だったピートが外された理由は，さまざまに取りざたされている。他の3人のビートルズとそりが合わなかったらしい，とか。ジョン・レノンは，ピートは素晴らしいドラマーだけど，リンゴは素晴らしいビートルだからさ，と答えたりしているが，実際にはピートのドラミングがまずかったからだ，ということらしい。それでも，はっきりしない。ピートの人気をひどく嫉妬したのが，本人は否定しているが，ポールだという。ジョージもポール同様にピートが苦手だった。バンドではよくある内輪もめであり，珍しいことではない。ポールとジョージがピート外しの急先鋒で，この事件の真犯人と言われることもあり，真相は霧の中である。

1つ言えるのは，プロデューサー，ジョージ・マーティン（George Martin）の一言が大きかったということである。ピートのドラミングに難があり，レコーディングにはセッション・ドラマーを起用するとジョージ・マーティンが決めたからだ。ただし，ジョージ・マーティンが言ったのは，プロのドラマーがレコーディングに加わり演奏しても，レコードを聴いたファンに分かるはずはない，ということだった。[4]レコーディングには使えないが，ステージではピートも通用するはずだし，ハンサムで一番の人気者を外すことはない，とも。ピートの追放には，マーティンの決めたセッション・ドラマー起用が口実に使われた可能性も考えられる。しかし，マーティン自身，ピートのクビまでは予想だにしなかったらしい。アビイ・ロード・スタジオにリンゴが現れた時にはたいそう驚かされたそうだ。

Chapter ❶　ビートルズ体験録　　133

ピートの母親，モナ・ベストが経営するカスバ・コーヒー・クラブ（The Casbah Coffee Club）というライブハウスに，ビートルズは前身バンドのクォリーメン時代から，専属バンドとして深く関わっていた。モナは世話好きの上に，気っ風がよく竹を割ったような性格であり，その分，気性の激しい女性だった。ビートルズのライブ活動を差配し，ピートにはマネジメントの真似事のような仕事をさせておいて，自分はビートルズの後見役気取りであった。

　そこへブライアン・エプスタインの登場である。リヴァプールでは有名なレコード店の経営者であり，イングランド北西部では屈指のレコード店経営者として，ロンドンのレコード業界筋が一目置くほどの人物であった。ビートルズがエプスタインにマネジメントを託したのも当然と言えば当然のなりゆきである。ところが，モナは相変わらず後見役で押し通そうとする。これでは，モナとエプスタインが，ビートルズを巡ってつばぜり合いにならないはずがない。2人の間にはただならぬ気配が漂っていた。エプスタインはモナを名前で呼んだことはなく，「あの女」呼ばわりだったらしい。ビートルズはカスバ・コーヒー・クラブを本拠地というか，機材置き場のようなバンド活動の本部にしていた。しかし，エプスタインとの繋がりができた以上，口うるさいモナとの繋がりはできれば清算したいはずだった。[5]

　ビートルズの4人，ジョン，ポール，ジョージそしてリンゴは，1962年8月以降，1度ライブ会場でピートと鉢合わせになるが，ピートに対して追放についての説明も申し開きも，何もしなかった。ピートには気の毒としか言いようがない。

　問題の8月16日である。ピートは，エプスタインに呼び出された時，てっきりバンドの事務的な打ち合わせだと考えていた。一方，マネジャーのエプスタインからすれば，ビートルズのマネジメント面でベスト家，ことにモナ・ベストが目ざわりであり，バンドの人気ナンバーワンでほかの3人のビートルたちから疎んじられるピートをこの際，モナもろとも排除したかった。そうできれば，好都合だった。これが1962年8月16日の時点でビートルズ，すなわちジョン，ポール，ジョージ，ピートが置かれた状況である。その前年の大晦日に時計の針を戻すとしよう。

1–3 偶然の連鎖

1961年大晦日，天候は荒れていた。雪も降っていた。ロンドンに辿り着いたビートルズはトラファルガー広場に出かけている。広場中央の塔の頂上にはネルソン提督像が立っている。塔の下部に落下する噴水を受ける水盤がしつらえてある。その水盤に無茶なロンドンっ子がおそらくニュー・イヤー・イヴを祝して飛び込んだ。ビートルズの面々は震えながら眺めている。その時その空間では，無茶をやらかした青年もビートルズも互いに無名の若者である。翌年にはどう変わるのか，そんな予見などできるはずもない。

その翌日，1962年1月1日，デッカ・レコードのオーディションである。デッカは，なんと，ビートルズを却下している。この決定を下した新人発掘担当のディック・ロウ（Dick Rowe）はビートルズを拒否した男として歴史にその名を刻まれることとなる。

ロウはブライアン・エプスタインにこう言った。「ブライアンさん，ギター・グループはもう下火ですよ（"guitar groups were on their way out."）」。3カ月後，EMI傘下パーロフォン（Parlophone）との契約にこぎ着ける未来はロウ氏の智見の及ばぬ領域であった。[6] 予想できなかったのはロウだけではない。ビートルズにもマネジャーのブライアン・エプスタインにも予想などつかなかったのだ。エプスタインもビートルズもともに，デッカはビートルズをパスさせると想定していた。ところが，その後の展開は予想を大きく超えていた。偶然の連なりであり，意味深で奇跡的な符合の連鎖であった。振り返れば，こうなる。

1962年1月1日のオーディションは運命を好転する決定打になるはずだった。ビートルズのレコード・デビューは実現するものとビートルズもエプスタインも思っていた。イギリスのほとんどのレコード会社に契約を断られたが，デッカはオーディションを設定してくれた。レコーディング確定と思い込んでいた。現実は，絶望的なシチュエーションであった。

ブライアン・エプスタインにしてみれば，ビートルズにレコードを出そうと声をかけビートルズのマネジャーの席に就いた手前，具体的な成果が欲しかった。起業と経営には実績も自信もある。プライドもある。なのにデッカに拒まれた。エプスタインは諦められなかった。すでに拒絶されたレコード会社を1

つずつデモ・テープを携え訪ねてまわった。が，契約は成立しない。そんなエプスタインに向かってデッカのディック・ロウは「レコード店の経営に戻り，ビートルズのことは忘れたほうがよいですよ[7]」と言った。なおもビートルズの才能と可能性を言い募り，その情熱はあたかも宗教的でさえあった。

　そんな折，考えがひらめいた。テープという音楽メディアは持ち運びにも再生にも手間取る。ならば，テープの中味，デッカでのオーディションの録音を，レコード盤——樹脂を固めた円盤型の記憶装置，いわゆるSP盤——に溝を刻みコピーしてもらうことであり，訪れたのが，ロンドン，オックスフォード街にあるかのHMVである。

　HMVのマネジャー，ボブ・ボースト（Bob Boast）はエプスタインの友人だった。ボーストはエプスタインが携えたテープに耳を傾けてくれた。ビートルズの曲にはさほど興味を示さなかったが，テープをレコードにコピーしたいというエプスタインに応えて，上階の工房をすすめた。間もなく作業が始まった。ジム・フォイ（Jim Foy）という職人が作業をしながらビートルズの曲を褒めるではないか。おまけに，その階のさらに上階でEMIの楽譜出版部門を統括しているシド・コールマン（Sid Coleman）を紹介してくれた。階段を降りて来て，シドはビートルズの曲の楽譜出版をエプスタインに持ちかけた。エプスタインは楽譜出版ではなくまずレコードを出したいと答えた。すると，シドが言った。紹介してあげようと，EMIのレーベルであるパーロフォンの責任者ジョージ・マーティンの名を挙げ，すぐに電話してくれた。受話器を取ったのは，秘書のジュディ・ロックハート・スミス（Judy Lockhart-Smith）だった。ジュディは上司であるジョージ・マーティンのスケジュール表に空いているスロットを探した。空きがあった。1962年2月13日にエプスタインの名前を書き込んでしまった。ジュディはのちマーティンの配偶者となる女性である。ジョージ・マーティンは1962年2月13日にブライアン・エプスタインに会うことになった[8]。ビートルズに運が向いた。快進撃の舞台裏は快進撃そのものよりはるかにスリリングであった。高峰の間に張った綱を渡るような展開であった。

1-4　レコードとビートルズ

　1960年代初頭，音楽界にデビューすることはレコードを出すことであった。ビートルズのマネジャーであるブライアン・エプスタインがビートルズに約束したのは，すでに述べたように，大手レコード会社からレコードを出すことだった[9]。そのための手助けを申し出た。レコードを出すことはビートルズにとっても夢だった。

　1962年10月5日，最初のシングル・レコードの発売となり，チャートを17位まで駆け上がった。ラジオで放送されるのを聴いて，ジョージはふるえた，と言っている[10]。それは他の3人も同じだった。聴こえてくるのは，自分たちの演奏する楽器と声である。電波が運んでくる音は，レコード・プレーヤーの回転盤（ターンテーブル）上にクルクル回る直径17センチのシングル・レコードから出ている。レコード表面に渦巻状に刻まれた溝がレコード針に沿って動いている。レコード針の先端にはダイヤモンドやサファイヤがコーティングされていて，溝の凹凸をなぞり振動を拾う。振動が電気信号に変わる。その信号がスピーカーのカーボン紙を叩き空気を揺らす。その空気振動が音に化ける。その瞬間にビートルズは耳をそば立てるのだった。

　リンゴ・スターはこう言う。リンゴはレコードのことを「ビニール」と呼んでいるのだが，その「ビニール」，すなわちシングル・レコードを出すことこそ自分たちが夢に見ていたことだ，と[11]。だから，"Love Me Do"がラジオから流れてきた時は歓喜した。それまでの道のりがどれほど遠かったことか，と回想している。この情景は1962年10月のものである。オンラインからのダウンロードやストリーミングなどは遠い遠い未来の話であり，CDの登場でさえ20年ほど先の時の彼方である。カセット・テープでさえ一般化していない時代である[12]。脱線めいてしまうが，ジョン・レノンは大のカセット・マニアであった。筆者は，ジョンがウォークマンを愛用していたという話を耳にしたことがある。メモ帳代わりだったそうだ。スマートフォンに仕込まれた機能をアナログ的に先取りしていたと言えなくもない。1970年代も終わりのころである。

　1962年にカセット・テープは一般化されてはいなかったが，オープン・リール式のテープに録音・再生する技術はすでに確立し一般化していた。家庭用

のテープ・レコーダーがすでに出回っていた。筆者の叔父が，ソニーのテープ・レコーダー[13]に向かって，小説本の一節を朗読し，録音すると再生してみた。叔父は自分の声の再生音に驚いた。これはおれの声ではない，と怪訝そうだった。1963（昭和38）年のことである。筆者も1台を手に入れた。ナショナル（現パナソニック）の製品，RQ-505。ググってみれば，画像を確認できる。ラジオの近くにマイクを置いて，貴重なテープに録音する，それを何度でも再生していた。1964年頃の録音は今も消えずに残っている。テープに磁気が当時の配置そのままに存在しているわけである。

　音楽媒体との関わりで言えば，ビートルズはレコード産業の隆盛にピッタリ一致している。振り返れば，ビートルズのメンバーが初めてレコーディングをしたのは，前身バンドクォリーメン時代の1958年のことである（一説によると7月14日）。リヴァプールの電気店主パーシー・フィリップス（Percy F. Phillips）が経営する録音部門で行われた。[14]録音はまずテープに，次にテープからレコード盤へと音を順に媒体を替えながら，今日から見ればかなり面倒な手順で記録されたのである。ところで，このテープは幅約6ミリのフィルムを帯状に成型してその表面に磁力層を粘着した製品であった。磁石が音に反応して微妙に位置を変えることで音を記録する仕掛けなのである。[15]

　　テープレコーダーは磁気テープを使用する磁気録音装置の総称です。第2次世界大戦中ドイツで開発され，戦後わが国で改良され世界的に普及しました。電気信号に変化された音声記号は，録音ヘッドによりプラスチックのテープに磁性体を塗った録音テープに信号を記録されます。再生は記録済テープの磁気信号を再生ヘッドでひろい，電気回路で増幅してスピーカーから再生します。[16]

このようにテープに録音した音はレコード盤に溝を刻めばコピーできる。ビートルズが，クォリーメン時代の1958年に初めて録音したレコードはビニールを平べったく成型したものではなく，材料が「酸化アルミニウムや硫酸バリウムなどの粉末をシェラック（カイガラムシの分泌する天然樹脂）で固めた混合

物」で，直径25センチ（10インチ）のSP（Standard Playing）盤だった。しかし，1962年10月5日のビートルズのデビュー・レコードは直径17センチのビニールであり，わずか5年のあいだにポピュラー音楽の記憶媒体の主流がSPからシングル・レコードへ目まぐるしく変化したのである。

　1960年代当初，われわれ団塊世代が手に入れられるビートルズを聴くメディアはシングル・レコードだった。直径が17センチ，CDの約1.5倍である。CDは片面だけに音は記録するが，17センチのレコード盤，シングル・レコードは，表と裏に1曲ずつ録音する。

　ビートルズの日本でのデビュー・レコードが売り出されると，1964年2月5日，レコード店へ急いだ。ポケットに手を入れて硬貨を数えながら，駆け足になっていた。故郷の地方都市では，当時，レコード店は憧れの商店だった。しかも小さな街ながら数軒が覇を競うほどだった。ガラス張りのウィンドウには楽器も陳列されていて，当時はやったアーケード街の中でもひときわ目を引く店構えだった。今は，アーケード街はシャッター街に変容してしまい，あの面影はない。レコードや本だけではなく，郵便や電話というコミュニケーションの手段・媒体の変遷が街の風景さえも変えたのである。メディアの変化は商品に対する嗜好を変えた。消費の対象の変化はたしかに1960年代以降すさまじいものだった。たとえば音を記録するメディア，媒体が，極論かもしれないが，不要となった。モノとしての音楽メディアがなくとも，スマートフォンやタブレットがありWi-Fiから電波が飛んで来てくれれば，膨大な数の中から選んで好きな曲をたちどころに再生し聴ける。音楽メディアの変遷は興味を引くテーマである。

　1964年2月5日，ビートルズの日本デビューの日，レコード店で330円と引き換えに「抱きしめたい」"I Want To Hold Your Hand"を手に入れてから，はや54年，今は2018年である。

1-5　市場の嵐

　理解しにくい語句があった。「抱きしめたい」。オリジナルのタイトルは"I Want To Hold Your Hand"。当時高1の筆者には，どう考えても，日本語訳

と原題がイコールでつながらなかった。あなたの手を握りたい，としか読めないのに，抱きしめたいとは，身体をかき抱くことではないのか，と。オリジナルの歌詞は，性的な連想を誘うものではない。「抱きしめたい」という訳は思い切った意訳だったようだ。高嶋弘之氏（当時，東芝音楽工業のディレクター）の手によるものである。デビューの頃（1962〜1963），ビートルズはティーン・エイジャーを念頭に置いて詞をこしらえたようである。ターゲットは若者だった。日常的で普段着の表現が魅力となり，受けた。イェー・イェー，ヤー・ヤー，など，間投詞を使うセンスには感心するが，字余りならぬ字足らずの部分に苦し紛れに放り込んだだけなのかもしれない。作詞の常道から逸れていても，ビートルズが世に送り出した，ポップな（こんな形容で良いのか自信はないが）一連の曲は，いわゆるスウィンギング・シックスティーズ（Swinging Sixties），跳んでる 1960 年代の幕開けを告げるに相応しいものだった。

　若者，団塊世代（Baby boomers）は，ビートルズが登場したのと前後して，ちょうど 10 代後半になり，お金を少額ではあれいくらか自由に使えるようになった。ポケットに突っこんだ指先でコインを触りながら，いっぱしの消費者気取りだった。そういう若者から，ビートルズは，レコードと交換によって，小銭を集めて富を築いた。その規模は，グローバルだった。彼らのレコードが無数に市場にあふれ，そこに群がる戦後生まれの団塊世代。われわれの掌中にあったコインが消費の元手すなわちマネーとなった。そういうわけで，60 年代は世界が大きな変容を被った時代であり，当然ながらイギリスもそうであった。

　この変化が起きたディケードは，消費者として目覚めた団塊世代が自立した 10 年でもあった。それは，ビートルズがもたらした革命的な現象でもあった。たとえば，ビートルズのファンだと言明する。誰かが，たとえば親や教師がビートルズを否定しビートルズ・ファンを無視したとしても，毅然としてビートルズを支持した。自室にラジオを置き，ビートルズを聴く。ついには，レコードを買う。レコード・プレイヤーを揃えれば，あるいは友人から借りれば，いつでもビートルズを聴ける。これが自立の一形式であった。これを可能にしてくれたのが，すでに述べたように，マネーだった。自立の輪がグローバルに広

がり，輪の中心には，ビートルズがそびえていた。

1-6　アイドルからアーティストへ

　実存の不可思議を描いた新作が現れた。1965年12月のことだった。新作LP
Rubber Soul（『ラバー・ソウル』）はビートルズ流の芸術的な音響世界であった。
新たな試みの実現である。アメリカのポップス界では，LPと言えば，ヒット
曲1＋雑多に集めた曲11を加えて合計12曲を収めるメディアだった。ビート
ルズはシングル・レコードでヒットした曲は除外しておいて，円盤の表面と裏
面それぞれに7曲合計14曲を，しかも自作を優先的に録音という荒技をやって
のけた。さらに，全曲が鑑賞にたえる出来栄えだった。アルバム＝LPの英米
における違いは，曲数だけでなく，テーマに即した作品集であるか否の違いで
もあった。アルバムは，ビートルズによって一種芸術的な内容に変わったので
ある。

　新作*Rubber Soul*を手に入れるために，日本盤が発売された1966年3月，い
そいそとレコード店へ向かった。ジャケットが意表をつくものだった。上半身
アップ，格好はラフ。着ているのは革ジャンパーなど，普段着そのまま。もさ
もさのヘア。雑木の前に立つ素顔のビートルズ。真四角のジャケット左上を斜
めに*Rubber Soul*とタイトルが踊るように突っ切っている。ビートルマニアは
もはや意に介していない，スター気取りとは無縁。スターなどというフィクシ
ョン性は消え，モップトップの紳士気取りとはおさらば，作り物のイメージは
脱皮。青年ビートルズが素顔のまま「ヤァ」と言って現れたような，それに
「ヤァ」と応えたくなるような，4人の実存が切々と伝わってきたのだ。なる
ほど，LPの中身は4人が魂を赤裸々に表していた。生々しい悩みを喜びを赤
裸々に表現している。まさに，ゴム毬のようにしなやかな魂Soulの叫びだっ
た。

Chapter **❶** ビートルズ体験録　　141

2. ビートルマニアという狂乱は何だったのか

2-1　ビートルマニア発生

　ビートルズ狂，ビートルマニア，Beatlemaniaとは，たとえばこのような光景である。前述のビートルズの主演映画である『ビートルズがやって来るヤァ！ ヤァ！ ヤァ！』の本邦公開は1964年8月1日。列島をすっかり嘗めつくすかのように僻地の映画館までことごとく席巻したのである。女子，大概のところハイティーンが巨大なスクリーン目がけて駆け寄り，ジョン，ポール，ジョージ，リンゴと叫び，スクリーンに抱き着こうとする，口づけを試みる。それは神がかりの狂態であった。

　イギリスではどうであったのか。『ザ・タイムズ』を例に引いておこう。『ザ・タイムズ』は，イギリス最古，高尚な紙面を誇り，天下の公論を任じる，世界屈指の新聞である。この『ザ・タイムズ』紙はビートルズの報道では慎重であった。ビートルズが初めて紙面を飾るのは，1963年8月である。記事に取り上げたのではなく，テレビ・ラジオ欄にであった（"5. Go the Beatles" と紙面にある。BBCの "Pop Go the Beatles" のことであろう）。

　『ザ・タイムズ』紙は創業の1788年1月1日から今日まで全ての紙面を公開している。「タイムズ・アーカイブ」（*The Times* Archive）である。ビートルズへの言及は，アーカイブの文書群の片隅のさらに針でつつかなければ在処を突き止められない小さな印字である。余談だが，これこそがイギリスのマスメディアのプライドではなかろうか。

　1963年10月28日の記事を紹介しておこう。ビートルズのコンサートの熱狂を扱った記事ではない。チケットを買うために列になって長時間待たされたファンの騒ぎが紹介されている。ニューカッスル・アポン・タイン（イギリス北東部の地方都市）での出来事である。数百人が48時間も待たされていた。何かの拍子に列がくずれた。ファンたちは前へとなだれを打って進み大乱をきたす。現地の警察が制止を試みたがうまくいかない。女性隊長が駆けつけ加勢すると，乱暴者が彼女の脚にキックをあびせた。その女性警官は病院に運び込まれた，とある。『ザ・タイムズ』の記事が伝えているのはビートルズ・ファンの

熱狂ぶりであり，保守性が持ち味である報道は，ビートルマニアという現象の危険を強調する論調となっている。

とはいえ，さすがの『ザ・タイムズ』紙も，ついにビートルズについて報道することとなる。「ビートルズ，ロイヤル・コマンド・パフォーマンス，招待さる」。1963年10月17日付の記事である。これ以降，掲載記事は枚挙に暇なしである。『ザ・タイムズ』がビートルズを認知したということであり，ビートルズがイギリスが誇るべき文化の一端だと認めざるをえなくなったのである。

2-2　ビートルマニアから醒めて

狂乱はいずれ醒める。それが何時だったのか。ショッキングな『レット・イット・ビー』(*Let It Be*) の映像が決定的だった。公開は1970年8月だった。映像に収められたのは前年1969年初頭のビートルズであった。スクリーンに映る4人は見るからに疲れ切っていた。いきなり言い合いが始まる，いつ果てるともなくブツブツ言うばかり，不満が鬱積していく。

ジョン，ポール，ジョージがユニットとしてまとまったのは，1958年だった。夢中だった。成功への階段を登ろうとしていたからだ。そのためには不満は抑えた。売れるまでは我慢もできた。そして，成功を手中にした。膨大な富を手中にできて，巡業をやめた。スタジオにこもり作曲に没頭するのだった。4人は抑えていた個性を解放してしまった。燻っていたものが，ことに1968年以降，発火した。4人はもめ始めた。決定的だったのは，カネの問題である。いずこも同じで，激しく争うのだった。

1970年8月公開の『レット・イット・ビー』の混沌は，前々年から鬱積していた対立と憤懣のいきつく終着点であった。われわれはスクリーンに映しだされるかつてのスターが対立しなければならない原因を少しずつリビューすることとなった。対立の根は深かった。それがわかるにつれ，われわれの熱狂は醒めた。終止符を打ったのはポールだった。1970年4月10日，ポールが脱退宣言を発表したのである。

Chapter ❶　ビートルズ体験録　　143

2-3 戦争と平和

　ビートルズが来日した1966年6月頃，誰にも予想などできなかった。何をかと言うと，4人の思いが食い違っていたことをである。われわれが求めていたのは1963年のビートルズだった。東京に彼らが持ち込んだのは間もなく（1966年8月5日）発売のRevolver（『リボルバー』）であった。4人は，デビューから5年を経て脂の乗り切った音楽家集団に変容していたのだ。本邦は，そんな彼らにビートルマニアの狂騒を煽るよう願っていた。ビートルズは成功を夢に見てリヴァプールからロンドンにやって来た「おのぼりさん」とは何もかも違っていた。Revolverを録音したジョン，ポール，ジョージ，リンゴにとって武道館のステージで演じるビートルズは過去の幻影でしかなかった。ジョージ・ハリスンはRevolverの先頭に "Taxman"（「タックスマン」）を録音していた。ジョンとポールの陰に隠れていた地味な存在だったジョージは，今や成熟した作曲家であり，優れた批評精神の持ち主である。スポットライトを浴びるべき作曲・作詞家であった。自我の衝突はジョンとポールだけの争いに留まらず，ジョージという1点が加わり，そしてリンゴも1枚かんでくると，2人きりの兄弟喧嘩では収まらなくなっていた。リンゴはその人柄のよさもあって仲裁役であったが，次第にビートルズのとげとげしい雰囲気に嫌気がさすこととなる。1968年8月22日，ホワイト・アルバム（通称。正式にはThe Beatlesという）の制作の最中，リンゴが "Back In The U. S. S. R."（「バック・イン・ザ・U. S. S. R.」）のドラミングに行き詰まってしまった。ポールのしつこいドラミングへの注文に応じきれず，思いあまって，アビイ・ロード・スタジオから姿を消してしまった。9月3日，リンゴは復帰し，一件落着となるが，根本の対立は解消できぬままだった。ビートルズは，言ってしまえば，すでにバラバラだった。1970年には，内輪のもめ事は，コントロールを失ったコマのようにガタガタと地面に接触しつつ停止してしまった。4人は自力では争いを解消できず，法廷闘争となった。ポールがジョン，ジョージ，リンゴ3人を相手取って裁判を起こしたのである。

2-4　崩　　壊

　ビートルズは永遠だと思っていた。永遠がどういうことなのかも分からないままに，ずっと存在するものと決めつけていた。1970年夏に公開された映画『レット・イット・ビー』のざらついた画面から嫌な予感が伝わってきた。砂をまぶしたような紙やすりでこすった傷あとのように，それは前年の夏，アポロ11号から送信された月面の映像のようにあらく目障りで不安を掻き立てる感触だった。16ミリフィルムを32ミリサイズに拡大したせいもある。ドキュメンタリー風を狙ったせいでもある。そもそも当初の計画はテレビ用の映像制作であった。ビートルズの録音風景を撮影するというプロジェクトである。ダダッ広い部屋（ロンドン，トゥイッケナムのスタジオ）を男たちがノロノロと牛のようにゆっくり楽器や機材を運んでいる。マル・エヴァンス（Mal Evans）が動いている。かいがいしいが，精気が失せている。ビートルズの画像には必ず映り込むいわばビートルズには欠かせないわき役である。この映画が撮影されたのは劇場公開のほぼ1年半前，1969（昭和44）年1月だった。映画公開は，1970年4月ポールが出した脱退宣言の後のことである。上映前からしらけムードだった。朗らかで兄弟のような若者は，髪も髭も伸び放題，疲れ切った4匹の野良犬のようだった。解散の原因は，どうやら，カネをめぐる争いだということだった。夢は破れ，下世話な悩みにまとわりつかれた彼らが，金が原因の言い争いの連鎖にがんじがらめになっている。

2-5　解　　散

　ポールが異論を挟んだのは，ジョンとジョージとリンゴがビートルズの新たなマネジャーとして契約ししたニューヨークの会計士アラン・クライン（Allen Klein）の存在について，だった。訴訟は1970年12月30日に始まった。ポールが求めたのは，アップルの共同経営の解消そしてビートルズ解散であった。翌年3月12日判決が下され，ポールの訴えが認められ，ビートルズは正式に解散となった。この係争は，ビートルズ4人が割れて，3対1，ジョン，ジョージ，リンゴ対ポールの対立から生まれた。背後では前者の代理人であるアラン・クライン対ジョン・イーストマン（ポールの当時の妻リンダ（旧姓イーストマン）の

兄) の対決でもあった。[18]

3. 語りつぐビートルズ文化

3-1 思い出の中のビートルズ

　ビル・ハリー (Bill Harry) の名前は忘れるわけにはいかない。言わずと知れた『マージー・ビート』[19] (*Mersey Beat*)（第1号は1961年7月6日に発行）の編者であり発行者である。リヴァプール美術学校 (Liverpool College of Art) ではジョン・レノンの同窓であり，共通の友人に天才画家スチュアート・サトクリフがいる。『マージー・ビート』紙の狙いはリヴァプールに雨後の筍のようにあまた現れるロック・グループの紹介と情報提供だった。ジョンの詩やブライアン・エプスタインのレコード紹介記事を載せるなど，リヴァプールのローカル・バンドにすぎなかったビートルズと，レコード・ショップの経営者でしかなくビートルズのマネジメントを手がける以前のエプスタインとコネクションを持つなど，地方都市リヴァプールの音楽シーンと文化に深く関わりその振興に熱心に取り組んだ。ビートルズの歴史はビルの眼前に繰り広げられることとなる。それを書き留めた労作が『ビートルズ百科全書』(*The Beatles Encyclopedia*) である。[20]

3-2 演奏家のビートルズ

　ビートルズは一時代を画す祭りのようであった。にぎやかな音。身体の奥を痛打するリズム。脊髄をとろけさせる3声のハーモニー。壮大な音の振幅。英語の響き。リヴァプールのアクセント。ロンドン人には泥臭く聞こえる訛り。次第にイギリスがビートルズの訛りに慣れていった。なるほどと思ったのは，方言で書かれたビートルズ体験談を読んだ時だった。大牟田訛りの九州弁である。一節を引いておこう。

　　今でも忘れられんけど，ラジオで「これから全米初登場1位の〈キャント・バイ・ミー・ラヴ〉を日本で初めてかけます」ちゅうて曲が始まった瞬

間，全身鳥肌が立った。「俺は，すごい瞬間に出おうとる」ちゅうのを実感した。それから音楽雑誌やらラジオやら，あらゆる手段で〔ビートルズに関する〕情報をチェックし始めた。[21]

　鮎川は，福岡県大牟田市で過ごした高校時代を回想している。同学年である筆者は有明海を隔てた長崎の田舎の出身であり，九州弁ではあっても長崎と大牟田では少し異なるものの，鮎川の訛りには聞き覚えがある。ビートルズもリヴァプール出身であり，スカウス（scouseリヴァプール弁）という言語環境に育った。彼らの感性もまたリヴァプール弁の響きとともに育まれた。彼らの土着性，ローカル性こそがグローバル性と表裏一体となり，いずこにおいても通用するようになるのであった。スカウスはもはや孤立した方言ではない。鮎川の育った有明海沿岸には不思議なことに，ビートルズに反応する潮騒が白波を立てていた。その結実が鮎川誠の『'60sロック自伝』である。ビートルズに人生の方向舵を委ねた若者は鮎川だけではなかった。それはこの列島を，そして地球儀をくまなく巻き込んでいた。この本の寄稿者の方々もまたそれぞれの方言でビートルズを語ったにちがいない。ビートルズが人生の大問題ででもあるかのようにである。

3-3　物書きのビートルズ

　ビートルズものを書かせればこの人の右に出る人はいない。そう言わしめるのは，マーク・ルイソン（Mark Lewisohn）であろう。ビートルズの日録，レコーディング録，ついにはビートルズ伝 *All These Years Vol. I: Tune In*（『ザ・ビートルズ史〈誕生〉〔上・下〕』）を刊行し，続編の執筆を目下継続中である。読み物としては抜群であり，資料としての価値はたぐいまれである。ルイソンのビートルズものを読まずしてビートルズを語るなかれ，と言わなければならない。さて，読み物のライターを挙げるならば，余人がある，とあえて言いたい。フィリップ・ノーマン（Philip Norman）である。驚かされたのは筆の冴え，話術と称したくなる巧みな筆力である。1960（昭和35）年12月27日夜，リヴァプール郊外，リザーランド・タウン・ホール（Litherland Town Hall）のライブを

Chapter ❶　ビートルズ体験録　　147

迫真の筆致で描いている。おまけに名著『シャウト・ザ・ビートルズ』の末尾にこんなエピソードを記している。締めくくりのセンテンスが劇的でその場に誘われるような表現である。

　彼の死の少し前にも，ミミのバンガローを塗り替えるかどうかについてどなりあった。それはミミの一言「おだまり，レノン！」で終わり，受話器をがちゃんと置いた。
　少したってまた電話が鳴った。ジョンの心配そうな声が地球を半周して届く。「ミミ，まだ怒ってるの？」[22]

　ミミ伯母を思うジョン・レノンの心情が伝わってくる。育ての親であるミミに甘えるジョン・レノンの人となりが伝わる神々しくも心温まる結末である。ノーマンは，詳細で軽快な筆致を絶やすことなく『シャウト・ザ・ビートルズ』の終結点に相応しいエピソードで締めくくるのである。
　フィリップ・ノーマンに勝るとも劣らないビートルズ伝の権威がいる。誰よりも早くビートルズ伝を世に問うたハンター・デイヴィス（Hunter Davies）は忘れてはならない。目下執筆を継続しているマーク・ルイソンの巨大な名著が完結の暁を想えば期待はいやが上にも膨れ上がる。それらの名著にボブ・スピッツ（Bob Spitz）の *The Beatles: The Biography* が加わることは明らかであり，いずれそれをも凌駕するビートルズ伝が現れるだろう。ビートルズとは物書きの闘志を掻き立てる絶好の素材である。

3-4　ビートルズ文化の生贄

　ビートルズはファンあっての存在だった。シングルレコードを手に入れるのに必要な330円（1964（昭和39）年当時）の工面に知恵をしぼった数千万のティーン・エイジャーがビートルズをスターの座に上らせたのだ。世界中，グローバルに，ティーン・エイジャーがコインや小額の紙幣を手に入れる苦労をいとわず，ビートルズにあこがれついには億単位のレコードを山と積み上げた。[23]
　最後に，ビートルズ4人のそばにいて彼らの成功譚をともに紡いだ人物を紹

介しておこう。アリステア・テイラー（Alistair Taylor）という。

　当初，アリステアは，エプスタイン家が経営するレコード店ネムズの従業員
だった[24]。1961年11月9日，店主のブライアン・エプスタインがリヴァプール
のバンドで人気のビートルズを見たいと言い出した。そこで，キャヴァーン・
クラブへ向かうブライアン・エプスタインに付き従った。エプスタインがビー
トルズにマネジャーをやらせて欲しいと提案した時もかたわらにいた。アリス
テアという人物は，ブライアンがビートルズに関わる営業利益の2.5%の報酬
を申し出ると，断ってしまう。振り返れば，莫大な収入をふいにしたことにな
る[25]。ビートルズの身辺の世話から何から何まで，要するにパシリめいた仕事か
らもめ事の処理まで，アリステアはなくてはならない便利屋で，「ビートルズ
の厄介解消屋」（"the Beatles' Mr. Fixit"）と称されたほど親密であった[26]。だが，
悲劇が彼を襲う。

　1969年，ブライアン・エプスタインが亡くなり，空席となったマネジャー
職に，ポールの反対があったもののジョンが推すニューヨークのアラン・クラ
インが就くことになる。クラインは辣腕をふるい，アップル・コー[27]の立て直し
に着手することになる。立て直しの第1は過剰な人員の削減であった。アリス
テア・テイラーはそのリストのトップに連なることとなった。

　アリステア・テイラーは，すでに述べたように，初めはネムズの社員であり，
経営者のブライアン・エプスタインの右腕，個人秘書であった。ビートルズを
かたわらで見てきたのがアリステア・テイラーである。

　クラインに突然呼び出されクビを言い渡された後，アリステアはビートルズ
の4人に電話をかけている。ジョンもポールもジョージもリンゴも電話に出な
かった。アリステアは，救ってもらいたかったわけではない。4人に現状を伝
えておきたかっただけなのだ。この図はどこかで見たような光景ではないだろ
うか。ピート・ベスト事件。ピートにビートルズの4人の誰もが会おうとも，
言いわけさえもしなかった。ビートルズの習い性，癖なのだ。アリステアは，
「これまでにこんなにつらいことはなかった」[28]と言ったとある。2000年に発行
された大部の書籍『The Beatlesアンソロジー』（*The Beatles Anthology*）では，
詳細にビートルズの歴史が描かれているが，アリステア・テイラーは名前すら

Chapter **1**　ビートルズ体験録　　149

触れられていない。奇妙な対応ではないだろうか。

　アリステアは自著の中で，ビートルズのデビュー前から4人の間近にいて彼らの歴史をつぶさに見聞できたおかげで，多くのビートルズファンとの交流に恵まれた，講演会やイベントに招かれビートルズを語ることができた，それもこれも，ビートルズとの関わりがあったからだ，と述べている[29]。アリステア・テイラーにとって，ビートルズとは何にもまして感謝すべき存在のようである。

　楽曲の素晴らしさ，小説を読むような波乱の歴史，そして波乱の「生きざま」，簡単に読み解けない。読み解けないどころか，いつはてるともなく，読み解くための試みは途絶えることはないであろう。ことほど左様に，ビートルズの読み解きはわれわれに与えられた巨大な課題ではなかろうか。

●注

1)　"From Me to You"（「フロム・ミー・トゥ・ユー」），"She Loves You"，"I Want To Hold Your Hand"。

2)　英語版ウィキペディアのBeatlemaniaの項目で，この語について詳細に述べられている。同記事の注でロディアンのラジオ・インタビューも聴取可能である。https://en.wikipedia.org/wiki/Beatlemania#Origins（2018年4月3日閲覧）。

3)　マーク・ルイソン／ザ・ビートルズ・クラブ翻訳・監修『ザ・ビートルズ　ワークス』洋泉社，2008，127頁。

4)　Martin, George, *All You Need Is Ears*. St. Martin's Press, New York, 1994, p. 123.

5)　Spitz, Bob, *The Beatles: The Biography*. Aurum Press, 2007, p. 326.

6)　Spitz, *Ibid*., p. 294.

7)　注6)に同じ。

8)　Lewisohn, Mark, *All These Years Vol. I: Tune In*. Little, Brown, 2009, p. 592.

9)　ルイソン，前掲書，52頁。

10)　The Beatles, *The Beatles Anthology*. Chronicle Books, 2000, p. 77.

11)　注10)に同じ。

12)　太下義之「Ⅶ. 音楽遺産～ネットワーク社会の音楽革命～」『Arts Policy & Management』No. 20「音楽遺産　～インターネット音楽配信の未来～」UFJ総合研究所　芸術・文化政策センター，2003年，54-91頁。http://www.murc.jp/_archives/artspolicy/newsletter/no20/no20.html

13） ソニーのT-211の詳細は千葉県立現代産業科学館当該ページを参照されたし（http://www.chiba-muse.or.jp/SCIENCE/vm/doc/sub/0130050.html）。

14） Lewisohn, *op. cit.*, pp. 178-180.

15） 三添篤郎「テープ・レコーダーの文化史：冷戦初期における録音空間の誕生」『文学研究論集』25，筑波大学比較・理論文学会，2007年，74-78頁。https://ci.nii.ac.jp/naid/120000834549

16）「テープコーダ　SONY　TC-211」，千葉県立産業科学館。https://www.chiba-muse.or.jp/SCIENCE/vm/doc/sub/0130050.html

17）"EP", Visual Discography of "Lady Day" Billie Holiday. http://billieholiday.info/index_qhm.php?EP

18） Spitz, *op. cit.*, p. 829.

19） Bill Harry, Mersey Beat: Merseysides Own Entertainment Paper. http://www.merseybeatnostalgia.co.uk/html/bill_harry.html

20） Harry, Bill, *The Beatles Encyclopedia: Revised and Updated*. Virgin Books, 2000.

21） 鮎川誠『'60sロック自伝』音楽出版社，2006年，43頁。

22） フィリップ・ノーマン／水上はる子訳『シャウト・ザ・ビートルズ』（下）ソニー・マガジンズ文庫，1994年，355頁。

23） レコード総販売数が16億とある（Infoplease, https://www.infoplease.com/us/arts-entertainment/beatles-numbers）。

24） アリステア・テイラー／野沢玲子訳『ビートルズ　シークレット・ヒストリー』プロデュース・センター出版局，2003年，11-15頁。

25） テイラー，前掲書，29-30頁。

26） "Alistair Taylor", Harry, *op. cit.*, p. 1060.

27） Spitz, *op. cit.*, p. 827.

28） *Ibid.*, "Nothing in my life ever hurt as much as that".

29） アリステア・テイラー／斎藤早苗訳「第17章　カムバック」『想い出のビートルズ　2』JICC出版局，1989年。

クォリー・バンク校で教えて
—— アン・バーンズ博士,フィリップ・マーキー博士インタビュー

(聴き手:小林 順)

小林 アン・バーンズ博士は,ジョン・レノンが通ったクォリー・バンク校(グラマースクール)で教鞭を執っておられた方です。私の友人であるマーキー博士からの紹介で,これまでもいろいろなお話を聞かせて下さいました。生粋のリヴァプールっ子であるお2人に,リヴァプールっ子ならではの視点から,ビートルズについてお伺いしたいと思います。

　リヴァプールに在住の先生のビートルズとの出会いをお話しくださいますか。レコードデビュー〔EMIレコード傘下のパーロフォンParlophone,1962年10月5日〕以前のビートルズを聴いたことがありますか? たとえば,キャヴァーン・クラブ〔ビートルズが下積み時代に演奏していたライブ・ハウス。リヴァプールの中心,マシュー通りMathew Streetにある〕やリザーランド・タウン・ホール〔リヴァプール郊外の町のホール,現在は病院〕での生の演奏を聴いたことはありますか?

バーンズ あります。1961年9月初旬,キャヴァーン・クラブで聴きました。当時高校生だった私はキャヴァーン・クラブの昼(12:00-14:00)のセッションへ時々出かけていました。ビートルズは既に地元では大変な人気でした。キャヴァーンでは,他のリヴァプール出身バンドGerry and the PacemakersやBilly J. Kramerなどと一緒に出演していたのを記憶しています。

　レコードデビュー後はさらに人気が拡大し,1963年8月に地元のGrafton Ballroom〔正式名称はthe Grafton Rooms,同会場での最後のライブが8月2日土曜に行われた〕〔マーク・ルイソン/ザ・ビートルズ・クラブ訳『ザ・ビートルズ　ワークス』157頁〕で1夜限りのライブ演奏がありました。チケットはあっと言う間に完売し,大変な観客数でした。もちろん私も聴きました。

マーキー いいえ。キャヴァーン・クラブで初めて演奏を聴いた時は既に"Love Me Do"が発売されていたと思います。

小林 リヴァプールではNo. 1でしたが,そのビートルズが世界一になると予想されましたか?

マーキー それは思いませんでした。ただ,Little RichardやBuddy Hollyの影響を受けながらも,非常に独創的で大きな可能性を秘めたバンドであるとの印象は強く残っ

ています。

バーンズ　いいえ，それは予想しませんでした。もちろんリヴァプールの若者ならではの音楽性を表現していたことは事実です。当時，港町のリヴァプールとアメリカのニューヨークを貨物船が頻繁に往来していて，リヴァプールには船員たちが持ち帰ったアメリカのレコードがいっぱいありました。その影響で，ビートルズの音楽もChuck Berry等のアメリカのリズム＆ブルースやロックン・ロールの影響を強く受けていました。だからビートルズが"Twist And Shout"（「ツイスト・アンド・シャウト」）〔アイズレー・ブラザーズ（The Isley Brothers）1962年のヒット曲，1963年ビートルズがカバーし原曲を上回るヒットとなる〕をカバーしたのもうなずけます。

　そもそも当時1960年代初頭，歌手は単独のスターとして扱われていました。エルヴィス・プレスリーとかクリフ・リチャードがそうです。バックバンドが伴奏し，歌手が独唱というパターンです。ビートルズは4人が歌います。たしかにリーダー的な存在はありました。初期はジョン・レノン，後期はポール・マッカートニーというように。でも1人が前面に出てあとの3人がバックバンドという形にはなりません。

　バンドとしてそのスタイルを確立したのはビートルズが最初でした。その点でとてもスペシャルなバンドと感じていましたが，世界を席巻するまでになるとは思いもしませんでした。

小林　ところで，実際にビートルズをご覧になり演奏もお聴きになったということですが，ビートルズは魅力的でしたか？　あたりまえのことをお聞きして失礼かもしれませんが，あなたはビートルズファンですよね？

バーンズ　もちろん！　1962年のデビュー直後にポールの実家〔リヴァプール郊外アラートン地区の集合住宅〕を訪ねたことがあります。熱狂的なファンであった女友達と一緒で，家のなかからは灯が漏れていましたが，ドアには誰も出て来ませんでした。あきらめて帰ろうとした時，1台の車が止まり窓を開けたのは何とジョージでした。ファンが集まっているので，声をかけようと思ってくれたらしく，私のそばにいた女友達に「"Love Me Do"が*New Musical Express*のトップ20に入ったんだ！」と言ってくれました。ビートルズがまだ地元のトップスターレベルであったからこそ可能だったエピソードですね。

マーキー　いいえ，音楽は好きですが，僕は特にファンではありません。

小林　リンゴ以外のメンバーはグラマースクール卒です。このことは3人がイングランド社会で知的人士であることの根拠になるのでしょうか？

マーキー　グラマースクール卒だけではその対象にならないと思います。ジョンはその後アートカレッジへも進学しているので，そう言えるでしょうね。

バーンズ　当時，労働者階級でも比較的恵まれた環境にあれば，グラマースクールへ進学することができました。ただ，ポールもジョージも16歳で学業を放棄しています。ジョンだけはアートカレッジ（Liverpool College of Art）へ進学したので，かなりミドルクラスに近く，その対象になると言えます。

小林　ところで，ジョン・レノンについてお話しいただきたいと思います。アン先生は，かつて，クォリー・バンク校で教鞭を執っておられたと聞いております。

バーンズ　1971年に教員免許を取った後，私はクォリー・バンク校で歴史の教師になりました。クォリー・バンク校は1952年にジョン・レノンが11歳で入学し，1957年まで過ごした中・高等学校です。出産のため，1974年から教師業をお休みした後，1981年にクォリー・バンクに戻りました。1985年にはリヴァプールの別の学校に異動となりました。

　1950年代，グラマースクールに入学するには，「イレブン・プラス」と呼ばれる選抜試験に11歳で合格することが必須でした。この試験の目的は聡明な，すなわちもっとも頭の良い生徒を選び出すことで，その生徒は非常に厳格な学校教育を行っていた「グラマー」スクールに行けるのです。また，グラマースクールではほとんどの生徒に，大学やカレッジに進学するために十分な評価（16歳と18歳で受ける公的試験の評価）を得ることが求められました。

　ジョンはイレブン・プラスに合格したのですから，明らかに利発な子でした。しかし，彼の学校での振る舞いが（学外でもそうだったのですが），だいたいは非常に悪いものだったのです。これは小学校（5歳から11歳）の時の教師が特筆していますし，クォリー・バンクに入学してからはさらに悪くなりました。

　ビートルズの伝記作家であるハンター・デイヴィスが，クォリー・バンクにいたころのジョンの言葉を引用していますね。これなど面白いです。

　「俺は有名になりたくてけんか腰になっていた。リーダーになりたかった。誰もが俺の言うことを聞き，俺のジョークに笑い，そして俺をボスにして欲しかったんだ」

　あまりに学校での素行が悪かったので，4年生の終わりには，ジョンはクラスでビリになってしまっていたんですよ。

　1970年代に私がクォリー・バンクで教えていた頃，ジョンを直接教えていた先生はもう学校にはいませんでした。同僚の多くがジョンを教えた先生たちを知っていたのですが，そういった先生方もジョンについては何ら良いことを言いませんでしたね。面白いことに，ジョンの出したレポートに音楽の先生は「望みなし――常にクラスの道化師になりたがる。この分野において未来はまったくない！」と書いているんです。

　ジョンを個人的にも知っていた唯一の先生がポプジョイ校長でした。彼は優しい人

で，「問題のある」生徒や変わった生徒を助けることを好んでいました。彼はジョンの悪い行動の理由を理解しようとし，ジョンに助けの手を差し伸べようとしたのです。校長はジョンが芸術に優れていることを知り，ジョンがリヴァプール・カレッジ・オブ・アートに進む手助けをしたんですよ。

小林 ビートルズはこれからも永く未来においても魅力的な存在であり続けることができるでしょうか？

マーキー はい，彼らの音楽性は永遠だと思います。

バーンズ ええ，そう思います。だからこそ，ビートルズ世代より遥かに若い人たちがいまだに彼らの音楽を愛し演奏しています。ビートルズの演奏活動を記録したドキュメンタリー映画 *Eight Days A Week: Touring Years* が公開されたのはつい昨年〔2016年〕のことです。

　また，今年5月末に地元の劇場で "It Was 50 Years Ago Today"[1] というビートルズのトリビュートが予定〔インタビュー時点はこのイベント以前であるため，このような発言になっている〕されていますが，チケットはかなり早い段階で完売し，私たちも1年近く前に購入したくらいで，すごい人気ですよ。

　フランク・シナトラがアメリカの40〜50年代音楽史の絶対的存在であるように，ビートルズも60年代音楽を語るうえで欠かせないバンドであり続けるでしょう。

小林 リヴァプールにおけるビートルズの人気は今後どうなるのでしょうか？

バーンズ ビートルズは60年代の地元文化を大きく変えたと思います。彼らの誕生前，リヴァプール・アクセント（スカウス scouse）は無教養の象徴のように言われていました。グラマースクールへ進学すれば，アクセントのないスタンダードな英語を話すように教育されます。そんななか，リヴァプール流のアクセントを全く意に介さないビートルズが世界一になり，リヴァプールの若者たちは地元出身であることをむしろ自慢するようになったんです。

　ビートルズは今後もリヴァプールの誇りであり続けるはずです。

マーキー リヴァプールはビートルズ発祥の地であることを誇りにしています。今後もそれは変わりないでしょう。

小林 ビートルズの好きなところと嫌いなところを教えてください。

バーンズ 好きなところは，もうずいぶんお話ししたように思います。「嫌い」というより残念だったことは，あっと言う間に有名になってしまい，ライブパフォーマンスがリヴァプールで活躍していた頃のように充実していなかったことです。どこへ行ってもファンの歓声しか聞こえず，ビートルズも自然とレコード作りに力を入れるようになったように感じます。もちろん音楽自体はずっと洗練されたものになっていきま

したが。

　また，デビュー当時は素朴な青年たちだった彼らが世界的スターになったことで「イエス・キリストより人気者」のコメントで物議を醸したり，リヴァプールへの愛着といったものも薄れていったように感じます。

　4人のうち，ポールは地元にLIPA（Liverpool Institute for Performing Arts）というアートスクールを創設し若手の育成に貢献していますが，あとの3人はリンゴが2008年リヴァプールが欧州文化都市に選ばれた際に1度演奏したくらいで，その点ではやはり残念ですね。ジョンとジョージは亡くなりましたし，このことも残念としか言いようがないですね。

マーキー　嫌いなところはありません。好きなところはやはりその音楽性。オリジナリティとクリエイティヴィティは賞賛に値します。

小林　一番好きなLPを挙げてください。また，一番好きな曲を挙げてください。

マーキー　好きなLPは *Sgt. Pepper's*（『サージェント・ペパーズ・ロンリー・ハーツ・クラブ・ランド』）。東洋音楽をうまく取り入れ，当時は斬新でした。好きな曲は"Here Comes The Sun"（「ヒア・カムズ・ザ・サン」），希望にあふれた曲です。

バーンズ　一番好きなLPを答えるのは難しいですね。私は全部持っていて，そのすべてを愛しています。一番好きな曲は，やはり"Yesterday"（「イエスタデイ」）でしょうか。70年代に子育てをしていた頃，私がいつも口ずさんでいたので，娘もよちよち歩きの頃には全部そらで歌うことができたくらいです。

小林　日本のビートルズファンへのメッセージをお願いします。

マーキー　ビートルズ音楽は不滅です！

バーンズ　ソーシャルメディア全盛の現在，日本とリヴァプールの距離はうんと狭まったと思います。Strawberry Fieldには毎日のように，日本からファンの皆さんがやって来て嬉しく思います。

● **注**

1）　2017年5月31日リヴァプール・フィルハーモニック・ホールで開催されたビートルズを偲ぶイベント。以下のページを参照されたし。http://www.liverpoolphil.com/whats-on/it-was-50-years-ago-today（2018年1月19日閲覧）。

CHAPTER 「ビートルズのロック文化」の継承

――ケルト，日本，そして京都

丘　眞奈美

はじめに――リバイバル・ブームとポスト・ビートルズ世代

1973年にリリースされた2枚組のベストアルバム *The Beatles/1962-1966*（『ザ・ビートルズ　1962〜1966』(赤盤)），*The Beatles/1967-1970*（『ザ・ビートルズ　1967〜1970』(青盤)）がヒットチャート1位に輝くと，ビートルズのリバイバル・ブームが世界的に起こった。その洗礼を受けた「ポスト・ビートルズ世代」の視点から，下記の内容を検証する。

1.「ロックの起源」としてのビートルズ――ブリティッシュ・ロックの系譜
2. ビートルズの故郷・リヴァプールとアイルランド
3. ロックはケルトの叫び――ビートルズと「ケルトの精神世界」
4. ケルトと日本の死生観の共通性――ハロウィーンと盂蘭盆会
5.「ビートルズのロック文化」と「日本のロック発信地」文化首都・京都

1.「ロックの起源」としてのビートルズ――ブリティッシュ・ロックの系譜

ラジオから流れてきた"Love Me Do"（「ラヴ・ミー・ドゥ」）や"I Want To

Hold Your Hand"(「抱きしめたい」)等の初期のビートルズの楽曲に衝撃を覚えたのは小学生の頃だったと思う。中学に入りエレキギターを習い始め，高校の時に軽音楽部を作りバンドを始め，様々なロックと出会った。ビートルズの影響か，ブリティッシュ・ロックを好んで聴いているうちにクイーンにたどり着き，ファンクラブに入る程熱狂していた。クイーンは1975年，4枚目のアルバム *A Night At The Opera*(『オペラ座の夜』) の先行シングル "Bohemian Rhapsody"(「ボヘミアン・ラプソディ」)が全英9週連続1位を獲得し，その地位は不動のものとなった。往時「クイーンはビートルズの再来だ」という記事を見て，共通点は何だろう？　と思った。2013年，「英国人が誇りに思うミュージシャンは？」という英国プラネット社の調査で，ビートルズとクイーンが同率1位になった記事を見て下記のような共通点が見えてきた。

1. ロックに文化と芸術性を与えた
2. 楽曲タイプの幅の広さとアレンジ力
   R&Rやブルース，R&B，バラード，フォーク，ポップまで様々な楽曲があり，時代に合わせてアレンジが変化。
3. 主砲（メインボーカル）を亡くしている
   解散後ジョン・レノンは1980年に暗殺され，フレディ・マーキュリーは1991年にエイズで亡くなった。それでも輝き続けるのは，楽曲の普遍性と「大衆化する要素」を持っていたからである。
4. 当初は圧倒的な女性の支持を受けた
   多くの女性ファンを取り込んだ事で「ロックを産業化」した。英の「ロック産業」第1次黄金期はビートルズに始まり，クイーンで完成された様に思える。
5. 日本で評価され絶大な支持を受けた
   何故，日本なのかは本文のテーマの1つである。

米から英に輸入されたR&B，R&R，ブルースが，リヴァプールで「マージービート」(リヴァプール・サウンド)に変容する文化力の中心がビートルズだっ

た。米国への「ブリティッシュ・インヴェイジョン」は，欧米の有名ミュージシャン達に大きな影響を与えた。

そうしたミュージシャン達は，「サイケデリック・ロック」「プログレッシヴ・ロック」「グラム・ロック」「ハード・ロック」「パンク」「ニュー・ウェーヴ」と様々な「ロック文化」を生んでいく。

「サイケデリック・ロック」において，*Sgt. Pepper's Lonely Hearts Club Band*（『サージェント・ペパーズ・ロンリー・ハーツ・クラブ・バンド』）がムーヴメントの頂点を築いた。その影響を受けた「プログレッシヴ・ロック」ではイエスやキング・クリムゾン等が活躍。ジミー・ペイジ，エリック・クラプトン，ジェフ・ベックといった世界3大ギタリストが誕生する。70年代の「グラム・ロック」ではデヴィッド・ボウイやマーク・ボラン等が登場した。

「ハード・ロック」の起源となる楽曲がビートルズの"Helter Skelter"（「ヘルター・スケルター」）といわれる。「ハード・ロック」ではディープ・パープル，レッド・ツェッペリン，ブラック・サバス等が隆盛。そしてクイーンが登場。その後，セックス・ピストルズ等の「パンク」，「ニュー・ウェーヴ」としてポリスなどが続く。ビートルズが起源となった「ロック文化」は，様々なジャンルに枝分かれしながら進化していったのである。

ビートルズは，文化・風習・言語が全く異なる日本でなぜ絶大な支持を集めたのだろうか？ それを検証するには，彼らの出身地リヴァプールから探っていく必要がある。

2. ビートルズの故郷・リヴァプールとアイルランド

リヴァプールは，イングランド北西部マージーサイド州の中心湾岸都市である。ダーティープールという寒村だったが，1207年ジョン王の勅許で都市建設が始まり，18世紀には米国や西インド諸島との貿易で急速に発展。米国やカリブ海諸国，アフリカ，欧州を結ぶ「大西洋三角貿易」において独占的な地位を築く。19世紀の産業革命で「世界の工場」となった英国の輸出物の約40％がリヴァプールを経由したという。英国第1位の港となったこの都市には，

Chapter ❷ 「ビートルズのロック文化」の継承――ケルト，日本，そして京都　159

労働者として多くのアイルランド人が移り住んだ。アイルランドとリヴァプールはアイリッシュ海を挟んで直線距離約200kmという近距離にあり、フェリーや貨物船の往来が頻繁だったからである。以降、アイルランド移民の街として発展する。リヴァプールはシノワズリ（中国趣味）の陶器生産地でもあった。こうした風土の多文化性がビートルズに「東洋文化への興味」を沸き立たせ、インド音楽への傾倒、そして楽曲の多様性へと繋がったのかもしれない。

　リヴァプールは戦火や不況で荒廃するが、米軍基地向けラジオや貿易船の船員等を通じて、米国のR&Rやブルース、R&B、ニューオリンズ・ジャズがいち早くもたらされた。若者達は「スキッフル」という音楽を生み出し、クリームやレッド・ツェッペリン等のブルース・ロックの源となる。苦難の時代を経て、ドックや倉庫、ビートルズを観光資源として復興。2004年には「海商都市リヴァプール」として世界文化遺産に登録され、2008年には欧州文化首都の1つとなった。

　アイルランドの精神性を紐解くのに、リヴァプールとビートルズに着目したのが司馬遼太郎氏だった。『愛蘭土紀行』Ⅰ、Ⅱ（『街道を行く』巻30・31）の中で、司馬氏はアイルランドに入る前にリヴァプールを経由している。理由についてこうある。

　「アイルランドの人々にとって、この港町は演歌でいう『涙の港』というほかない。であるから、リヴァプールを経由してアイルランドにわたるのが礼儀だと思ったのである」。

　「アイリッシュの匂い」漂うリヴァプールを「ビートルズの故郷」とし、彼らがアイルランド移民の子孫である事に着目し、その中にアイルランドの精神性を見出している。

　アイルランドは国民の約9割近くをローマ・カトリック信者が占める。それは「ケルト十字架」に象徴される独特のカトリックである。5世紀、聖パトリックは異教徒だったアイルランド人を改宗させるためにアイルランド土着信仰（ケルトの信仰）を取り込む形でカトリックを布教。この時にキリスト教の「ラテン十字」に自然崇拝だったケルトの太陽信仰のシンボルとして円環（日輪）が組み合わされ異形の十字架が生まれた。この円環は、「輪廻転生思想」を有

したケルトにおける「輪廻の輪」(Wheel of Life) ともいわれる。急速にカトリックが広まり，イングランド国教会に反目し流血の歴史を歩む。

3. ロックはケルトの叫び──ビートルズと「ケルトの精神世界」

ジョン・レノンの祖父はダブリン生まれで，渡英後にリヴァプールに移住。ポール・マッカートニーの祖父はアイルランドのトゥリナマルロウからの移民。ジョージ・ハリスンの祖父は，アイルランドのウェクスフォードからの移民だという。リンゴ・スターは不明といわれてきたが，本名スターキーは，スコットランドのシェトランド諸島に多い名前だという。ビートルズの3人はアイルランド，1人がスコットランドという欧州の先住民たる「ケルト系 (Celtic)」なのである。

ケルト人 (Celts) は中央アジアからきたインド・ヨーロッパ語族ケルト語派で，製鉄金属加工技術を有し富と武力を得て，欧州の文化・言語の基盤を形成したと考えられている。青銅器時代 (BC2000-BC1900) に欧州大陸中央部に多くに分布，オーストリア南西部にハルシュタット文化 (欧州第1期鉄器文化，BC750-BC600)，スイス東部にラ・テーヌ文化 (欧州第2期鉄器文化，BC450-BC100) をもたらした。彼らは中央集権国家を作らず部族 (血族) 社会を形成し，民主主義と平等 (男女も) をモットーとした。欧州に点在した部族を「大陸のケルト」という。ケルトは「優れた者」という意味があるが，当初文字を持たず歴史書も無く謎に包まれていた。しかしアルプス山脈 (Alps) はケルト語の「アルプ＝岩山」で，レマン湖 (leman) は「レマン＝楡の木」を語源とし，各地にケルト語を残している。BC52年に，カエサルがケルトの指導者ウェルキンゲトリクスを倒し，「大陸のケルト文化」は，ローマやギリシャの多神教世界や，キリスト教に融合され消滅した。カエサルの『ガリア戦記』にガリア人 (ガリア地方＝フランスのケルト人)」についてこうある。

ガリアを通じて尊敬され問題にされる人間には2種類ある。〔中略〕1つは僧侶〔神官 Druidum ＝ ドルイド〕，もう1つは騎士である。(カエサル／近山金次

訳『ガリア戦記』岩波文庫，1942年）

　ドルイドが政治や司法に関わる祭政一致体制で，戦いの度にリーダーが選ばれていた。

　もう1派，ブリテン島の「島のケルト」がある。アイルランドはローマの侵略を免れ，独自のケルト文化を熟成させた。その世界観は伝説や民話，音楽，絵画に残されている。『アーサー王と円卓の騎士』はケルト王とその従者の物語であり，『ハリー・ポッター』の主題である魔法使い，魔女，妖精，妖怪や怪物はケルトの精神世界から派生している。

　ケルト人の宗教は自然崇拝の多神教世界である。日本の「八百万の神」やアジア諸国に残る土着の精霊信仰等と共通点を持ち，太陽信仰を重んじた。冬至は昼が最も短いがこの日を境に昼が長くなっていく。この現象から「太陽の再生」を願う「ユール」という冬至祭が行われ，クリスマスの起源となった。冬至にケルトの大地の女神が生む「太陽の子」に捧げられた針葉樹がクリスマス・ツリーの原型である。現在ケルト国とされているのが，アイルランド，スコットランド，ウェールズ，コーンウォール，マン島，ブルターニュという。

　「ロックはケルトの叫び！」である。神秘的な歌詞や大音量からはケルト信仰，「ハード・ロック」のミュージシャン達のロングヘアや装束に「ケルトの戦士」が重なる。ローマ人は「ケルト人の起源は地獄にある」と蔑んだらしいが，ハード・ロックバンドKISS（キッス）の地獄コスチュームはそんな批判を逆手にとっている様である。バロック音楽は欧州音楽の主流だったグレゴリオ聖歌を「打ち破った」が，ロックはさらに大きなパワーで殻を打ち破り，欧州古層の息吹が吹き返したのではないか。ビートルズはその殻を最初に打ち破ったケルトの戦士だったのかもしれない。

4. ケルトと日本の死生観の共通性——ハロウィーンと盂蘭盆会

　アイルランドとケルトを愛したW. B. イェイツは，『超自然の歌』に「自然界と超自然界は同じ1つの輪で結ばれている」という仏教の「輪廻転生」に似

たケルトの世界観を書いている。東西の多神教世界では現世と異界（死者や妖精，妖怪の世界）が繋がっており往来できる思想がある。そうした死生観を全世界に広げているのが，若者を中心に盛り上がりをみせている10月31日に行われるハロウィーンである。

ハロウィーンは，ケルト人のサーウィン祭（Samhain古代アイルランド語Samain）を起源としている。ケルト暦では11月1日を新年とし，10月31日は「1年の終わり」と「夏の終わり」を意味する。太陽信仰を軸にしていたケルトは，「夏＝太陽（光）の季節」が去り，「冬＝闇黒の季節」が始まると考えた。境目の31日は，現世と異界（霊界）の門が開き，双方の世界を自由に行き来できると信じられていた。異界と通じる霊力により，ドルイドによる占いが行われていた。

サーウィン祭は，夏の収穫祭と大晦日，そして「精霊を迎える日」という性格を持っていた。31日の夜，ドルイド達は「かがり火」を焚き，農作物と動物の生贄をケルトの神々に捧げる儀式を行う。「かがり火」が焚かれると家々は他の火を全て消し，一晩燃やした「かがり火」の火を持ち帰り新たな火種として竈に入れた。同じ火から種火を取る事で村の家々が結びつき，悪い妖精（悪霊）が入らないための魔除けにしていた。

ハロウィーンで，南瓜をくり抜いた怖い顔の「ジャック・オー・ランタン」を作り戸口に灯すのは，悪霊を怖がらせて追い払う為で，魔女や幽霊，滑稽な仮装も悪霊除けである。お菓子を貰う風習は，悪霊を家に入れない為に戸口に食べ物の鉢を置いたのが起源といわれている。米国のアイルランド移民が，サーウィン祭の風習を広めたという。カトリック教会は異教徒の祭を封じるために，11月1日を万聖節（All-Hallowmas），31日を前夜（All-Hallowmas Eve）とし，転じてハロウィーン（Halloween）という名称になった。

ハロウィーンは8月14〜16日の盂蘭盆会（お盆）と似ている。その縁起はこうある。

釈尊の弟子・目連尊者が地獄で餓鬼道に堕ちた母親を救うために，釈尊に相談すると，夏安居〔夏の修行〕の終わりに僧侶に食べ物を施すと良いと言わ

Chapter ❷ 「ビートルズのロック文化」の継承——ケルト，日本，そして京都　　163

れ，急ぎ盆をつくり食べ物を盛り施し母親は救われた。釈尊はこの日を盂蘭
盆会と定めた。（「盂蘭盆経」より）

　お盆は祖霊が帰ってくる。仏壇にお供物をして精霊飾りや盆灯籠で飾り，僧
侶が檀家を回り「棚経」し，お墓参りに行く。祖霊はお盆の間，家の仏壇に逗
留する。京都では最終日16日に「大文字五山送り火」で祖霊を冥土へ送る。
「送り火」はケルトの「かがり火」に重なる。
　異界の存在やそれと現世が通じるというケルトと日本の死生観の類似性は，
双方の精神世界の構築や思想，文化，芸術において相通じるものがある様に思
う。ビートルズの楽曲の神秘性や幻想的なイメージは，彼らが自覚する事無く
DNAの中に組み込まれたケルトの死生観なのかもしれない。そこから生まれ
たメロディーや歌詞，演奏，彼らそのものは，日本人に抵抗なく受け入れられ
たのではなかろうか。

5.「ビートルズのロック文化」と「日本のロック発信地」文化首都・京都

　1960年代，リヴァプールから全世界に発信された「ビートルズのロック文
化」をアジア諸国で享受したのが日本だった。それを熟成させ，「日本のロッ
ク文化」を発信したのが京都である。京都には千年もの長きにわたり都があり
続けた世界的に稀有な都市として「文化の伝承と創造」が繰り返されてきた土
壌がある。芸能においては大和猿楽の世阿弥が能楽を大成（室町時代）し，出雲
阿国（安土桃山時代）は阿国歌舞伎を発祥させている。
　ビートルズが来日して間もない1960年代後半，京都では「日本において先
進的な音楽文化」が起こっていた。その象徴が京都の大学生だった加藤和彦
（龍谷大），北山修（京都府立医大），はしだのりひこ（同志社大）らが結成したザ・
フォーク・クルセイダーズである。「日本のビートルズ」と称され，大ヒット
曲が「帰って来たヨッパライ」だった。曲の間奏で，ビートルズの "Good
Day Sunshine"（「グッド・デイ・サンシャイン」）がパロディー風に演奏され，ラ
ストに流れる僧侶の読経では "A Hard Days Night"（「ア・ハード・デイズ・ナ

イト」）の歌詞の冒頭が読まれている。解散後，医療の道に入った北山修は『ビートルズ』（講談社，1987年）を出版している。ここから「関西フォーク」が生まれ，アンダーグラウンドの流れはロックやブルース，オルタナティヴ・ロックへと繋がる「京都系ミュージック」と呼ばれる系譜が続く。京都が「音楽文化の発信地」となったのは，大学が多く「学生の街」だったからである。京都に集う若者が「日本のロック文化」の担い手だった。その拠点となる「ロックの聖地」が多々ある。

　最古の「ロックの聖地」が円山公園音楽堂（東山区）で，昭和2年（1927年）に作られた野外音楽堂である。1974年〜2009年まで「宵々山コンサート」がありフォークの聖地としてのイメージが強かったが，ジャズやロックの大物ミュージシャンのライブが数多くあった。1964年に初来日したマイルス・デイヴィス（トランペット）がステージに立った。73年には「フラワー・トラベリン・バンド」（内田裕也，ジョー山中など）がここでのライブを最後に解散。1980年，大型ライブイベント「ライブ・アンダー・ザ・スカイ」が開催された時に，私は見に行った。出演者は日野皓正グループとチック・コリアグループで，祇園を歩いていたチック・コリアと出会いサインを貰った記憶がある。音楽堂は現存するが，近隣配慮の為に音量制限があり，アコースティック中心のライブに使われている。

　国内外で最も著名な「ロックの聖地」が京都大学西部講堂だった。昭和12年（1937年）皇太子・明仁親王生誕を祝し京都帝国大学に建築。63年に現在地（吉田キャンパス）に移転した。ロックやアングラ演劇等のカウンターカルチャーの拠点になったのは，69年から京大全共闘が活動拠点とした事に始まる。日本赤軍派を偲んで大屋根に書かれた「オリオンの三ツ星」や，アナーキーで怖い印象を与える建物が「ロックの聖地」となっていく。当初，運営には京大生だけでなく，立命館や同志社，京都市立芸大等様々な大学の学生が関わっていたという。75年には京都大学公認運営組織・西部講堂連絡協議会が発足し，学生による完全自治体制が確立した。70年大晦日から「紅白歌合戦」に対抗してオールナイトライブ「FUCK '70」が始まり大晦日の恒例行事となり，矢沢永吉やジョニー大倉も出演した。現在は画家として活躍する木村英樹氏らが

仕掛けた「MOJO WEST」には，かまやつひろし，沢田研二，カルメン・マキ，Char，村八分などが出演。「西部講堂に出演すれば売れる」というジンクスがあったらしい。東京からも西部講堂目指して若者が殺到した。外国人大物ミュージシャンの注目を集めたきっかけが，内田裕也がプロデュースしたフランク・ザッパの公演だった。ザッパが西部講堂を「世界で最もビューティフルでクレイジーな劇場」と評した事が発端になり，トーキング・ヘッズ，トム・ウェイツ，XTC，ストラングラーズ等がライブをしている。1980年2月20日，「ポリス事件」が起こる。英国で人気を誇ったロックバンド・ポリスの西部講堂公演が行われていたが，商業ベースのプロモーターと自治学生会が対立しライブが中断した。私はこの会場にいた。中断される前に演奏された "Can't Stand Losing You"（「キャント・スタンド・ルージング・ユー」）に感動し自分のバンドで演奏した記憶がある。翌年，京都会館（現ロームシアター京都）での仕切り直しコンサートに行き，楽屋口でスティングとアンディ・サマーズと握手した。この事件以降，西部講堂は国内外の大物ミュージシャン公演は禁止となった。完全学生自治体制の下でインディーズ・バンドのライブが行われていたが，中からメジャーデビューするバンドが相次いだ。

　西部講堂北側に「ボックス」と呼ばれる京大のクラブや同好会が入居する建物があり，京大軽音楽部の練習スタジオがあった。学生の頃（1980年代），京大生とバンドを組んでいたのでよく練習にきた。西部講堂周辺は，万城目学の小説『鴨川ホルモー』の世界が広がり「ロックの聖地」のオーラで包まれていた。「ボックス」では有名ミュージシャンが練習していたが，私の大学卒業まぢかに全焼してしまった。

　京都には全国に先駆けて「ライブハウスの文化」が起こった。ライブハウスという名称が無かった頃に，草分けとして登場したのが「拾得」と「磔磔」で，多くの若者がこのステージに立つのを夢見た。日本最古のライブハウスは1973年にオープンした「コーヒーハウス拾得」といわれている。「墳」という喫茶店が前身で，「ライブ」と「コーヒーハウス」が合体して「ライブハウス」という名称が生まれたという。築100年以上の酒蔵を使用し，テーブルや椅子は酒樽，床は京都市電の敷石が使われている。知り合いの宮大工さんが改

築を手伝ったと聞いた。名前の由来は，水墨画の主題で知られる「寒山拾得」
に描かれる中国唐の高僧である。ダウン・タウン・ブギウギ・バンド，中山ラ
ビなどの伝説のライブが行われた。「磔磔」は1974年にオープン。取り壊し寸
前の酒蔵を改造して作られた。RCサクセション，上田正樹，憂歌団，河島英
五，やしきたかじん等がステージに立った。2階の楽屋にはビッグ・ミュージ
シャンの落書き風サインが壁一面に書かれている。続いてオープンしたのは
「サーカス＆サーカス」。2階建ての客席でお洒落な内装だった。「子供ばん
ど」(Vo. うじきつよし) を見に行った記憶がある。経営者が変わり「CBGB」と
いう名前になったが，今はない。大型ホールやアリーナなどのライブと区別し
て「箱ライブ」と言われたが，最大の違いは「チャージバック制」である。チ
ケット売り上げの配分を，店と出演者 (企画者) との協議で決める。店側はリス
クを背負うので出演バンドにこだわりを持つ。ライブハウスはバンドと店との
信頼関係が絆になっていた。

　京都には音楽のジャンルに特化した音楽喫茶 (バー) が多く存在した。80年
代前後，10代後半だった私はこうした店に出入りし，年上 (ビートルズ世代) か
ら音楽の話を聞く事で少し大人になった気分になっていた。ビートルズ専門店
は，かつて繁華街 (河原町) に数軒あったが，現存するのは百万遍の
「RINGO」ぐらいだろう。ジャズ喫茶は，50軒以上あったという。

　2016年に「事変」があった。「老舗音楽スポット」が数軒入居していた曙ビ
ルが老朽化の為に取り壊しとなり，老舗有名店が閉店や移転に追い込まれた。
1階には1962年にオープンした京都最古のジャズ・スポット「ブルーノート」
があった。レイ・ブラント，ナット・アダレイ，ジミー・スミスなどのジャズ
の巨匠がライブをした。故オーナーは「同名の大手ライブハウスチェーン」よ
りうちの方が老舗と主張していた。2016年2月に54年間の幕を閉じ，奈良へ
移転した。

　ビルの薄暗い通路の突き当りにあったのが，1974年オープンした日本のロ
ック喫茶 (バー) の草分け「治外法権」である。扉には印象的なローリング・
ストーンズの「唇舌出し」ロゴマーク。名ドラマーのコージー・パウエル (元
レインボー，マイケル・シェンカー・グループ) がお忍びで来たり，吉川晃司，福

Chapter ❷ 「ビートルズのロック文化」の継承──ケルト，日本，そして京都　167

山雅治，布袋寅泰等の有名ミュージシャンが立ち寄る名店である。漫画家・イラストレーターのみうらじゅん氏も常連だったらしい。初めて訪れたのは高校の時で，「ロック喫茶」営業もしていてボックス席は畳敷きだった。ジャパメタ・バンドの草分け「アースシェイカー」ベースのKayさん（甲斐貴之氏）がバイトをしていた関係で，プロのミュージシャンがよく集っていた。マスターの井立田等氏とは30年以上のお付き合いになるが，通い始めた頃を振り返ると未成年には絶対お酒を出さず，「ロックの聞き方」を教えてくれたように思う。2016年11月26日，伝説の地での42年間の営業が終わり，翌年の5月，近くにリニューアルオープンした。

2階には，日本のロック・フォーク専門「赤ずきん」，ビートルズ専門「六本木」が入居していたが早々に閉店していた。下木屋町にあった1969年開店の「Jam House」は，2009年に閉店，翌年近くに移転オープンした。もう無くなってしまったが，友人が経営していた「ZAPPA」という店があった。かつては「聖家族」という店で全共闘時代には学生運動家のたまり場で店内には木刀が置いてあったという。友人が政治色を払拭しロックバーにした。デヴィッド・ボウイ等の有名ミュージシャンが来る名店であった。

同志社大学周辺には，「ニコニコ亭」や「縄文」というロック喫茶があり，京都大学周辺には「メルヘン」をはじめとするジャス喫茶が多々あり，当時広小路にあった立命館大学近くには「しぁんくれーる」というジャズの名店があった。

京都の繁華街や学生街には，気軽に音楽に触れられるスポットが数多くあり音楽が溢れていた。若い頃は街に出て「ロック文化」を学んだ。音楽を媒介とした若者同士や世代を超えた交流の場でもあった。京都の「ロックの聖地」は，海外の有名ミュージシャンも惹き付ける「特別な風土」があったのだろう。ビートルズから発信された「ロック文化」が熟成され，「日本のロック」となって再び発信されるという現象はまさに京都で起こっていたのである。

さいごに

　ビートルズ現象が起こった1960年代，それは「ロックの歴史」において転換点となった。その影響を受けた「音」が進化している。かつてビートルズは「サブカルチャー」と呼ばれたが，今では「メインカルチャー」となっている。「ビートルズ文化」と呼んでも過言ではないだろう。その普遍性の根源をたどるとケルトという多神教の精神世界があり，創造性豊かな楽曲を生んできたのがわかる。多神教文化は東西世界を繋ぎ，東アジア文化の結晶である日本でビートルズは享受された。日本文化の首都・京都の風土は「外来文化を受け入れ，咀嚼し独自の文化を生み出す力」を有し，「日本のロック」を発信し「京都系ミュージック」が生まれた。「ビートルズ文化」は，形を変えながら京都から「日本のロック文化」として発信されているのである。

時間旅行のチケット

古賀　一男

　机の上に1968年の古い年賀状があります。1967年暮の消印は前年の暮れに投函されたことを示しています。ここでは1967年が重要です。葉書の上半分には手書きのユニオンジャックが，下半分には数行の文字列が記され，最後の行には「ビートルズ　バンザイ」と書かれています。賀状をくれた友人は高校の同級生です。このころ私は広島で学生生活を送っていました。彼は東大の学生で三鷹市・下連雀にある寮にいたことを示しています。正月なのに私は僅か200キロ西の実家に帰省もせず，彼には広島の住所も知らせていませんでした。葉書は実家の門司に送られ，そこから母親の字で書かれた付箋をつけられ広島の下宿へ転送されていました。1枚の葉書から当時の記憶が次々と想起され涙腺を緩めてしまいます。『マディソン郡の橋』と同じです。

　1967年の最大の話題はミニスカートの女王ツイッギー嬢が来日したことでした。膝上20センチのセクシーなスカート姿の女性が街中に溢れ始めていました。女王様のスレンダーな足は余りにも長すぎてセクシュアルな印象はほとんどなかったのですが，大きな目と小顔をのせた長い首の痩身の体躯はとても美しいものでした。1967年に投函された年賀状から書き始めたことが，連想ゲームのように60年代末にタイムスリップし様々な世相が芋蔓式に出てきます。ビートルズの来日公演は，私のように地方で学生生活を送る粗野な人間には遠い世界の出来事だったようです。東京という都で学生生活を送る賢い友人が垢抜けた年賀状をよこしてくれても，私は深く考えることもなく今日に至っているわけです。時間旅行付のSUICAで乗車してしまったので，もう少し窓外の景色を眺めてみようと思います。

　1968年と言えば，私と同年配の大学生を送った人の多くには「大学紛争」という脳内自動切り替えスイッチが埋め込まれています。この年5月にストラスブール大で勃発した教授主導の旧弊な大学運営に反対する学生運動は，数日後にはソルボンヌ（パリ大学）に延焼し，直ぐに世界中の主要な大学に飛び火して行きました。この学生運動は当時の既成左翼の主導ではなく極端な場合は極右勢力とも手を結びうる新左翼と総称されるムーブメントの今風の表現ではグローバル・ウェーブとでも言うのでしょうか，我が国も例外ではなく同時多発的に日大や東大で火を噴き，またたくまに関東の主要大学に類焼してゆきました。しかし学生の組織にとって象徴的な意味もあった砦であった本郷・安田講堂は翌69年1月に落城し，東大の入試は中止されてしまいました。前年11月頃から都内の大学には機動隊が導入され，次々とバリケード封鎖が解除され，東京か

ら学生が地方大学に逃れ始めました。広島大学では何度も学生集会が行われ，最終的には千田町の本部キャンパスはバリケード封鎖で入構すら儘ならなくなっていました。1月になっても就職先が決まらない私は，バリケードの隙間を抜けて構内に侵入し教養部教官に面会し，選択すべき道の決断の助言を求めました。大学院への進学試験が残っているのは東大と京大しかなく，宇治で住職をやっていた母方の叔父がいることを理由に京都に願書を出してしまいました。年末には僅かな書物を友人の下宿に預けたまま広島を引き払って，京都の親戚宅に居候を決め込みました。広島を発つ前夜に学部の助教授が「飯を食おう」と誘ってくれたことが，広島大学との縁の切れ目でした。

　京都に移って吉田のキャンパスに行ってみると，そこも封鎖されて入構できません。電話も通じません。その代わり広島の下宿から，大学院入試が延期されたという電報が毎週のように転送されてきました。数度の延期の後3月になって，銀閣寺・浄土寺町にある予備校で入試が行われるという連絡がありました。その後数十年の紆余曲折があって今日に至ります。ところでビートルズの話題はどうなったのでしょうか。彼らが武道館で公演をしたのは1966年6月でした。東京の友人は武道館の公演に行ったと思われます。その余韻を翌年の年賀状に書いたに違いありません。彼は1回きりのビートルズの公演で洗脳されてしまうほどの感性を持っていたはずです。私はと言えば門司，広島，京都，名古屋，そして再び京都と流れ藻のように流浪する間に多くの私物を捨ててしまいました。それにも拘わらず数枚のはがきを後生大事に持っているということは，私のような者でもビートルズへの憧憬が意識の届かないところでインプリント（刷り込み）されていたのでしょう。

Tea Time　時間旅行のチケット　　171

CHAPTER ③

僕はこんな風にビートルズを聴いてきた

──ピーター・バラカン氏インタビュー

（聴き手：小林　順）

1 ビートルズデビューの衝撃

小林　イギリスご出身のピーター・バラカンさんは，ロンドン大学で学んだ日本語を活かして，1974年に来日されました。以来，音楽業界で長くお仕事を続けられていらっしゃいますが，中でも我々になじみ深いのが数々のラジオ・テレビ出演でしょう。1980年代くらいから，バラカンさんのDJを聴いて洋楽に親しんだ日本人は多いと思います。現在もイベント企画や数々のメディア出演を続け，音楽の魅力をファン視点で伝えて下さっています。

　　バラカンさんはロンドンでビートルズと出会ったのですよね。最初にビートルズのレコードをお買いになった体験をお聞かせ下さい。

バラカン　僕は51年生まれ〔1951（昭和26）年〕ですから，デビューのときは11歳です。最初に買ったのはシングル盤のはずです。毎週レコードを買えるようなお小遣いをもらっていなかったので，レコードは大部分クリスマスとか誕生日に，もらったお金を使って自分で買っている可能性はあるんですが。それ以外は実際に自分のお金で買えるレコードは，小学生ですからほんのわずかです。親に買ってもらったりしたこともあるかもしれませんね。

小林　ロンドンのオクスフォード・ストリートあたりのレコード屋で買ったとか？　レコード・プレーヤーはどうしてたんですか。

172　　第Ⅱ部　ビートルズ体験の多様性

バラカン いやいや，自分が住んでいるすぐ近くの，住宅地の街のレコード屋さんですよ。

　レコード・プレーヤーは，うちにモノラルの普通のレコード・プレーヤーがありました。蓋を開けると，5，6枚重ねて自動で再生できるタイプの，ごくごくありきたりの，どこの家庭にでも当時あったダンセット〔Dansette〕というメーカーです。

小林 1963年にビートルズは有名になりますよね。"Please Please Me"（「プリーズ・プリーズ・ミー」）を初めて聴いたときはどんな感じでした？

バラカン すごく新鮮でした。63年の初頭ですね，"Please Please Me"は。〔シングル盤が〕家にあったかな……もしかしたらなかったかもしれません。シングルで "From Me To You"（「フロム・ミー・トゥ・ユー」）(1963)〔3枚目のシングル・レコード。初のチャート・トップ。ただし，"Please Please Me"を1位としたチャートもある〕は確実にありました。

小林 "From Me To You"，素晴らしい曲ですが，当時11歳のバラカンさんが感じられたこの曲の魅力についてお聞かせいただけないでしょうか。

バラカン 11歳ですから，ほとんどアイドル感覚でした。

　当時ビートルズは社会現象になりつつあって，曲が大ヒットしていて，イギリス人がほとんどレコードを買っているわけです。"From Me To You"の魅力，というより何度も聞きながら合唱していました。

小林 それでは，ビートルズの才能が際立っているナンバー・ワン・ヒットの "She Loves You"（「シー・ラヴズ・ユー」）(1963) についてはどうでしょうか。

バラカン "She Loves You" は衝撃的でした。発売になった週はいきなり1位です。1カ月くらい1位をずっと独占して，1度ちょっと落ちて，また返り咲いたんです。あれは1963年のたぶん一番のヒット曲だと思います。

小林 日本では64年の2月にレコード・デビューしています。"I Want To Hold Your Hand"（「抱きしめたい」）です。それ以前の曲はたて続けに発売されて，その中に "She Loves You" もありました。ビートルズの曲はどれも大好きでしたが，"She Loves You" に驚きました。驚異的な出来栄えだと思いました。九州の田舎では，たぶん全国的にも，ビートルズ・ファンは変

Chapter ❸ 僕はこんな風にビートルズを聴いてきた──ピーター・バラカン氏インタビュー　173

人だとみられていました。意外なことに，ビートルズ・ファンは少数派だったんです。

バラカン　当時の日本は変わった国なんですよ，僕にしてみれば。イギリスはとにかく本場なんだから，彼らのレコードを買うことは当たり前のことです。変人扱いされる人はまずいない。

小林　ビートルズがデビューするころ，スーパースターになる直前にある程度ビートルズ情報は耳に入って来ていたんでしょうか。

バラカン　デビューしたばかりのとき？　話題はもちろん出ていました。彼らはテレビにも出ていたし，ラジオにも出ていたし，いろんな雑誌にも話題がしょっちゅう載っていました。それが，"Love Me Do"（「ラヴ・ミー・ドゥ」）(1962) のときからかどうかははっきり覚えてません。少なくとも "Please Please Me" は大ヒットしていますから，そのころからはもう，ほぼ毎週のようにメディアに出ていました。

小林　僕が初めて聞いたのはたぶん "She Loves You" (1963) でした。米軍の〔佐世保〕基地で。えらく騒々しい曲だな，というのが初印象でした。でもメロディは覚えやすい，これは驚きでした。それまでに聴いたことのないビートとメロディだったからです。

　ビートルズという固有名詞はしだいに週刊誌とか新聞に取り上げられる回数がふえていました。うるさい音を出すグループがいるとか。そういった情報がおしよせる波のように迫ってきていたように感じていました。でも名前は覚えにくいというか発音しにくかった。これが印象づける効果になったのかもしれません。スターっぽくないような，スターが付ける名前じゃないなと思っていました。

バラカン　だって，その名前を付けたときはスターじゃなかったから。

小林　1960年でしたね。スチュアート・サトクリフがビートルズの一員だったころでした。リヴァプールの無名のバンド時代でした。イギリス北西部のさびれた港町であるリヴァプールから突如現れたことはロンドンの方にはどう思われたのでしょう。

バラカン　彼らがリヴァプール出身であることをメディアが大きく伝えました。

彼ら以前にもリヴァプール出身の歌手はいたと思います。なぜかビートルズの場合はそれがすごく強調されました。

小林 それだけリヴァプールのイメージとビートルズのイメージに落差があったのかもしれませんね。ところで，言葉のことですが，アクセントはどうですか。

バラカン アクセントは強いですよ。4人それぞれアクセントは違いますが，それぞれが非常に特徴のある強い〔アクセントです〕。僕はロンドンで生まれ育った人間だからね，イングランドの北部のアクセントというのは分かりますが，その北部の中でどれがリヴァプールか，どれがマンチェスターか，どれがヨークシャーの，たとえばリーズだとかね，そういうアクセントの細かい違いとかは当時知りませんでした。むしろビートルズをきっかけに少し細かく知るようになった。

小林 リヴァプール弁をあまり隠そうとしないで歌っちゃったという。アメリカでもリヴァプール的な英語だなと思ったんでしょうか。

バラカン まあ，思うでしょうね。

小林 リヴァプールの街自体，普通，ロンドンからみて話題になるような町なのでしょうか。

バラカン 普通は一地方都市ですから，特に話題になることはないかもしれない。

小林 日本で言ったらどこですかね。青森とか。

バラカン いや，港町ですからね。港町としてはかなり発達したところだけれど，神戸でもないし，新潟ですかね。やっぱり寒いところです。アメリカ行きの貨物船なんかもよくリヴァプールからも出ていましたからね。まあ，新潟なんじゃないかな。函館じゃないな，新潟だね，なんとなく。

小林 ビートルズが自分で楽器を演奏して歌う，よくこんなことができるなと，不思議でした。作詞家と作曲家とバンドそして歌手，そういう分業制でしたから。曲を作り楽器を演奏して歌う，マジックみたいだと思いました。

バラカン 彼らはそういう意味ではバディ・ホリー（Buddy Holly）の影響を受けています。そもそもビートルズという名前も，「クリケッツ（コオロギ）」

（The Crickets）をもじったようなものだったし。バディ・ホリーという人は
アメリカのロックンロールの中で曲を自分で作って，自分で歌って，自分の
バンドを持って。それにバック・バンドのクリケッツと一緒にやっていまし
た。他はほとんどソロ歌手です。他にも自分で曲を作る人はもちろんいます
けど，彼らは相当バディ・ホリーの影響が強かった。ビートルズだけじゃな
いですけどね。ホリーズ（The Hollies）なんかは自分たちのグループ名もね。

小林　存在が大きいですね。

バラカン　たしかに自作自演型のグループというのは，彼ら以前にはいないで
すから，それは一番画期的なこと。

小林　ビートルズのLP〔シングルと比べて，30〜40分程度の長時間録音ができるレ
コード。Long Playingの省略形〕を買ったときに，ビートルズの演奏はどう思
われました。

バラカン　子どものときにはそんなに意識してません。僕も1963年に初めて
ギターを持って，下手くそながらいろいろと弾いていました。自分で楽器を
やると，演奏力がよく分かりますね。自分がどんなに下手でも，全然その辺
の捉え方が変わってくるから。ビートルズは変わったコードを使うし，ハー
モニーもすごく他とは違って面白い。中学生のころによく友達で集まってビ
ートルズの曲を真似してみたりしたんだけど，難しかったです。

小林　ビートルズを聴くにしても，楽器をやると，違いますね。コード進行に
興味を持たれたわけですね。

バラカン　コードを覚えることはできます。仲間に絶対音感のやつが1人いて，
彼は聴くとすぐに，ああこのコードはこうだって全部教えてくれる。でも，
教えてくれたところで，それをちゃんとやれるかというと違いますね。ハー
モニーは難しい。

小林　ビートルズは音楽のフォーマルな教育は受けていなかったと思いますが，
音に対する天性の勘はすごいものがあります。ところで，ビートルズの歴史
の中で際立った出来事がありました。その年に活躍した芸人や芸術家が招か
れて，王室主催の……

バラカン ジョン・レノンが「宝石じゃらじゃら」という有名な発言をしたあの伝説のコンサートですね。

小林 安い席の方は拍手を，高い席の方は宝石をじゃらじゃら鳴らしてください，これは信じられない発言ですよね。

バラカン 突拍子もないというか。でもね，あれがある意味，象徴的なんですよ。あのようなことを平気で言う。それが逆におかしいし，全員爆笑です。まだ12歳だから意識はしませんでしたが，僕らの世代には，ああいうことを言う人がいるから，自分たちもそれをやっていいという，潜在的な影響があるんですよ。あの人もやったから僕もやっていいという感覚，気が付いたら自分も影響を受けちゃっていました。意識の影響よりも無意識の影響の方がよっぽど強いと思います。

小林 学校でも変化がありましたか。教員に対する生徒の態度が変わったとか。

バラカン いや，学校の先生方に対してじゃないんです。学校の先生方に対してそんなこと言ったら怒られるから。でも，心の中で自分たちが彼らの存在によって，あの言葉だけじゃない，たとえば髪を伸ばしたり，すぐに影響を受ける。髪を伸ばしたとか，服装のこととか。

　だいたい当時は学校は制服なんですよ。制服って全部形が決まっているじゃないですか。たとえばネクタイをしなくちゃいけないんですが，そのネクタイの形もお店で売っているものをそのまましていくんです。ビートルズのときはちょっと細身のネクタイが流行った。平気で学校の制服のネクタイを作り直して細くしていたんです。あるいはもう少し後になりますが，学校の制服のシャツは，うちの学校は白かグレーか水色かどれかだったけど，僕なんか紫色のシャツを着たり，水玉のシャツを着たりしたこともあった。まあそれはビートルズだけのことじゃないけれども，その時代の空気。

小林 ポップ・カルチャーですね。1960年代の特徴でしょうか。

バラカン そうね，ポップ・カルチャーというものに一番影響を与えたのがビートルズだったと思うんです。少なくとも最初のころは。服装も態度も。

　あと，さきほどのリヴァプールの話だけれども，それまでのビートルズ以前のイギリス人の歌手は誰もがアメリカなまりで歌ってたんですよ，ロック

ンロールとか。

　ロックンロールをイギリスなまりで歌うとカッコ良くないから，いまだに
ほとんどそうですが，ビートルズはたぶん初めて自分たちのリヴァプールな
まりのままで歌って，それがカッコイイことになっちゃったんですね。あれ
だけのすごい存在で，すごく成功を収め，地方出身のアクセントがカッコイ
イという社会的な価値観が変わるわけですよ。今度は自分が全然地方出身じ
ゃなくてロンドンなんだけど，わざわざなまってしゃべってたりする人が出
てくるんです。

　たとえば，今BBCを聞くとニュースキャスターもそうですけれど，テレ
ビのリポーターとかニュース解説の学者，スコットランドのアクセントの人
とか，アイルランドのアクセントの人とか，あるいはイングランド北部のア
クセントの人とかいるんですよ。それを隠さず，ストレートに出してるんで
す。

　日本じゃどうなのかというと，いないでしょ。特にNHKは全員がNHK
的な標準語でしゃべる。ある意味，イギリスと日本の社会の違いを大きく表
している1つの事例だと思います。そういう多様性をビートルズのおかげだ
けでというのはちょっと言いすぎかもしれませんが，60年代の後半以降，
イギリスはすべて多様性を認めるようになった。

小林　60年代，我々が10代から20代の初めのころ，いわゆる団塊世代ですね，
その世代のバラカンさんにとってビートルズはどんな存在ですか。

バラカン　音楽と同じくらい，彼らの存在そのものが僕の世代をある意味解放
してくれたものだったんですよ。ちょっと生意気なところがありますよね，
ビートルズって。

　当時の若者というのはイギリスではメディアに出るとか，テレビに出ると
き，相手に対して丁寧に話さないといけないというか，相手を敬うというの
かな，それが当たり前とされた時代だったけれど，そういう暗黙のルールを
ビートルズは破っちゃった。誰に対してもまるっきり自分たちの友達と同じ
ようにユーモアで接して，ちょっと生意気な感じがあるんだけれど，でも他

の人だったら，あの人ちょっと感じ悪いなと思われかねないところを，最初からビートルズはまったく憎めないんですよ。それがなぜなのかというのがいまだによく分からないんだけれど，それがあるために，あそこまで成功したっていうこともあると思う。

2 変容してゆくビートルズ

小林 ビートルズがグループとして活動したのはわずか8年ほど (1962-1970) でした。その間ずいぶん変化します。バラカンさんの中学校や高校，大学ではビートルズをどう受けとられていたのでしょうか。

バラカン 僕が大学に入った直後にビートルズは解散しています。日本で言う高校時代は66年の秋からだけれど，*Revolver* (『リボルバー』) (1966) とか *Sgt. Pepper's Lonely Hearts Club Band* (『サージェント・ペパーズ・ロンリー・ハーツ・クラブ・バンド』) (1967)，ワイト〔white〕・アルバム (*The Beatles*) (『ザ・ビートルズ（ホワイト・アルバム）』) (1968)，*Abbey Road* (『アビー・ロード』) (1969) が出ています。*Revolver* まではとても好きでした。

66年から67年にかけて音楽業界のまた新しい方向性がみえてきて，アメリカからフォーク・ロックの人気が高まってきて，ぼちぼちサイケデリック・ロックの兆しが見えてきた。クリームやジミ・ヘンドリックスが出てきた。僕個人にとって，そういう新しいロックに興味を持つようになったんです。

67年の6月に発売された *Sgt. Pepper's Lonely Hearts Club Band* のLPを，僕以上にビートルズ・マニアの弟が発売日に買ってきて，その日のうちに何度か聞きましたが，僕は今ひとつ好きになれませんでした。自分が好きな音楽がもっとたくさんあって，ちょっと *Sgt. Pepper's* にはのめり込めずにいました。まあ，これは個人の好みですから。

小林 *Sgt. Pepper's* は世界中で買わなきゃ意味がないみたいに言われていたでしょ。だからバラカンさんがこうやって新しい興味をあらたなムーブメントに示されたというのは面白いと思います。

日本でもビートルズ一辺倒ではなくなっていました。これは少し後になってからの話になりますが，大学のキャンパスでも不思議な響きのバンドがやってるのを目撃しました。クロスビー，スティルス＆ナッシュ（Crosby, Stills, & Nash）のコピーバンドでした。

バラカン　あくまでそれは個人の話ですから。世間ではどうなっているかとか，そういうものは全然気にするものではないから。自分が好きで聞きたい音楽とそうじゃない音楽と，ひとりひとり決めるわけです。

小林　ポップミュージックが一斉に開花するような，これもビートルズの存在がきっかけだったわけですけど，それ以外のビートルズはバラカンさんにとってナンバーワンの音楽でしたか？

バラカン　いや，そうでもない。ビートルズはすごく好きでしたよ。でも，自分にとってこのバンドがナンバーワンということをたぶんあえて決めていなかったと思う。好きな音楽がたくさんあったわけですから，別にナンバーワンを決める必要もないし。その都度，今日はこのレコードを聴くとか，今日は別のレコードを聴くとか。かなり僕の場合は次々と新しいものを発見したいタイプだったものですから。

小林　60年代のイギリスでビートルズはずっとナンバーワンだったんですか。

バラカン　そうです。それは間違いない。

小林　66年にライブ演奏を止めて，それ以降はずっとスタジオ録音だけですけれど，ビートルズはどんどん変わっていきましたね。ちょっと行きすぎじゃないかという非難がありました。

バラカン　行きすぎかどうかはもっと偉い人に任せることにして，僕の興味の対象から少し離れていったことはたしかです。*Sgt. Pepper's* 以降，アルバムは僕は買っていません。弟が買っているから，もちろん全部耳には入ってますけれど。僕自身が自分のお金で買ったビートルズのレコード，最後はなんだろうな。アルバムで言うと，*Revolver* じゃないかな。シングルでは，"Strawberry Fields Forever"（「ストロベリー・フィールズ・フォーエバー」）（1967）を僕は買った。

小林　1969年の初めにスタジオで後に *Let It Be*（『レット・イット・ビー』）とし

て1970年に発売されるアルバム制作をドキュメンタリー風に撮った映画の *Let It Be* (『レット・イット・ビー』) (1970) はご覧になりましたか。

バラカン　はい。あの映画が公開されたときは，もうビートルズは解散してませんでしたか。〔映画 *Let It Be* の公開は日本では1970年8月，イギリスでは5月。アルバム *Let It Be* の発売は1970年5月。ビートルズの解散は1970年4月，ポールの解散宣言が決定的〕ああ，ここまで仲が悪かったんだな，っていう印象でした。あんまり見たくない映画でした。

小林　僕も *Help!* (『ヘルプ！』) (1965) のあと待ち焦がれていたんですけれど。

バラカン　*Help!* も，僕は全然面白くなかったんです。あれはなんか子どもだましっぽくて。ストーリーも全然自分が興味を持てるようなものでなくて。まだ当時14歳ですよ，それでも今ひとつ。あれに比べたら，アニメ映画の *Yellow Submarine* (『イエロー・サブマリン』) (1968) の方がまだましだった。

　僕はなんてったって，*A Hard Day's Night* (『ハード・デイズ・ナイト』) (1964) が好きです。あれは傑作だと思う。ビートルズの一番いいところが全部あれに出尽くしたと言ってもいいくらい。

小林　同感です。僕は *Help!* は嫌いではないんですが，*A Hard Day's Night* とは比べられないと思っています。ところで，*Sgt. Pepper's* 発売直後，8月に，マネジャーのブライアン・エプスタイン (Brian Epstein) が亡くなります。ビートルズの変化は一層激しくなると思います。

バラカン　ブライアン・エプスタインが1967年に亡くなると，彼らのキャリアの舵取りをする人がいないわけですよね。彼らは自分たちでできると思っていたけれど，それは大間違い。結局，お金のことだとか，バンドの方向性だとか，いろんなことがあって。

　最初からジョンとポールは全然違うタイプの曲を書く人たちだけれど，*Rubber Soul* (『ラバー・ソウル』) (1965) や *Revolver* くらいまでは基本的にジョンが書いた曲でもポールがインプットする，基本的にポールが作った曲に対してジョンがインプットするものだったと，僕は解釈しています。でも，だんだん互いに相手のインプットを必要としないで，ポールはポール，ジョンはジョン。ワイト・アルバム (*The Beatles*) になると，お互いの曲を作っ

ているときにもう1人はスタジオにすら行っていない。そこまでいくと，解散は時間の問題ですよ。だから，どんなロック・バンドでも，だいたいそんなに長続きしないんですよね。

　ザ・ローリング・ストーンズ（The Rolling Stones）は非常に例外的。あとザ・フー（The Who）は例外的なバンド。特に新しいことをどんどんやろうとする人というのは，人間が変わっていくわけですからね。ローリング・ストーンズは基本的にブルーズ・バンド，ロックンロール・バンドですから。さほど新しいことをやろうとしてないわけだから。ミック・ジャガーとキース・リチャーズは，いろいろと腐れ縁的な部分もあると思いますが，今でもなんとか一緒にいられる。ジョンとポールはもともと全然違うタイプの個性を持っていた人たちなので，それが離れていくのはそんなに不思議なことじゃないと思います。

小林　そうですね。ホワイト・アルバム（*The Beatles*）は単独のレコーディングが多いようです。4人が一緒にスタジオに集まらなくてもダビング技術が進歩しているから，集まる必要はなかったとも言えるでしょうが，解散後の曲の出来栄えよりはるかに優れている。一緒にいなくても独りで録音していても他の3人を意識していてそれがビートルズとしての音を醸している面はあったと思います。印象にすぎないのですけど。

バラカン　歴史が物語っていると思います。

小林　あれだけ売れているんですけれど，やっぱりそうですね。

バラカン　ポール・マッカートニー個人名義の曲でビートルズと同じレベルで語れる曲ははたして何曲あるか。極論ですけれど，ゼロかもしれないです。元ビートルズのポールだからいまだに伝説なんですけれど，じゃああの人の個人でやっている音楽のレベルはどのくらいかと言ったら，まあ綺麗なメロディを作る人ですけれど，伝説のたぐいではたぶんもうないと思うんです。

小林　やっぱりジョン・レノンとの共同作業，存在そのものが与えている影響がすごく大きかった。両方が，ジョンもポールも，そう実感していたはずです。

バラカン　どんなにクリエイティヴなミュージシャンでもだいたい，みんなが

すごく大名盤だと思うレコード，1つでも作れれば大変なことですよ。圧倒的に多くのミュージシャンはそれすら作れないもの。全世界の人たちがこれはすごいレコードだというのを1つでも作れればいい。

　ビートルズは，人によって捉え方は少し違うかもしれませんが，僕は*Rubber Soul*，*Revolver*あたりがピークだと思っていて，圧倒的に多くの人は*Sgt. Pepper's Lonely Hearts Club Band*，ワイト・アルバム（*The Beatles*），*Abbey Road*がピークだと思っている。

　いずれにしても，65年から69年，とんでもない業績を残したグループなんですよ。それだけでも他にほとんど例がない。創造的な意味でも，商売という意味でも，影響力という意味でも。ある時期のボブ・ディラン，ある時期のスティーヴィー・ワンダー，ある時期のローリング・ストーンズも匹敵します。いるにはいるんですけどね，まあそれでもビートルズは最大級の偉業かもね。

　でも，それだけ続けば，それ以上に何を求めるの？　彼らが1970年に解散する。それぞれのメンバーが個人で活動を続ける。それぞれにいい作品，特にジョンに素晴らしい作品がいくつかある。でも，ビートルズの時点でジョン・レノンもポール・マッカートニーも2人とも伝説となるような作品をもうすでに残している。個人となった後はそんなに期待をしなくても大丈夫，人間なんだから。才能のある人間としていい作品は残してるんだから，もう傑作はなくてもいいじゃないですか。みんな期待しすぎですよ。どんな伝説的なミュージシャンでも所詮人間なんだから，悩むし，失敗もするし。そういうふうに思ってあげないとね，かわいそうですよ。

小林　日本に来られてから，ビートルズはバラカンさんにとってどのような存在だったんでしょう。

バラカン　日本に来たときにはすでにビートルズが解散して4年経っていましたから，ある意味過去のグループですよね。70年代に入ると僕は全然違うタイプの音楽をどんどん聴くようになっています。ビートルズのレコードを聴くことはないわけではないけれども，自分が聴こうとしなくても，まあラジオでちょこちょこかかる。

Chapter ❸　僕はこんな風にビートルズを聴いてきた──ピーター・バラカン氏インタビュー　　183

日本に来たら，イギリス以上にラジオでビートルズの曲がよくかかるから，逆にちょっと意外な感じがありましたね。ときどきビートルズの全曲を一気にラジオで特集するとか，そのぐらいのことが日本にあって。この国は74年の時点では，イギリス以上にビートルズ熱が高いな，とちょっと意外に思いましたね。

小林　イギリスではビートルズはどうだったんでしょうか。ロンドンのウェスト・エンド（West End）でビートルズ・トリビュート・バンドがビートルズの曲を2時間ほど演奏するというミュージカル〔タイトル*Let It Be*。ロンドン・ウェストエンド，ニューヨーク・ブロードウェイ，世界ツアーで上演。初演は2012年〕を観ました。最後に観客も一緒にヒット曲を歌いました。観客が歌詞を覚えているのを見ていて，思いました。ビートルズはイギリス人のものなんだなと。当たり前のことですけど（笑い）。

バラカン　世代によりますが，僕らの世代にとっては伝説だし，イギリスの社会の中でやっぱりイギリスがポップ文化で最も成功した時期の象徴ですから，それは国民的英雄と言っていいと思う。当たり前です。

3 イメージのイギリスと実際のイギリス

小林　ビートルズのレコードを買い始めたころ，レコード・プレーヤー，電蓄と言っていました。弁当箱を拡大したような平べったいものです。これにターンテーブル，アンプ，スピーカーが詰め込まれていました。再生できるレンジが狭くてベースがちゃんと聴こえなかった。バラカンさんが最初に買ったレコードをお聴きになったプレイヤーから，ポール・マッカートニーが弾いているベースの音はちゃんと聴こえました？

バラカン　聴こえてました。

小林　小学校時代のクラス担任の恩師の家におしかけて，先生がお持ちのステレオでビートルズのレコードを再生すると，ベースの音が聴こえました。ポールのベースはこんな音なのかと感激しました。

バラカン　比較の対象があれば，それはそれで思うんでしょうけれど。当時の

我が家では僕が大学に入るまでモノラルの小さなレコード・プレーヤーしか
なかったから。

小林　自宅ではベースの音なしのプレイヤーでした。ビートルズとは直接関係
ないことですが，イギリスと日本の間には，僕が想像していたような，生活
上の格差はなかったようですね。

バラカン　変わらないですよ。

小林　もっと生活レベルが高いと思っていたんですが，そんなことないですね。

バラカン　日本で紹介されるイギリスは上流階級だけですから。それは日本の
メディアの変なところ。普通の庶民の生活を紹介しないんですもの。

小林　アフターヌーン・ティーってあるでしょ。学生にも言うんだけど，アフ
ターヌーン・ティーは王室とか……。

バラカン　皇室や王室だけじゃないですけれど，お金持ちの人ね。あんなアフ
ターヌーン・ティーをゆっくりと余裕を持ってやっている生活ができる人っ
てかなりのお金持ちなんですよ。

小林　『小さな恋のメロディ』っていう映画があるんですよ。主人公のメロデ
ィの家が労働者階級なんですけれど，そこにアフターヌーン・ティーのシー
ンが出てくるんです。労働者のロイ・キニア（Roy Kinnear）（Help!のいかさま
科学者の助手を演じてもいる）が演じる主人公メロディ（Melody）の父親が，娘
のメロディがクラスメートを家に連れてくると聞いて，パブから戻って来て，
メロディの級友ダニエル（演じるのはマーク・レスター（Mark Lester））を労働
者のアフターヌーン・ティーに同席させるシーンがあります。ティーを飲み
ながらハムとかパンとかを食べる。これが一般のアフターヌーン・ティーか
と思っています。

バラカン　当時のイギリスでは晩ごはんのことをティーと呼ぶこともあったか
ら，それはアフターヌーン・ティーではないと思う。イギリスの学校はだい
たい終わるのは4時なんですよ。子どもが学校を4時に終わって，メロディ
はそのとき何歳ですか。

小林　小学校5年生，11歳。

バラカン　じゃあまだ小学校かな。学校は4時に終わって，家に帰ると5時く

らいだとして，お父さんはパブから帰ってくる。当時のイギリスのパブは昼間と夜と営業が分かれていて，その間の時間は営業していない。昼間のパブが終わるのが3時。で，学校が4時まであるから，お父さんがわざわざパブから帰って来たというのは夜なんですよ。5時半からパブが再開するから，晩ごはんです。

　庶民の家で，今のイギリスでは呼ばなくなったかもしれないけど，僕が子どものころはディナーのことをティーと呼ぶところが多かったんですよ。まぎらわしいけど。ザ・フー（The Who）の *The Who Sell Out*（『ザ・フー・セル・アウト』）っていうアルバムを知ってます？ "What's for tea, mum?" というところがありますが，今晩のごはんは何っていうことで，アフターヌーン・ティーのことじゃないです。

小林　サパー（supper）？

バラカン　サパーっていうところも，ディナーっていうところも，人それぞれです。呼び方はありますけれど。子どものころに，だいたい学校から帰って来ておなかがすいているから，5時半，6時くらいには食べていたかな。ちゃんとした食事というよりは軽食っぽいから，そういう理由もあってティーって呼んでいたかもしれない。毎晩，日本人が考えるようなきちんとした晩御飯という形で食べているとは限らない。粗食です。その日にもよりますけれどね。

小林　朝ごはん，昼ごはん，夜ごはんって……。

バラカン　3回食べます。晩ご飯とは別に，普通のイギリスの家庭でティーって言ったら，マグで紅茶を飲んでビスケットをかじるくらい。そんなもんなんです。それは3時くらいにちょっと休憩して。会社なんかでもね。家でも3時，4時くらいになって，ちょっとお茶飲もうかって，そんな程度です。きゅうりのサンドイッチとかね，そういうのを上品に，こういうふうに紅茶を小指を立てて，あれはお金持ち階級だけです。普通の家庭では誰もそんなことをしたことない。

小林　あれは何十ポンドもするんですよね，ホテルへ行くと。

バラカン　高級ホテルへ行くと，何だって高いから。日本人がかつて抱いてい

た，今は抱いていないかもしれないけど，イギリスのそういうイメージはまったく現実とかけ離れたものでした。僕も何度かテレビでイギリスの特集で出演を頼まれたことがあって拒否したんですよ。これは僕が知っているイギリスじゃない。

小林 ビートルズがビールやアルコールでなければ，普段飲んだのはコーヒーではなく，ミルク・ティーとかレモン・ティーだったようですね。

バラカン レモン・ティーを飲む人はイギリスではめったにいないですよ。まったくいないとは言わないけれど。ティーと言えば，牛乳が入ったものです。しかも多くの人は砂糖まで入れている。僕は砂糖を入れないけれど。まあ最近は砂糖を入れるか入れないか聞いてくれると思うけど，牛乳を入れるか入れないかはたぶん聞かないかもしれないね。聞くとしたらどれくらいの量を入れるかっていう意味で聞いてくると思う。牛乳が入っていない紅茶をイギリス人はだいたい飲まないと思っていいです。

小林 僕らのイギリスの情報は少し偏っているかもしれません。上流階級に関する情報しかないんですよ。

バラカン 日本のメディアがいけないんですよ。そういうところしか見ていないから。

小林 おっしゃるように視野を広げてみると，実際いろんな話を聞いてみると，ビートルズの生活と我々の生活と……。

バラカン 何にも変わらないですよ。

小林 ほとんど同じですね。そこからビートルズが出て這い上がっていったわけだけれど，ある意味我々の社会と同じような感じで，彼らはイギリス社会でスーパースターになったということですね。

バラカン そういうこと。

4 ジョンとヨーコ

小林 オノ・ヨーコという女性が現れたときにビートルズは分裂したと言われています。僕もそう思っています。はたしてそれが正しいのか最近疑問に思

っているのです。喧嘩しますけれど，イギリスでは一般的に，あの女性は一体何者なんだ，と思われているのではないでしょうか。

バラカン　当時僕は子どもだし，というかティーネイジャーですけど，彼女のことはメディアで伝えられることしか知らないわけです。それで，何十年もその状態が続く。彼女のことを一方的にメディアが悪く伝えていた。

　　ジョン・レノンのニューヨークで滞在した時期に関するドキュメンタリー映画『PEACE BED　アメリカ VS ジョン・レノン』を見ました。僕はその映画を見てジョンがどれだけ彼女のことを必要としていたか，また彼女の存在によってどれだけ彼が解放されて自由に活動することができるようになったかを初めて知りました。それが10年ほど前でしょうか。

　　それだけ，どこの国のどんな人間でもメディアによって洗脳されるんです。僕もまさにその1人。特にオノ・ヨーコの存在に関しては，彼女のことをずっと悪く思っていました。彼女のためにビートルズが解散したっていうふうにも。みんなメディアはそういうふうに描いてきた。それがイギリスのほとんどの人はそう思っていたはずです。彼女は相当メディアに対する不信感を今でも持っている。当然そのためです。

小林　ジョン・レノンが日本人と付き合っているという報道が出たときに，まずその報道にびっくりして，なんで日本人がというふうに僕らは思ったんですね。僕らも実はオノ・ヨーコという人がビートルズの分裂の最大要因だなと。

バラカン　それは間接的には1つの要因であるかもしれません。でもそれはなぜかというと，彼女と出会ったことによってジョンの物の考え方が変わっていった。それまではビートルズはアイドル・バンドですよ。アイドル・バンドの中でとてもクリエイティヴなことをしていますけれど，世間からはアイドル・バンドのように捉えられていた。

　　アイドル・バンドというのはいろんなプレッシャーがあります。メディアとかファンの期待を裏切っちゃいけないんです。発言の1つひとつがものすごく細かく注目されて伝えられる。たとえばジョンがキリストよりビートルズの方が偉いんだというふうに言ったと伝えられたでしょ。ジョンが言おう

としたのはそういうことじゃなくて。曲げられるわけですよ。その曲げられた事実に対する，今度はまた大変な反応があったんですね。それが物議を醸すことになってしまって，そうするとちぢこまって何も言えない。いつも自分が何か発言したらそれが世の中でどういうふうに歪曲されるか，いつも心配しなくちゃいけない。

　ジョンが特にビートルズの中でたぶん一番神経質になっているときに，ヨーコさんと会って，彼女の助言で彼はもっと自由に，自分のやりたいことをあなたはどんどんやりなさいよ，と。当たり前と言えば当たり前だけど，なかなかそんなことを言ってくれる人がいないわけですよ。ジョンはそんな自分を解放してくれるその女性をどんどん好きになって，単なるアイドル・グループにはオレはいたくないというようになっていくんです。でもね，ビートルズが解散するのは時間の問題でしたよ。

小林　ジョンがチャップマン（Mark David Chapman）に拳銃で撃たれて死亡します。あのときは何をされていましたか。1980年12月。

バラカン　東京にいました。

小林　どういうふうにニュースを聞かれましたか。

バラカン　僕の女房が，まだ結婚前ですけれどね，1年間ロンドンに留学していたんです。当時，80年は国際電話がすごく高いから，めったに電話をし合うことはなかったんです。手紙を書くくらいのものだったんです。

　彼女からいきなり，たしか夜だったと思う。時間帯ははっきり覚えていないけれど，ロンドンから電話がかかって来て。普通だったら電話がかかって来ることはない。どうしたのって言ったんです。そしたら，「ジョン・レノンが死んだっていうニュースが今流れている」。すごいショックでした。知ったのはそれだった。たぶんニュースを聞いてすぐに電話がかかって来た。もちろん世界的に数時間の間に知れ渡ってますけれど。

　あれほどショックを受けたのはないです。うちの親父の世代だったら，ケネディ大統領の暗殺に同じようなショックを受けてます。マーティン・ルーサー・キングのときはショックはショックだけど，でも自分が思い入れを持っている人といったらジョン・レノンが最大級。ビートルズのときほどでは

Chapter ❸　僕はこんな風にビートルズを聴いてきた──ピーター・バラカン氏インタビュー　　189

ないにしても，自分の人生に最も影響を与えた1人の人間。それは平常心ではいられない。

小林 その朝，1講目のクラスに向かっていました。すれ違った学生が「先生，ジョンが死んだそうです」とつぶやきました。冗談だと思いました。まさか，そんなばかな。そう思っていました。

バラカン 信じたくなかった，というのが本心です。

小林 ジョンがああいう形で死んだということを聞いて，ある意味でやっぱり畳の上では死ねない人だったんだと思いました。この世にいないということが信じられません。

バラカン でも，事実ですからね。でもね，仮に彼が生きていたとしても，会うことができるかというとそれは会えない。じゃあ，彼がいなくても彼の音楽が聴けなくなったかと言えば，そんなことはない。もともと彼の音楽を通してしか彼を知ることができていない。その音楽がまだあるわけです。そういう意味では。彼がああいう形で殺されたということはすごくショックだったけど，死ぬのは誰でも死ぬし。

　いい音楽を残してくれた人っていうのは毎日のように亡くなっていくわけです。その彼らも肉体は消えていくかもしれないけれども，音楽はいつまでも残るから，それだけは永遠というか，人間がいる限りその音楽は残るわけです。それはそれで有り難いと思うしかないと思うんです。

5 これからのビートルズ

小林 日本では団塊の世代がビートルズファンの主体だったと思うんですが，団塊の世代が消えた後にビートルズはどうなると思いますか。

バラカン 僕の子どもたちはビートルズが好きですよ。娘が今27歳だけど，彼女が高校くらいのときだったかな，ビートルズのレコードをiPodに入れたいから貸してくれる？　って言われて。それで聞いて，好きだって言ってたから。すべての曲を知っているとは思わないけれど。彼らの音楽に普遍的な魅力はあると思う。ビートルズに限らずです。

今の日本では，最近『ザ・ビートルズ　1』っていうコンピレイションが
出ているから，それをわりと若い人が聴くようになった。あと，後期の作品，
*Abbey Road*とかね。日本ではやっぱり大ヒット曲がいまだに多くの人に聴
かれているけれど，どうしても"Hey Jude"（「ヘイ・ジュード」）(1968)，"Let
It Be"(1970)，"Yesterday"（「イエスタデイ」）(1965)，あの辺が中心になって
いますよね。

　*Rubber Soul*の中のシングルじゃないけどいい曲とか，*Revolver*の中のシ
ングルじゃなかった曲とか，その辺を今の若い人が知っているかというと，
残念ながらあんまり知らないかもしれない。"Nowhere Man"（「ひとりぼっち
のあいつ」）とか，"Norwegian Wood"（「ノルウェーの森（ノーウェジアン・ウッ
ド）」）とか，"And Your Bird Can Sing"（「アンド・ユア・バード・キャン・シ
ング」）とか，"Tomorrow Never Knows"（「トゥモロー・ネバー・ノウズ」）
……その辺もぜひ聴いて欲しいですね。

小林　ビートルズに対する興味が変わってきている，というか，興味が薄れて
きている。学生の反応では，初期の作品，たとえば，"Please Please Me"
やそれに続く1963年に出した曲には反応しますし，いいと言います。だか
ら，"From Me To You"とか"She Loves You"，もちろん"I Want To
Hold Your Hand"だと，デビュー当初1年以内にこんなすごいヒットをと
ばしていたのかと驚いています。もちろん，曲の新鮮な魅力にも，どう言え
ばよいでしょうか，感動しています。団塊世代のおじいさん，おばあさん，
団塊世代の影響を受けて育ったお父さん，お母さん，その方たちの影響でビ
ートルズを聴き始めたようです。

　また，バンドをやると，どうしてもビートルズを一度はおさらいしてみた
いらしいのです。ビートルズを演奏して，ビートルズって面白い，と発見し
て，そういう経験を持っている若者がたしかに存在しています。そういう意
味では，ビートルズは永く人を魅了する音楽だということでしょうか。

バラカン　おじいさん，おばあさん，あるいはお父さん，お母さんが好きで，
今でも家でレコードを聴いていればそれは当然子どもの耳に入るから一番い
い影響です。先ほど言った潜在的な影響ですから。子どもの教育のために聴

いているんじゃなくて，自分たちが好きだから聴いているわけでしょ。それ
が子どもにとてもいい影響を及ぼす。

小林　ところで，若者へのメッセージというか音楽とビートルズとどのように
接した方がよいか，アドバイスをお願いします。

バラカン　アドバイスですか，メッセージですか，そんな大げさなことではな
いのですが，広く自由なこころもちで，様々な音楽に耳を傾けてほしいです。
日本のものだけとか，これでは，範囲が狭い。偏ると偏見が生まれるので，
広く外国のものにも触れてほしい。これは僕の個人的な見方ですが，僕の考
えに縛られてはだめですよ。

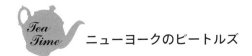

ニューヨークのビートルズ

新井　康友

　ビートルズのニュースがニューヨークに届いたのは私が15・16歳のころ，もう50年以上前のことです。中学生の頃はいわゆるティーン・ポップを聴いていました。シェリー・フェブレーの"Johnny Angel"（「ジョニー・エンジェル」）やブライアン・ハイランドの"Itsy Bitsy Teenie Weenie Yellow Polka-Dot Bikini"（「ビキニスタイルのお嬢さん」）等。その頃ミュージカルが映画化され『マイ・フェア・レディ』，『南太平洋』，『オクラホマ！』等の歌に夢中になりました。かの有名な『ウエスト・サイド物語』は既に過去のものでした。女の子達はエルヴィス・プレスリーやフランク・シナトラに夢中でした。

　すると突然，英国で若者が「ビートルズ」という少年のグループに夢中であるというニュースが転がり込んできたのです。さらにそのビートルズが，当時誰もが日曜日の夜に見ていた，エド・サリヴァンの番組に登場するとのこと。最初はアマチュアのように聴こえましたが，その日限り，みんなが歌い出しました。朝はホームルームで，昼は食堂でみんなの歌声が響きわたりました。"I Want To Hold Your Hand"（「抱きしめたい」），"I Saw Her Standing There"（「アイ・ソー・ハー・スタンディング・ゼア」），"She Loves You"（「シー・ラヴズ・ユー」）をユニークなハーモニーで歌っていました。2人，3人，4人で歌っていました。10人で歌っていたグループもいました。

　のちに，私はジャズに夢中になっていきました。ジャズの黄金時代でした。1959年にマイルス・デイビスが"Kind Of Blue"（『カインド・オブ・ブルー』）を発表してから，デイヴ・ブルーベックが若者に聴きやすいジャズを紹介し，それが後にピーナッツの漫画（スヌーピー）にまで導入されました。そんな時ビートルズが*Rubber Soul*（『ラバー・ソウル』）を出したのです。アメリカのアルバムは曲数に制限があり，片面6曲しかなく，日本のとは違った編集になっていました。アメリカでは高校生に大ヒット。私の姉はオートリピートのプレーヤーを持っていて，1日中*Rubber Soul*を鳴らしていました。そのため，頭の中で"Girl"（「ガール」），"Norwegian Wood"（「ノルウェーの森（ノーウェジアン・ウッド）」），"Michelle"（「ミッシェル」）や，大ヒットしていた"Yesterday"（「イエスタデイ」）が今でも鳴り響いています。私はその中でも，"In My Life"（「イン・マイ・ライフ」）が一番好きでした。アメリカ版のアルバムは全ての曲が素晴らしかった。日曜の夜，静かになると未だにあのアルバムが頭の中で響きます。

　その後，1968年に日本に帰ってからは，ビートルズもですが，音楽を聴く機会がな

くなりました。そのせいで，私の中ではビートルズというと初期の歌とあの素晴らしい *Rubber Soul* しかありません。私には *Rubber Soul* が近代音楽史の中で一番良いロックのアルバムです。そして，少なくとも上で挙げた5曲はロックの中のクラシックだと思います。

CHAPTER 等身大の若者ビートルズ

――星加ルミ子氏インタビュー

（聴き手：小林　順）

小林　日本で初めてビートルズのメンバーに直接取材をされたのが，当時，音楽誌『ミュージック・ライフ』（シンコー・ミュージック社刊，1998年に廃刊）の編集長をされていた星加ルミ子さんです。ビートルズをはじめ，海外のミュージシャンの情報を伝えてくれる音楽雑誌は，ファンにとって実に貴重な存在でした。タイトなスケジュールを抱えるビートルズへの取材がほぼ不可能となっていた1965年，星加さんは『ミュージック・ライフ』の編集長として単身ロンドンに乗り込み，大変なお骨折りの結果，4人とジョージ・マーティン，ブライアン・エプスタインの取材に成功するのです。

ビートルズの活動中に間近で取材にあたり，解散後も各メンバーへの取材を続けられ，日本では「ビートルズに一番近い記者」と呼ばれる星加さんに，当時のお話をお聞きします。

1960年代当時，外国ははるか遠い地球上の異邦でしかなかった時代でした。そんな中，イギリスへ渡られたわけですね。

星加　遠かったんです。ソ連邦上空は飛行できなかったので，アラスカのアンカレッジを経由する航路でした。フライトは20時間でした。

小林　20時間は長旅ですね。ビートルズも来日の時，アンカレッジ経由でしたね。

星加　ドイツ，当時は西ドイツ公演を終え，直接日本へ向かいました。当然ア

ンカレッジ経由です。

小林 おまけに，……

星加 足止めでした。日本に接近していた台風4号の動きを見ながら，半日ほ
どアンカレッジに足止めをくらったわけです。そして，1966年6月29日午
前3時39分，羽田空港に到着しました。

小林 星加さんは，来日の1年前にはアビイ・ロード・スタジオで，そして来
日時にはホテルの部屋で，日本人の中ではビートルズにもっとも近い距離で，
まるで友達のように取材されました。『ミュージック・ライフ』誌でルポル
タージュを拝読していましたので，そのことを知りました。

星加 来日1年前にイギリスでビートルズの取材ができました。1966年の来日
時と1966年のアメリカ公演について回るようなこともありました。友達と
いうわけではありませんが，幸運だったのでしょうか。おかげさまで，たく
さん記事も書けました。

小林 ビートルズの取材は世界中のジャーナリストにとってぜひとも実現した
かったはずで，競争率は空前絶後だったと思います。そんな中で，ビートル
ズがあれほど親しく星加さんに接していたことは奇跡だったのではないでし
ょうか。

星加 そうかもしれません。とても気さくで。初対面はアビイ・ロードのスタ
ジオでのことです。その時から，とても親切で私のことを気遣ってくれてま
した。ジョンはすこし気難しい感じでした。ポールはすごく外交的でした。
ジョージはどちらかと言えば無口な末っ子でしょうか。リンゴは根っからの
お人よしで，自分のことより周りのことに気配りが素晴らしい人でした。

小林 そういう素顔で接してくれたことが不思議です。皮肉屋でギャグだらけ
の対応で困らせるいたずらっ子ぞろいというか，下手すると，とんでもなく
扱いにくい連中でしたよね。

星加 そうなんです。でも私には紳士的でした。

小林 ビートルズが背広を着て写っている写真を見た時，若き英国紳士に見え
ました。

星加 ジェントルマンでした。茶目っ気たっぷりの紳士でした。

小林 背広というか，スーツ着用はマネジャーのブライアン・エプスタインの薦めだったと聞いています。

星加 そうらしいですね。ブライアンが文字通りの紳士でした。物腰からしても話し方も洗練されていました。

小林 おネエ系の雰囲気でしょうか。ゲイだったらしいですね。（笑い）

星加 らしいです。だからといってビートルズに接近したわけではないでしょうが。（笑い）

小林 ブライアン・エプスタインの死，これは1967年8月27日のことでした。大きなできごとですね。

星加 ブライアンが死んでからわずか2年半，1970年4月，ポールの離脱宣言ですから，大きな事件ですね。もしブライアンが生きていたら，ビートルズも解散にまではいかなかったかもしれませんね。

小林 もっとも，ブライアン・エプスタインとビートルズがギクシャクした関係になっていたようですね。それは，いつごろからなんでしょうか。

星加 1966年，前半かな，*Rubber Soul*（『ラバー・ソウル』）のころからかもしれません。日本公演，そしてフィリピンでのイメルダ大統領夫人主催の昼食会をすっぽかしたとかで，フィリピン人の反感をかい，それ以降，無法地帯にほうり出されたような危険な目にあい，ほうほうのていで帰国。そして，8月のアメリカ公演でした。

　それが終わると，ビートルズはもうライブはしない，と宣言するわけです。それもあって，ギクシャクし始めたんじゃないでしょうか。

小林 ライブをやめてスタジオ活動を重視するという決断は，エプスタインにとっても願ったりかなったりじゃなかったのではないのですか。

星加 どうも違うようなんです。ライブ関係のマネージメントというのがブライアンの仕事らしかったんです。デビュー当時は，何から何まで世話を焼いたようです。「音楽は俺たちに任せておいてくれ，外向きの折衝はあんたにまかせるから」，とジョンが言ったそうなんです。ショックだったようです。

小林 音楽は俺たちに任せて，あんたは金のことをやってくれ，とジョンが言ったとも聞いています。

星加　それくらいのことはジョンだったら言ったでしょうね。いずれにしても，大ショックだったはずです，ブライアンには。

　何といっても，ビートルズの育ての親ですから。チンピラまがいの若い子にいろいろ教え込んだわけです。ステージ上のマナー，タバコは吸うな，飲んだり食ったりするな，予定表もなしで気分まかせに客にリクエストを訊いてみたり，それはやめろ，皮ジャンとズボンは脱いでスーツにしろ，等々。お辞儀の仕方，等々。

小林　大きいですね。レコードのジャケットに映る4人はブライアン・エプスタインの創作だったと言えますね。

星加　そうです。ブライアンなくしてビートルズはなしです。そのブライアンにとってライブがないのは，ビートルズを失うようなものだったはずです。

小林　ところで，エプスタインも星加さんには親しく接してくれたのでしょうか。

星加　とても親切でした。1966年のアメリカ公演では最終のサンフランシスコのキャンドル・スティック・パークまで公演すべてというわけではないのですが，1966年8月のオープニングのシカゴから主要5都市をずっと同行させてもらいました。ホテルから飛行機の搭乗まで，まるでチームの一員の扱いでした。これはすべてブライアンの計らいです。

小林　ご著書にお書きだったと思います。読んでいて，驚きました。1966年のシェア〔シェイ〕・スタジアムではステージの真下でご覧になったそうですね。

星加　そうなんです。

小林　ステージを見上げるエプスタインの表情が……。

星加　慈愛あふれる親の表情でした。最初のシェア・スタジアムの公演の翌年には，もうステージに立たないという決断を4人はしていたわけですから。エプスタインにしてみれば，自分が無名のころから手塩にかけて守り育てた4人が旅立つようなものですから，切なかったはずです。

小林　たしかに，日本公演ではホテルで *Revolver*（『リボルバー』）のデモ盤を聴いていたそうですから，武道館で歌うビートルズは，熱狂するファンの群れ

に囲まれてそれを喜んでいた1963年当時のビートルズではなく，スタジオ
での創意工夫をほしいままにするアーティストに転生していた。

　1963年ごろのビートルマニア期の熱狂を期待する観客は，*Revolver*を制
作したばかりのビートルズの目にはうるさく不思議な生き物に映っていたで
しょうね。

星加　同感です。私事で申し訳ないのですが，私の息子はチューバ奏者を経て
指揮に興味を持っているクラシック畑でして，ビートルズなんてまったく興
味を示さなかったのに，どんな風の吹き回しか，偶然，私のビートルズ・コ
レクションをごっそり持っていって聴いたようです。しかも気に入ったのが
ホワイト・アルバムだったようです。そして，血相を変えて，「ビートルズ
ってすごいな」，と言い出すではありませんか。驚きました。嬉しくもあり
ました。

　やはりスタジオ・アーティスト——こんな言葉はありませんが——として
のビートルズの実力は本物だったということですね。

小林　クラシック畑の方がこの本の執筆に参加されています。その方がやはり，
ビートルズはすごい，西洋の音楽の歴史が流れていると仰っています。ご子
息のビートルズ発見は，ビートルズの音の世界がそうとう深く広いというこ
とかもしれませんね。

　そのせいでしょうか，今にして思えば，武道館の演奏がどこかぎこちない
というか，乗り気ではないような印象でした。

星加　それはわかりませんが，すでに1965年暮れに*Rubber Soul*を出して，
日本公演の際には発売前の*Revolver*をたずさえてるわけですから，微妙だ
ったかもしれないですね。ライブというのは，会場全体の雰囲気と一体感を
持つということですから。レコードとは違って当たり前ですよね。

小林　ところで，ビートルズが「シェー」をやりますね。写真が残っています
ね。

星加　「今日本で若者の間ではやってるもの，何なの？」，と訊かれて，『おそ
松くん』のイヤミの「シェー」をやってみると，興味を示しまして，ジョン
はすぐにやってくれたんです。気難しいはずのジョンがやってくれたのには

Chapter ❹　等身大の若者ビートルズ——星加ルミ子氏インタビュー　　199

驚きました。根は好人物なんですよ。

小林 星加さんと言えば──これはぼくの個人的な記憶です──『ミュージック・ライフ』に，1967年5月あたりですか，ロンドンから日本に送られたレポートを書かれていました。サージェント〔*Sgt. Pepper's Lonely Hearts Club Band*（『サージェント・ペパーズ・ロンリー・ハーツ・クラブ・バンド』）〕の制作過程のレポートでした。

星加 私が書いたレポートです。

小林 そう言えば，『ミュージック・ライフが見たビートルズ』（シンコーミュージック・エンタテイメント，2010年）に星加さんがジョージ・マーティンと電話でお話しされる記事，『ミュージック・ライフ』1967年5月号の掲載分の再掲載がありますね。

星加 そうです，サージェントの制作のレポートですね。

小林 あらためて読んでみて，分かったことがあります。マーティン氏の応答は紳士的ですね。

星加 紳士です。長身でスマートで，英国紳士です。

小林 この紳士の存在は大きいですね。

星加 レコーディングという点では比べようのない人です。アビイ・ロードのスタジオを訪問した時，感じました。

小林 ところで，ビートルズ，それからビートルズの周辺の人々，彼らの星加さんへの接し方というか一言で言えば，信頼があると思うんです。それはどこから来ているんでしょうか。

星加 遠い極東から1人でやって来た女の子と思ったんでしょう。大丈夫かな，手助けしてあげなきゃ，と思ったと想像しています。

小林 英語がおできになりますから。

星加 いえいえ，短大で英語科でしたけど，それほどでもなかったんです。これも，よかったのかもしれません。

小林 といいますと。

星加 大丈夫かなと，ビートルズは，手助けしようと思ったんじゃないでしょうか。

小林 ぼくは九州長崎の出身です。列島の西のはてにいて，ちっちゃな本屋で
むさぼるように読んでいた『ミュージック・ライフ』に掲載されている記事
を書いた星加さんという存在は巨大でした。しかもビートルズと会話された
方，イギリスへ出かけられた方。

星加 そんなふうに思われていたんですか。不思議です。

小林 海外がはるかかなた，月みたいに遠い世界でした。

星加 それはそうですね。そうだ。1965年，ロンドンでした。エプスタイン
には日本刀をプレゼントしました。レプリカではない真剣だというと，彼の
表情が変わりました。それと，4人には兜をプレゼントしました。エプスタ
インもビートルズも，「日本公演を」というと，ぜひと言っていました。そ
れから，私の和服姿。うけていました。和気あいあいの会見でした。

小林 そういう4人が仲たがいしてしまいます。ジョンとポールは袂を分かつ
ことになります。

星加 そうです，1960年代が終わりに近づくにつれ，会うたびに，それは感
じられました。

小林 2人の世界観でしょうか。

星加 そこまで大きな話かどうか分かりません。でも言えることは，音楽観で
しょうか，違うのは。

小林 たしかに，2人はビートルズとしての活動の後期には単独の曲づくりが
目立ちましたね。

星加 ジョンはシンプル，ポールはオーケストラ風。ジョンはギター1本で，
ポールはフル・オーケストラで。その後の2人の活動を見れば分かります。

小林 ジョンとポールが曲作りで方向性が違えば別れるのが当然でしょうか。

星加 いろんなことがからみ合ったでしょうから，簡単に断定はできないと思
います。そう言えば，こんなことがありました。

小林 ビートルズの解散についての，……。

星加 来日の時です。ホテルでビートルズと話の最中でした。「ホテルに閉じ
込められていてはつまらないでしょう」と尋ねると，ジョンが言うのです。
「どこへ行っても同じさ，東京だろうがニューヨークだろうが，ホテルの窓

から外を眺めるだけだから」，と。そして，ジョンが続けた，「ビートルズが解散します」，と。ほかのビートルズも何も言わない，否定しない。すると，エプスタインが「これは書かないでください」，と間髪を入れず言いました。ビックリしました。

小林　ビートルズの仲間内では，そんな物騒な話がすでにあったということでしょうか。

星加　それは分からないのですが，振り返ってみれば，そんなことはなかったとは言えないでしょうね。1966年6月末から7月初旬の東京から，1967年8月のロンドンへは，たった1年ですね。

小林　エプスタインの死までということですね。

星加　1967年8月27日でした，エプスタインがロンドンで亡くなるのは。

　　やはり何か重大なことがあったのかもしれません。ビートルズの中で意見が分かれることが多かったと思います。それと，マネージメントのことです。

小林　といいますと。

星加　1967年はエプスタインとの契約更改にあたる年でした。これがエプスタインには相当のプレッシャーだったのかもしれません。公演は止めていますし，スタジオに籠ったきりのビートルズはエプスタインには何ともしがたい遠い存在だったんじゃないですかね。

　　かりにエプスタインが存命だとすれば，財政面のマネージメントはエプスタイン，ビートルズ個々のマネージメントはビートルズそれぞれが担当というような形になったかもしれないわね。要するに，それまでのようにすべてをエプスタインが面倒を見るということはなかったかもしれない。

小林　いずれにしても，エプスタインにはきついプレッシャーですね。さまざまなことがあってビートルズは解散することになります。

　　ぼくは，次の日本公演には絶対行こうと思っていました。あれっきりだなんて予想していませんでしたから。

星加　私もそうでした。1966年8月のアメリカ公演には5都市を同行しましたし，ラストのサンフランシスコ，キャンドル・スティックでのコンサートも間近で観ました。8月いっぱい，アメリカを巡業した最後のツアーでした。

ジョンの「ビートルズはキリストよりポピュラー」という迷言が尾を引いて，命の危険さえあるなどとたいそうおびえていたようですが，ことなきを得ました。思えば，ジョンとアメリカの関わりにはどこかきな臭いとこがありましたね。

小林　さて，最後にお伺いしたいことがあります。

星加　どんなことでしょうか。

小林　ビートルズは永遠だと思われますか。

星加　そう思います。少なくとも，私個人としては，そうあってほしい。

小林　ビートルズの曲で今一番お好きなのはなんでしょうか。

星加　"Lady Madonna"（「レディ・マドンナ」）です。元気が出るでしょう。

小林　なるほど。若者へのアドバイスというかビートルズに日本人の中で一番近くで接しておられた方として，ビートルズの聴き方というようなことでアドバイスを頂戴できるでしょうか。

星加　213曲をすべてじっくり聴いてほしい，総体として捉えてほしい，ということです。

小林　ありがとうございました。

● ビートルズ関連年表

シングル盤とアルバムのリリースは明記していない場合，イギリス盤のもの。
アメリカ盤・日本盤については初期のリリースのみ掲載。

年	ビートルズ関連の出来事	社会の出来事
1931 昭6		満州事変勃発。これを契機に，日本の国際的孤立が際立つ。
1933 昭8	2月18日　小野洋子，東京府で生まれる。父は銀行員の小野英輔，母の磯子は安田財閥の創設者である安田善次郎の孫。	
1937 昭12		日中戦争開戦。泥沼化。アメリカとイギリスが中国を支援。
1939 昭14		9月1日　ドイツ軍によるポーランド侵攻開始。3日にはイギリスとフランスがドイツに宣戦布告し，17日には，ドイツに呼応して，ソ連軍ポーランド侵攻。第2次世界大戦が始まる。
1940 昭15	6月23日　スチュアート・ファーガソン・ヴィクター・サトクリフ（Stuart Fergusson Victor Sutcliffe），エジンバラ市で生まれる。父チャールズはエンジニア，母ミリーは教師。 7月7日　リチャード・スターキー（Richard Starkey），リヴァプール市ディングルの自宅で生まれる。後のリンゴ・スターである。父はリチャード，母はエルシーで，労働者階級の家庭だった。 10月9日　ジョン・ウィンストン・レノン（John Winston Lennon），リヴァプール市のリヴァプール・マタニティ・ホスピタルで生まれる（1980年12月8日没）。リヴァプール市はドイツによる空襲下にあった。父アルフレッドは船員，母はジュリア。	日本，オリンピック開催を返上。国際情勢緊迫化のため。
1941 昭16	11月24日　ピート・ベスト，イギリス領インド帝国のマドラスで生まれる。出生名はランドルフ・ピーター・スキャンランド（Randolph Peter Scanland）。実父ドナルドは造	12月8日　日本軍による真珠湾（ハワイ）攻撃。太平洋戦争が始まり，第2次世界大戦が本格化する。

ビートルズ関連年表　　205

	船技師。母モナは赤十字社で医師を目指していた。	
1942 昭17	6月18日　ジェームズ・ポール・マッカートニー (James Paul McCartney)、リヴァプール市のウォルトン・ホスピタルで生まれる。父のジェームズは綿業界のセールスマンでアマチュアのジャズマン、母メアリーは助産師。	2月　日本軍、シンガポールを占領。 6月　ミッドウェー海戦 (太平洋戦争分岐点)。
1943 昭18	2月25日　ジョージ・ハリスン (George Harrison)、リヴァプール市ウェイヴァートリーの自宅で生まれる (戸籍上はこの日だが、「本当は24日生まれである」と本人が発言している) (2001年11月29日没)。父ハロルドはバスの運転手、母ルイーズは店員。	10月　出陣学徒壮行会 (東京、明治神宮外苑競技場)。 11月　大東亜会議。
1944 昭19		8月　学童疎開の第1陣が東京から出発。
1945 昭20		8月6日　広島に原爆投下。 8月9日　長崎に原爆投下。 8月15日　玉音放送により、日本国民にポツダム宣言受諾が伝えられる。 9月2日　日本、降伏文書に調印。第2次世界大戦の終結。
1949 昭24		4月4日　北大西洋条約機構 (NATO) 発足。
1950 昭25		6月　朝鮮戦争勃発 (～53年)。
1954 昭29		日本、朝鮮特需による神武景気。このころより高度経済成長期。 7月19日　エルヴィス・プレスリー、シングル "That's All Right" でデビュー。
1955 昭30		5月14日　ワルシャワ条約機構発足。東西が軍事ブロック化される。 7月　チャック・ベリー、シングル "Maybelline" でデビュー。 11月　アメリカが第2次インドシ

		ナ戦争に介入し，ベトナム戦争が始まる（〜75年）。
1956 昭31		日本，「もはや戦後ではない」（経済白書）。 10月　スエズ戦争（第2次中東戦争）勃発。
1957 昭32	このころ，ジョン，クォリーメン（Quarry-men）結成。後のビートルズの母体となる。 1月16日　リヴァプールのマシュー・ストリートに，キャヴァーン・クラブ誕生。 7月6日　リヴァプールのセント・ピーターズ教会におけるサマーパーティで，ジョンとポールが出会う。 10月18日　クォリーメン，ポールをメンバーに加えて初舞台。	10月　ソ連によるスプートニク1号打ち上げ。
1958 昭33	2月　ジョージ，クォリーメンのリード・ギタリストのオーディションに合格。	1月　アメリカの人工衛星，エクスプローラー1号打ち上げ。 4月　日本，売春防止法完全施行。 12月　国民健康保険法公布。
1959 昭34		この年の後半から翌年にかけ，日本で安保闘争。 9月　伊勢湾台風。
1960 昭35	1月　スチュアート・サトクリフ，ベーシストとしてクォリーメンに加入。 5月　クォリーメン，シルヴァー・ビートルズに改名（このころ，バンド名は二転三転している）。 8月　このころ，バンドの正式名称がThe Beatlesとなる。8月17日からの初のハンブルク巡業に備え，ピート・ベスト，ドラマーとして加入。ビートルズとしての正式デビュー直後まで，リヴァプールを中心としたイギリス国内とドイツでのライブ活動が絶え間なく続く。	4月　「ダッコちゃん」人形発売，ブームを呼ぶ。 6月　安保条約自然成立。 7月　岸内閣総辞職。池田内閣成立。 12月　池田内閣，所得倍増計画。
1961 昭36	6月22日　ハンブルクで，トニー・シェリダン（Tony Sheridan）のバックバンドを務めていたビートルズ，初のレコーディング。Tony Sheridan and the Beat Brothers 名	4月　キューバ，ピッグス湾事件。 8月　ベルリンの壁建設。

ビートルズ関連年表　207

	義のシングル "My Bonnie" は独ポリドール から10月23日に発売。 11月9日　リヴァプールでレコード店NEMS を営むブライアン・エプスタインがビート ルズに興味を持ち，この日に初めてキャヴ ァーン・クラブのランチタイムに演奏する ビートルズを観る。この後，実質的にマネ ージャーを務めることとなる。	
1962 昭37	1月1日　ビートルズ，デッカのオーディショ ンを受ける。結果は落選。 1月5日　Tony Sheridan and the Beat Brothersのアルバム *My Bonnie* が独ポリド ールより発売。ビートルズ参加曲が含まれ ている。 2月　エプスタイン，EMIのパーロフォン・ レーベルでプロデューサーを務めるジョー ジ・マーティンにビートルズを売り込む。 4月10日　スチュアート・サトクリフ没。 6月6日　EMIのアビーロード・スタジオで， マーティン立ち会いの下，レコーディング セッション。ビートルズ，EMIと契約。 8月16日　ピート・ベスト，ビートルズを解雇。 8月18日　リンゴ・スター，ビートルズに加入。 9月4日　アビーロード・スタジオで2回目の セッション。デビュー・シングルの "Love Me Do" がレコーディングされる。 9月11日　アビーロード・スタジオで3回目 のレコーディングセッション。"Love Me Do" のB面 "P.S. I Love You" がレコーデ ィングされる。 10月1日　この日からビートルズはエプスタ インと5年間のマネージメント契約を結ぶ。 10月5日　ビートルズのデビュー・シングル， "Love Me Do"（B面は "P.S. I Love You"） がEMIのパーロフォン・レーベルから発売。	3月19日　ボブ・ディラン，アル バム *Bob Dylan* でデビュー。 10月　キューバ危機。
1963 昭38	1月11日　2ndシングル "Please Please Me" 発売。 2月7日　アメリカでのデビュー・シングル， "Please Please Me"（B面 "From Me To You"）発売。 2月11日　ファースト・アルバムのレコーデ	3月ごろ　イギリスでプロフュー モ事件発覚。同年中のマクミラ ン内閣総辞職に繋がる。イギリ ス政界で最大とも言われるスキ ャンダル。 8月28日　アメリカ，ワシントン

208　ビートルズ関連年表

	ィング。 2月16日 シングル "Please Please Me" がイギリス NME 誌の No. 1 となる。ビートルズ初の No. 1。 3月22日 ファースト・アルバム *Please Please Me* 発売。 4月11日 3rd シングル "From Me To You" 発売。 8月23日 4th シングル "She Loves You" 発売（アメリカでは9月16日）。 10月13日 TV番組, Sunday Night at the London Palladium に出演。 11月 Royal Variety Show に出演。ジョンの「安い席に座っている人は拍手を，他の人は宝石をジャラジャラ言わせてください」という発言で有名。 11月22日 2nd アルバム *With the Beatles* 発売。 11月25日 カナダのキャピトルから1stと2ndから曲を集めたアルバム *Beatlemania! With the Beatles* 発売（北米で初のアルバム発売）。 11月29日 5th シングル "I Want To Hold Your Hand" 発売。 12月26日 アメリカ盤シングル "I Want To Hold Your Hand" 発売。	大行進（公民権運動）。 11月22日 アメリカのジョン・F・ケネディ大統領，テキサス州ダラスで暗殺。
1964 昭39	1月10日 アメリカの Vee-Jay より編集盤 *Introducing... the Beatles* 発売（初のアメリカ盤アルバム発売）。 1月20日 アメリカのキャピトルより編集盤 *Meet the Beatles!* 発売。 2月9日 アメリカで TV 番組 Ed Sullivan Show に出演。およそ7300万人が観たと言われる。 3月20日 6th シングル "Can't Buy Me Love" 発売。 4月4日 アメリカのシングル・チャートでビートルズが1位から5位までを独占する。 4月10日 アメリカのキャピトルより編集盤 *The Beatles' Second Album* 発売。 4月15日 日本でアルバム『ビートルズ！』，東芝音楽工業より発売。日本独自編集盤。	4月1日 海外渡航自由化。 4月16日 ザ・ローリング・ストーンズ，アルバム *The Rolling Stones* でデビュー。 7月2日 ジョンソン米大統領，公民権法，発布。 10月1日 東海道新幹線開通。 10月16日 東京オリンピック開催。

ビートルズ関連年表　209

	6月15日　日本でアルバム『ビートルズNo.2！』発売。日本独自編集盤。 7月6日　映画 *A Hard Day's Night* がロンドンでプレミア上映。 7月10日　3rdアルバム *A Hard Day's Night* 発売。7thシングル "A Hard Day's Night" も同時発売。 8月21日　日本でアルバム『ザ・ビートルズ・ファースト・アルバム』、ポリドールより発売。デビュー前のセッション音源集。 11月27日　8thシングル "I Feel Fine" 発売。 12月4日　4thアルバム *Beatles For Sale* 発売。	
1965 昭40	4月9日　9thシングル "Ticket to Ride" 発売。 7月29日　2作目の映画 *Help!* がロンドンでプレミア上映。 5月9日　ロンドンのロイヤル・アルバート・ホールでビートルズ、ボブ・ディランのコンサートを観る。終演後にサヴォイ・ホテルでディランと会う。 7月23日　10thシングル "Help!" 発売。 8月6日　5thアルバム *Help!* 発売。 8月15日　アメリカ、ニューヨークのシェイ・スタジアム（Shea Stadium）で屋外コンサート。史上初のスタジアムでのコンサート。 8月27日　ビートルズ、エルヴィス・プレスリーに会う。 10月16日　バッキンガム宮殿で、エリザベス女王からビートルズにMBEが授与される。 12月3日　6thアルバム *Rubber Soul* 発売。同時に両A面の11thシングル "We Can Work It Out" / "Day Tripper" 発売。	2月　アメリカ、ベトナム北爆開始。 6月22日　日韓基本条約締結。
1966 昭41	3月4日　ロンドンのイヴニング・スタンダード紙にジョンのインタビューが掲載される。「ビートルズはキリストより有名」という発言が含まれており、夏にアメリカで盛大なバッシングが起こる（8月12日に謝罪会見）。 6月10日　12thシングル "Paperback Writer" 発売。 6月30日・7月1日・7月2日　日本武道館で初来日公演。	3月　日本の総人口、1億人を突破。 5月　中国で文化大革命始まる。 7月　サッカーのワールドカップ、イングランドで開催。決勝で西ドイツを破ったイングランドが優勝。

210　ビートルズ関連年表

	8月5日　7thアルバム *Revolver* 発売。同時に両A面の13thシングル "Yellow Submarine" / "Eleanor Rigby" 発売。 8月26日　サンフランシスコのキャンドルスティック・パークでコンサート。ビートルズ最後のコンサートとなる。	
1967 昭42	2月17日　両A面の14thシングル "Strawberry Fields Forever" / "Pany Lane" 発売。 6月1日　8thアルバム *Sgt. Pepper's Lonely Hearts Club Band* 発売。 6月25日　世界初の衛星多元中継TV番組 *Our World*（『われらの世界』）で "All You Need Is Love" を演奏。 7月7日　15thシングル "All You Need Is Love" 発売。 8月24日　ビートルズ，インドの導師であるマハリシ・マヘーシュ・ヨギのレクチャーに参加。翌日からウェールズのバンガーで行われたセミナーにも参加。 8月27日　エプスタイン没。ビートルズのメンバーは急遽ロンドンに帰る。 11月24日　16thシングル "Hello, Goodbye" 発売。 12月8日　*Magical Mystery Tour*，2枚組EPで発売。同名映画のサウンドトラック。 12月26日　イギリスBBC 1で映画 *Magical Mystery Tour* 放映。	1月にカリフォルニア州サンフランシスコで行われたイベントを皮切りに，「サマー・オブ・ラヴ」という，愛と平和を掲げたヒッピームーヴメントが始まる（秋ごろまで）。イギリスでもこの時期に同様の動きが見られた。 6月16〜18日　アメリカのカリフォルニア州モンタレーで，第1回モンタレー・ポップ・フェスティヴァルが開催される。今日の大規模なロック・フェスティヴァルの源流とされる。プロモーション曲は「花のサンフランシスコ」。
1968 昭43	1月　ビートルズ，Apple Corps.（アップル・コー）設立。 2月　インドのリシケシュでマハリシのセミナーに参加。様々な問題からメンバーはバラバラにインドを去る。 3月15日　17thシングル "Lady Madonna" 発売。 7月17日　アニメ映画 *Yellow Submarine* 公開。 8月30日　18thシングル "Hey Jude" 発売。 11月22日　アルバム *The Beatles*（通称ホワイト・アルバム）発売。	1月　チェコスロヴァキアでプラハの春（〜8月）。 4月4日　アメリカ，公民権運動の象徴だったキング牧師がテネシー州メンフィスで暗殺。 5月10日〜　フランス，パリ5月革命。この時期から60年代末にかけて，全世界的に学生運動が高まりを見せる。 12月10日　東京府中市で三億円事件発生。
1969 昭44	1月2日〜　ロンドンのトゥウィッケナム・フィルム・スタジオでゲット・バック・セッ	1月18・19日　東京大学安田講堂攻防戦。

ビートルズ関連年表　211

	ション。 1月17日 アルバム *Yellow Submarine* 発売。同名映画のサウンドトラック。 1月30日 アップル社でのルーフトップ・コンサート。 3月20日 ジョン，小野洋子とジブラルタルで結婚。アムステルダムに向かい，平和のためのベッドインを行う。 4月11日 19thシングル "Get Back" 発売。 5月8日 アレン・クライン（Allen Klein），ビートルズとのマネージメント契約を結ぶ。 5月30日 20thシングル "The Ballad of John and Yoko" 発売。 9月26日 アルバム *Abbey Road* 発売。 10月31日 両A面の21stシングル "Something" / "Come Together" 発売。 11月26日 ジョン，イギリスのビアフラ紛争介入とアメリカのベトナム戦争介入に抗議の意を表すためにMBEを返還。	7月20日 アメリカのアポロ11号により，人類が初めて月面に着陸。全世界にTV中継された。 8月15〜17日 アメリカ，ニューヨーク州ベセルでウッドストック・フェスティヴァル開催。約40万人を集めたこのフェスティヴァルは60年代カウンターカルチャーの象徴とされる。 12月6日 アメリカ，カリフォルニア州のオルタモント・スピードウェイでローリング・ストーンズ主催のオルタモント・フリーコンサート開催。演奏中に殺害事件が起きたことから「悲劇」と称される。
1970 昭45	3月6日 22ndシングル "Let It Be" 発売。 4月10日 ポール，デイリー・ミラー紙でビートルズからの脱退を発表。実質的なビートルズの解散だとメディアやファンに受け止められる。 4月15日 ポール，初のソロ・アルバム *McCartney* をリリース。 5月8日 ラスト・アルバムとなる *Let It Be* 発売。 5月13日 映画 *Let It Be*，アメリカで公開（イギリスでは20日）。 12月31日 ビートルズの解散を求めてポールがロンドン高裁に提訴。	2月11日 日本，「おおすみ」（国産人工衛星）打ち上げ。 3月14日 大阪万博開催。 8月26〜31日 イギリス，ワイト島で第3回ワイト島フェスティヴァルが開催。この時代で最大の観衆（60〜70万人と言われる）を集めた。 11月25日 三島由紀夫割腹。
1971 昭46	3月12日 ビートルズ解散についてのポールの訴えを裁判所が認め，他の3人が上告しなかったために，法的にビートルズの解散が決定される。	8月15日 アメリカ，金とドルの交換停止。ドルショック。 8月28日 円変動相場制に移行（完全移行は1973年）。

▌本文執筆者紹介 (＊は編著者，掲載順，〔 〕内は担当)

＊小林 順 (こばやし　じゅん)
奥付参照。〔はじめに，第Ⅱ部Chapter❶，執筆者紹介〕

福屋 利信 (ふくや　としのぶ)
1951年生まれ。現在，山口大学特命教授。ビートルズ研究の第一人者。ビートルズとアイルランドとの関わりという視点からビートルズ研究に勤しむ。「アイルランドの本当の首都」と言われることもあるリヴァプールとビートルズとの関係性を深く検証。目下 J-Pop を含めたアジアのポップスも研究対象として，関連著書も多数。〔第Ⅰ部Chapter❶〕

佐野 仁美 (さの　ひとみ)
1964年生まれ。神戸大学大学院総合人間科学研究科コミュニケーション科学専攻博士課程修了。博士 (学術：神戸大学)。現在，京都橘大学発達教育学部准教授。研究テーマは，日本における近代フランス音楽の受容，音楽教育における創作活動。かたわら，ビートルズのメロディの構造に関心を寄せる。〔第Ⅰ部Chapter❷〕

上村 昂史 (うえむら　たけし)
1988年生まれ。京都大学大学院人間・環境学研究科 (ドイツ語学専攻) 博士課程単位取得退学。現在，奈良工業高等専門学校ドイツ語非常勤講師。ビートルズのハンブルク遠征時代など「ドイツとビートルズの関わり」というテーマを検証している。〔第Ⅰ部Chapter❸〕

浜 矩子 (はま　のりこ)
1952年生まれ。現在，同志社大学大学院ビジネス研究科教授。専門分野は国際経済学・国際金融論。三菱総合研究所のロンドン駐在員事務所長，経済調査部長，主席研究員などを経て現職。1960年代前半にもイギリスに在住。デビュー当初のビートルズに遭遇して筋金入りのビートルマニア少女となる。〔第Ⅰ部Chapter❹〕

丘 眞奈美 (おか　まなみ)
1962年生まれ。京都ノートルダム女子大学英語英文学科卒業。歴史作家。現在，合同会社京都ジャーナリズム歴史文化研究所代表CEO。「ビートルズのロック文化の継承」について，ポスト・ビートルズ世代の視点から考察。ビートルズの起源・アイルランドのケルトと日本の文化の類似点，日本のロック文化発信地・京都との関連を検証している。〔第Ⅱ部Chapter❷〕

ピーター・バラカン (Peter Barakan)
1951年生まれ。ブロードキャスター。イギリス，ロンドン出身。ロンドン大学日本語学科卒業。1974年来日，多彩な放送企画を行い，今日の日本を的確に評価する知性でもある。本書では，ロンドンにおけるビートルズ体験を，ビートルズの歴史を振り返りつつ披露する。〔第Ⅱ部Chapter❸〕

星加 ルミ子 (ほしか　るみこ)
1940年生まれ。音楽評論家。ポップスやロックの情報を盛り込み1960〜1980年代に絶大な人気を博した『ミュージック・ライフ』誌の編集部に在籍し，1965〜1975年には編集長を務める。日本人として初めて，アビイ・ロードのEMIスタジオでビートルズに直接取材。著作と講演を通じてビートルズを紹介している。業績と功績は語るに尽きない。〔第Ⅱ部Chapter❹〕

┃ *Tea Time* 執筆者紹介 (掲載順)

常見 俊直 (つねみ としなお)

1976年生まれ。現在, 京都大学大学院理学研究科講師。専門はクォーク, 最小の素粒子の研究。ビートルズの曲は思索の助け。特に「ストロベリー・フィールズ・フォーエバー」は研究上の発想の誘因剤でもある。ビートルズが世界的な研究の助けとなる好例である。

津田 藤宏 (つだ ふじひろ)

1980年生まれ。関西大学卒業。演奏家, 音楽教育者, 執筆家。大阪市内でベース教室を開催して後進の育成を行う。15歳の時父親の影響でビートルズの音楽に触れ, それがきっかけで, 音楽を志す。研究テーマは, ビートルズと同時期の音楽, 特にブラック・ミュージック, なかでもモータウン (デトロイトのレコード会社。黒人音楽を扱う) との関連性に関心を持っている。

堀 勝博 (ほり かつひろ)

1955年生まれ。現在, 京都ノートルダム女子大学人間文化学部教授。専門は万葉集研究。英語にも通じる。大学では日本の古代語, 古代和歌, 国語教育に関する授業を担当。ビートルズのいくつかの歌を和訳, 日本語で自然に歌える訳詞のビートルズ曲集を構想するに至る。

大坂 秀樹 (おおさか ひでき)

1961年生まれ。早稲田大学第一文学部西洋史学専攻卒業。岡山県内の公立高校で地理歴史・公民科を担当。"ビートルズ文化史" の研究に勤しむ。具体的には, 歌詞の歴史的文化的背景の考察, そして, ビートルズを "人類の文化遺産" として歴史上に位置づけ後世に伝えることを課題としている。

アン・バーンズ (Ann Burns)

1946年生まれ。リヴァプール生まれで, 現在も在住。ジョン・レノンが在校時のクォリー・バンク校 (グラマースクール) で教員 (歴史担当) を務めた。また, 卒業後1962年から翌1963年にかけてキャヴァーン・クラブでビートルズのライブも体験し, ビートルズ結成の前後の, 特にジョンを知る数少ない人物である。

フィリップ・マーキー (Philip Markey)

1943年生まれ。リヴァプール・ジョン・ムーア大学メディア・アンド・クリエイティブアーツ学科副学科長・LIPA (リヴァプール芸術学院) 設立委員会委員等を経て, 現在, 英国高等教育質保証機構審査委員長。

古賀 一男 (こが かずお)

1946年生まれ。前名古屋大学環境医学研究所教授。教育学博士 (京都大学)。実験心理学特に眼球運動に詳しく, 国際的に高評価。宇宙空間における眼球運動の研究はNASAとの共同研究に結実。著書多数。本書では, ビートルズが活躍した1960年代を彷彿とさせるエッセイを寄稿している。

新井 康友 (あらい やすとも)

1949年生まれ。国際基督教大学大学院博士課程修了。現在, 京都ノートルダム女子大学名誉教授。東京生まれ, ニューヨーク育ち。専門は生成文法。ニューヨークに到来したビートルズとビートルマニアを目撃, 本書にその体験記を寄稿している。

▍著者略歴

小林 順（こばやし　じゅん）

1949年生まれ。同志社大学大学院文学研究科博士課程中退。現在，京都ノートルダム女子大学人間文化学部教授。ビートルズ研究会代表。

主要著書

『インターネット英語入門』〈岩波ジュニア新書〉2000年
『筆記用具のイギリス文学』共編：晃洋書房，1999年
『はじめて学ぶイギリス文学史』共著：ミネルヴァ書房，1989年　ほか

読みつぐビートルズ

2018年5月20日　初版第1刷発行

編著者　小　林　　順

発行者　白　石　徳　浩

発行所　有限会社 萌　書　房
　　　　〒630-1242　奈良市大柳生町3619-1
　　　　TEL（0742）93-2234 / FAX 93-2235
　　　　［URL］http://www.3.kcn.ne.jp/~kizasu-s
　　　　振替　00940-7-53629

印刷・製本　共同印刷工業・藤沢製本

ⓒ Jun KOBAYASHI（代表），2018　　　　　Printed in Japan

ISBN978-4-86065-120-6